여러분의 합격을 응원하는
해커스공무원의 특별 혜택

FREE 공무원 국어 특강

해커스공무원(gosi.Hackers.com) 접속 후 로그인 ▶ 상단의 [무료강좌] 클릭하여 이용

해커스공무원 온라인 단과강의 20% 할인쿠폰

8FD65C384A449YMX

해커스공무원(gosi.Hackers.com) 접속 후 로그인 ▶ 상단의 [나의 강의실] 클릭 ▶
좌측의 [쿠폰등록] 클릭 ▶ 위 쿠폰번호 입력 후 이용

* 등록 후 7일간 사용 가능(ID당 1회에 한해 등록 가능)

합격예측 온라인 모의고사 응시권 + 해설강의 수강권

89C46E2AA89A94YL

해커스공무원(gosi.Hackers.com) 접속 후 로그인 ▶ 상단의 [나의 강의실] 클릭 ▶
좌측의 [쿠폰등록] 클릭 ▶ 위 쿠폰번호 입력 후 이용

* ID당 1회에 한해 등록 가능

해커스 매일국어 어플 이용권

0QE3F6YVYPQ4P0EE

구글 플레이스토어/애플 앱스토어에서 [해커스 매일국어] 검색 ▶
어플 다운로드 ▶ 어플 이용 시 노출되는 쿠폰 입력란 클릭 ▶ 쿠폰번호 입력 후 이용

▲ 매일국어 어플 바로가기

* 등록 후 30일간 사용 가능(ID당 1회에 한해 등록 가능)
* 해당 자료는 [해커스공무원 국어 기본서] 교재 내용으로 제공되는 자료로, 공무원 시험 대비에 도움이 되는 유용한 자료입니다.

쿠폰 이용 관련 문의 1588-4055

단기 합격을 위한 해커스공무원 커리큘럼

입문
탄탄한 기본기와 핵심 개념 완성!
누구나 이해하기 쉬운 개념 설명과 풍부한 예시로 부담없이 쌩기초 다지기
 베이스가 있다면 **기본 단계**부터!

▼

기본+심화
필수 개념 학습으로 이론 완성!
반드시 알아야 할 기본 개념과 문제풀이 전략을 학습하고
심화 개념 학습으로 고득점을 위한 응용력 다지기

▼

기출+예상 문제풀이
문제풀이로 집중 학습하고 실력 업그레이드!
기출문제의 유형과 출제 의도를 이해하고 최신 출제 경향을 반영한
예상문제를 풀어보며 본인의 취약영역을 파악 및 보완하기

▼

동형모의고사
동형모의고사로 실전력 강화!
실제 시험과 같은 형태의 실전모의고사를 풀어보며 실전감각 극대화

▼

마무리
시험 직전 실전 시뮬레이션!
각 과목별 시험에 출제되는 내용들을 최종 점검하며 실전 완성

* 커리큘럼 및 세부 일정은 상이할 수 있으며,
자세한 사항은 해커스공무원 사이트에서 확인하세요.

**단계별 교재 확인 및
수강신청은 여기서!**
gosi.Hackers.com

해커스공무원
혜원국어 화법과 작문
적중 하프모의고사

공무원 시험 전문 해커스공무원
gosi.Hackers.com

서문

해커스공무원 혜원국어 **화법과 작문 적중 하프모의고사**

짧게 훈련하고, 확실히 남긴다! – "연습은 설계, 시험장은 자동 실행"
연습은 철저히, 시험은 본능대로!!

2025년, 공무원 국어 시험이 달라졌습니다. 변화의 핵심은 분명합니다.
단순 암기보다 이해·추론 능력, 실제 상황에서의 언어 활용 능력을 검증하는 방향으로 나아간 것입니다.

인사혁신처가 밝힌 새 기조에 따라, 화법과 작문 영역은 단순 지식 확인을 넘어 **'상황 파악 → 의도 분석 → 표현 선택'**까지 요구하는 **종합적인 사고력**을 시험합니다.
변화라는 위기를 합격의 기회로 만들기 위해서는 변화를 정확하게 인지하고, 올바른 방향으로 나아가야 합니다.

특히 개편된 공무원 9급 시험에서는 **화법과 작문에서의 길어진 지문, 복합적인 조건, 함정 선택지**로 수험생의 시간과 집중력을 동시에 압박합니다.
한 번 읽고 바로 답을 찾는 독해력과, 문제 조건을 정확히 적용하는 분석력이 없으면 고득점이 어렵습니다.

『해커스공무원 혜원국어 화법과 작문 적중 하프모의고사』는 바로 이 변화에 대응하기 위해 탄생했습니다.

1. 실제 시험 시간의 절반 분량으로 구성된 하프 모의고사 형식은, 짧은 시간 안에 고난도 문제를 풀며 속도와 정확성을 동시에 훈련하게 합니다.

2. 모든 문제는 최신 기출과 신유형 경향을 반영하여, 시험장에서 마주할 문제 유형에 자연스럽게 적응하도록 설계했습니다.

3. 각 회차마다 해설에서 지문 분석의 포인트, 선택지 검증의 단계, 오답의 함정 구조를 명확히 짚어 줍니다.

"연습 때부터 **문제 해결 과정을 체계화**하면, 시험장에서는 **본능적으로 정답에 도달하는 힘**이 생깁니다."

시험의 변화는 혼란을 주지만, 방향을 알고 대비하는 수험생에게는 기회가 됩니다.
『해커스공무원 혜원국어 화법과 작문 적중 하프모의고사』가 여러분이 그 '기회를 잡는 합격의 주인공'이 되도록 돕겠습니다.
화법과 작문, 이제 반(半) 시간 안에 완벽히 정복합시다.

2025년 08월
노량진 연구실에서
고혜원

이 책의 활용법 | 6

하프모의고사 문제집

Day 01	하프모의고사 1회	10
Day 02	하프모의고사 2회	16
Day 03	하프모의고사 3회	22
Day 04	하프모의고사 4회	28
Day 05	하프모의고사 5회	34
Day 06	하프모의고사 6회	40
Day 07	하프모의고사 7회	46
Day 08	하프모의고사 8회	52
Day 09	하프모의고사 9회	58
Day 10	하프모의고사 10회	64
Day 11	하프모의고사 11회	70
Day 12	하프모의고사 12회	76
Day 13	하프모의고사 13회	82
Day 14	하프모의고사 14회	88
Day 15	하프모의고사 15회	94
Day 16	하프모의고사 16회	100

하프모의고사 약점 보완 해설집 [책 속의 책]

Day 01 하프모의고사 1회 정답·해설　　2
Day 02 하프모의고사 2회 정답·해설　　4
Day 03 하프모의고사 3회 정답·해설　　8
Day 04 하프모의고사 4회 정답·해설　　11
Day 05 하프모의고사 5회 정답·해설　　13
Day 06 하프모의고사 6회 정답·해설　　16
Day 07 하프모의고사 7회 정답·해설　　19
Day 08 하프모의고사 8회 정답·해설　　22
Day 09 하프모의고사 9회 정답·해설　　25
Day 10 하프모의고사 10회 정답·해설　　28
Day 11 하프모의고사 11회 정답·해설　　31
Day 12 하프모의고사 12회 정답·해설　　34
Day 13 하프모의고사 13회 정답·해설　　37
Day 14 하프모의고사 14회 정답·해설　　40
Day 15 하프모의고사 15회 정답·해설　　43
Day 16 하프모의고사 16회 정답·해설　　46

이 책의 활용법

1 화법과 작문 문제만 모아 공무원 9급 최신 출제 경향 완벽 마스터!

개편된 공무원 9급 최신 출제 경향을 충실히 반영한 화법과 작문 문제를 엄선해 수록하였습니다. 최신 출제 경향을 철저하게 분석하여 실제 시험과 유사하게 제작된 양질의 문제를 풀어봄으로써 확실한 신유형 대비가 가능합니다.

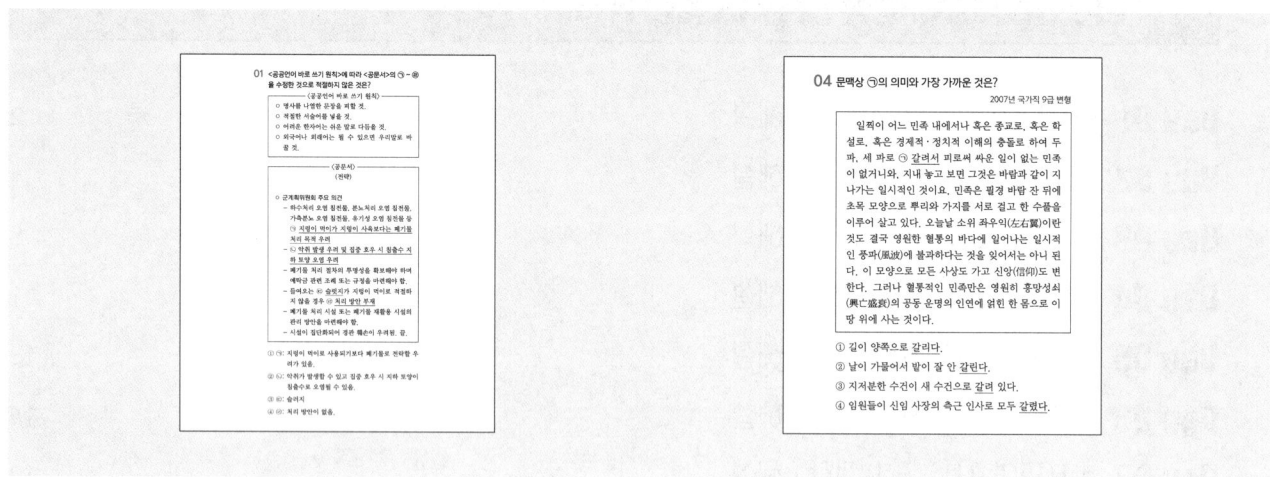

2 매일 10문제로 국어 실력 16일 완성!

개편된 시험 경향이 완벽 반영된 문제를 매일 10문제씩 풀어볼 수 있도록 구성하였습니다. 전체 모의고사보다는 부담이 없는 분량으로 주어진 문제를 매일 풀어봄으로써 국어 문제풀이의 감각을 꾸준히 유지할 수 있습니다.

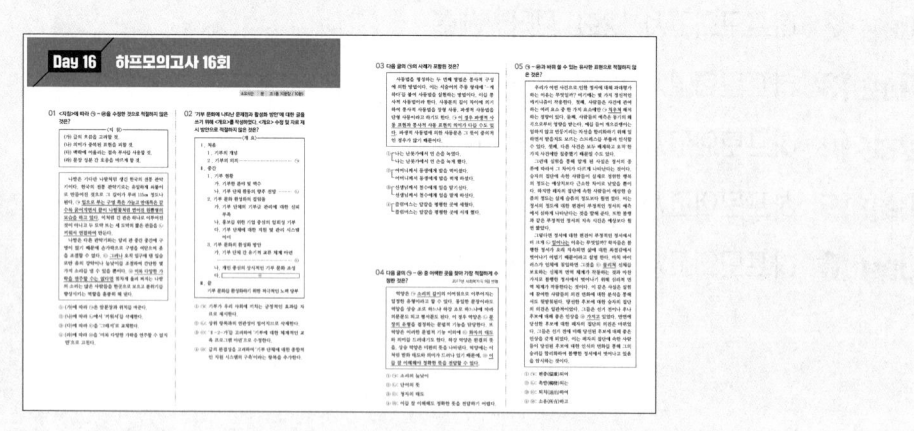

해커스공무원 혜원국어 **화법과 작문 적중 하프모의고사**

3 실전 감각을 유지할 수 있는 특별한 구성!

- 소요 시간: 문제풀이에 걸린 시간을 직접 체크함으로써 자신의 실력을 스스로 점검할 수 있습니다.
- 2단 구성의 시험지: 실제 시험지와 유사한 형태의 2단 구성을 통해 실전 문제풀이 감각을 극대화할 수 있습니다.

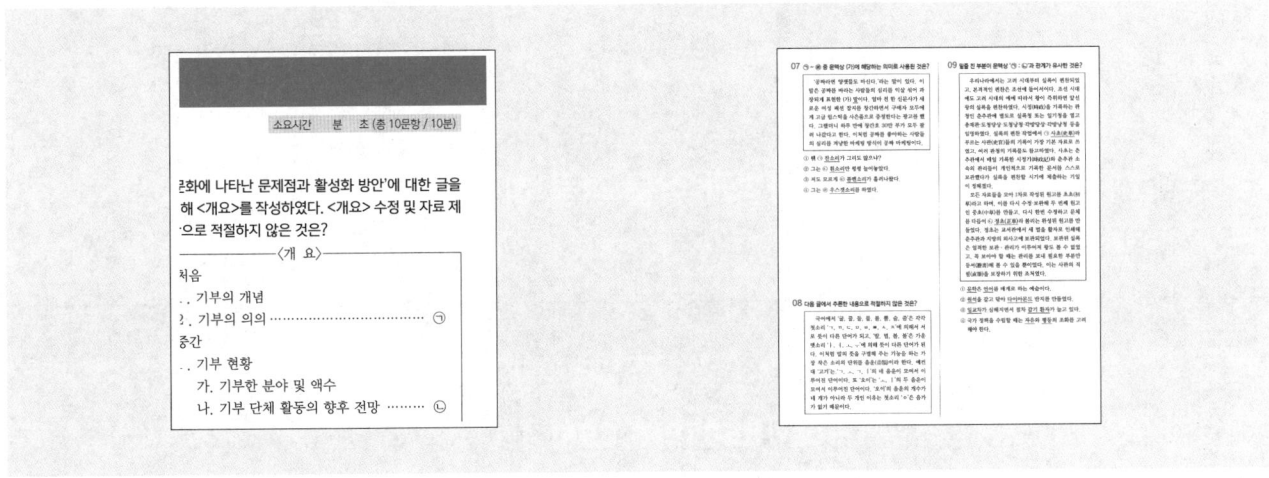

4 보기만 해도 저절로 개념이 학습되는 상세한 해설 수록!

정답인 이유뿐만 아니라 오답의 근거까지 상세하게 설명해 주는 해설을 통해 선지 하나하나 꼼꼼하게 분석할 수 있습니다. 또한, 변화하는 시험 유형에 철저하게 대비할 수 있는 [어휘] 요소로 어휘력을 끌어 올려 독해 실력을 완성할 수 있습니다.

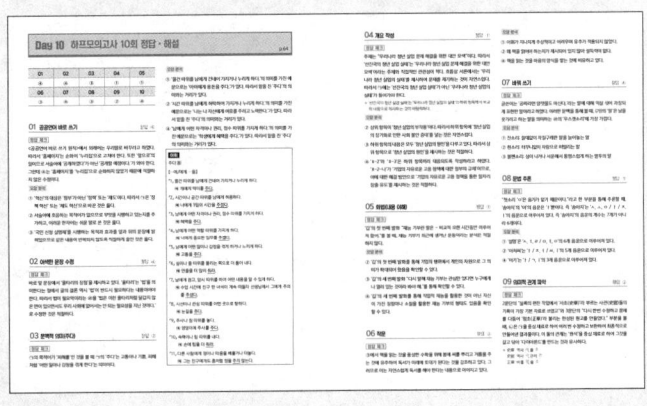

이 책의 활용법 **7**

해커스공무원 혜원국어 **화법과 작문 적중 하프모의고사**

공무원 시험 전문 해커스공무원 **gosi.Hackers.com**

Day 01 ~ 16

하프모의고사 1~16회

Day 01 하프모의고사 1회

소요시간   분   초 (총 10문항 / 10분)

01 다음 글의 ㉠ ~ ㉣ 중 어색한 곳을 찾아 가장 적절하게 수정한 것은?

> 오늘날 인간의 욕망은 ㉠ <u>더 이상 정지해 있으려 하지 않는다</u>. 세계도 욕망의 자유로운 이동 공간으로 바뀌기 시작한 지 오래다. 이미 욕망의 새로운 이동화시대가 펼쳐지고 있는 것이다. ㉡ <u>휴대 전화보다 공중전화를 좋아하듯</u> 우리는 정지하기보다 이동하고자 한다. 우리의 생활은 벌써 그것을 더욱 즐기고 선호한다. 우리는 정주보다 유목에 길들어가고 있다. 어느새 우리는 욕망에 따라 이동하는 신유목 시대에 살고 있는 것이다.
> 정주 문화를 상징해 온 인문학은 신유목 시대와 갈등하고 있다. 그것은 새로운 문화 양식과의 갈등이다. 문화 기반이 전면적으로 교체되는 상황에서 인문학은 암흑시대를 경험한 중세 이래 오랜만에 ㉢ <u>갈피를 잡지 못해</u> 방황하고 있다. 더구나 인간의 욕망이 경제 논리에 따라 이동하는 신유목 시대에, 경제 속도에 뒤지고 ㉣ <u>경제 논리에 어두운 인문학은</u> 새로운 시스템에서 배제를 강요받는다.

① ㉠: 더 이상 이동하려 하지 않는다.
② ㉡: 공중전화보다 휴대 전화를 좋아하듯
③ ㉢: 번지수를 잘못 짚고
④ ㉣: 경제 논리에 밝은 인문학은

02 <공공언어 바로 쓰기 원칙>에 따라 <공문서>의 ㉠ ~ ㉣을 수정한 것으로 적절하지 않은 것은?

> ─── <공공언어 바로 쓰기 원칙> ───
> ○ 중복되는 표현을 삼갈 것.
> ○ 적절한 조사를 넣을 것.
> ○ 어려운 말을 쉬운 말로 바꿀 것.
> ○ 맥락에 어울리는 접속 부사를 사용할 것

> ─── <공문서> ───
> 곰 쓸개즙 음용 등 불법 관광 행위 예방 계도문
>
> (전략)
>
> 우리 정부는 ㉠ <u>상기</u> 불법 관광 행위로 인한 국가 이미지 추락 방지 및 우리나라 관광객 보호를 위하여 상기 행위를 알선하는 우리 국내 여행사를 ㉡ <u>대상</u>, 「관광진흥법」에 따라 강력한 행정처분 조치를 취할 예정입니다.
> 또한 외국에서의 위법한 행위 등으로 국위를 크게 손상시켜 관계 행정기관으로부터 통보를 받은 사람은 「여권법」 제12조 3항 규정에 따라 1년 이상 3년 이하 ㉢ <u>기간 동안</u> 여권 신규 발급이나 재발급이 제한될 수 있음을 알려 드립니다.
> ㉣ <u>따라서</u> 동남아 지역을 여행하시는 관광객 및 현지 교민 여러분께서는 혹시라도 불미스러운 일에 관련되어 불이익을 당하는 일이 없도록 주의를 기울여 주시기 바랍니다.

① ㉠: 위의
② ㉡: 대상으로
③ ㉢: 동안
④ ㉣: 그러나

03 밑줄 친 부분 중 ㉠의 사례가 포함되어 있지 않은 것은?

> '국어의 단어 형성 방식을 보면, ㉠ 실질적인 의미를 갖는 어근들끼리 만나 새말을 만들기도 하지만, 특정한 뜻을 더하는 접사가 어근 앞에 붙어 새말을 만들기도 한다. 전자의 예로는 어근 '날다'가 어근 '가다'를 만나 '날아가다'를 만드는 것을 들 수 있고, 후자의 예로는 '풋'이 어근 '사과' 앞에 붙어 '덜 익은'의 뜻을 더하면서 '풋사과'를 만드는 것을 들 수 있다.

① 군밤 한 봉지를 사 먹다.
 - '군'은 '밤' 앞에 붙어 '구운'의 뜻을 더하면서 '군밤'을 만든다.
② 지금의 남편은 나의 첫사랑이었다.
 - '첫'은 '사랑' 앞에 붙어 '처음의'의 뜻을 더해 '첫사랑'을 만든다.
③ 새색시가 방안으로 사분사분 들어왔다.
 - '새'는 '색시' 앞에 붙어 '새로운'의 뜻을 더해 '새색시'를 만든다.
④ 오랜 가뭄에 논바닥이 강말랐다.
 - '강'은 '마르다' 앞에 붙어 '심하게'의 뜻을 더해 '강마르다'를 만든다.

04 <지침>에 따라 <개요>를 작성할 때 ㉠~㉣에 들어갈 내용으로 적절하지 않은 것은?

〈지 침〉
○ 상위 항목과 하위 항목을 어울리게 제시할 것.
○ 본론은 2개의 장으로 구성하되 각 장의 하위 항목끼리 대응되도록 작성할 것.
○ 결론은 주제를 고려하여 향후 과제를 1개의 장으로 작성할 것.

〈개 요〉
○ 주제: 지역 문화 예술 센터 활성화
Ⅰ. 서론: 지역 문화 예술 센터의 의의와 기능
Ⅱ. 본론
 1. 지역 문화 예술 센터 운영의 문제점
  가. ㉠
  나. 시설 확충, 전문 강사 초빙 등을 위한 재정 부족
  다. 지역 문화 예술 센터에 대한 지역 주민들의 무관심
 2. 지역 문화 예술 센터의 ㉡
  가. 지역의 특성을 살린 다양한 프로그램 개발
  나. 정부와 지방 자치 단체의 재정적 지원 마련
  다. ㉢
Ⅲ. 결론: ㉣

① ㉠: 지역의 특성과 관련된 프로그램의 부족
② ㉡: 활성화 방안
③ ㉢: 지역 주민들의 건전한 여가 생활을 위한 공간 활용
④ ㉣: 지역 문화 예술 센터 활성화를 위한 적극적 관심과 실천 촉구

05 <지침>에 따라 공익 광고 문안의 표제와 부제를 만든다고 할 때, 가장 적절한 것은?

─〈지 침〉─
○ 주제: 악성 댓글의 폐해
○ 대조의 방법을 활용할 것.
○ 비유법과 설의법으로 표현할 것.

① 당신의 인격을 지키셨습니까?
  ─ 악성 댓글은 자신의 인격을 비추는 거울입니다.
② 악성 댓글은 말의 쓰레기일 뿐입니다.
  ─ 인터넷, 당신에게는 쓰레기통, 누군가에게는 보물 상자.
③ 당신에게 돌팔매질해도 되겠습니까?
  ─ 당신의 짧은 악성 댓글, 누군가의 마음에 긴 흉터를 남깁니다.
④ 여전히 말의 독버섯을 키우시나요?
  ─ 당신의 악성 댓글 때문에 우리의 인터넷 공간은 점점 병들고 있습니다.

06 문맥상 ㉠의 의미와 가장 가까운 것은?
2010년 국가직 7급 변형

이제 문화는 배부른 자나 유한계급의 전유물이 아니라 생활 그 자체가 되었다. 고급문화와 대중문화의 경계가 무너지고 장르 간 구분이 모호해지면서 서로 다른 문화가 뒤섞여 새로운 문화가 생겨나고 있다. 이렇게 해서 나타나는 퓨전 문화가 대중적 관심을 ㉠ 끌고 있는 가운데, 이율배반적인 것처럼 보였던 문화와 경제의 공생 시대가 열린 것이다. 특히 경제적 측면에서 문화는 고전 경제학에서 말하는 생산의 3대 요소인 토지·노동·자본을 대체하는 생산 요소가 되었을 뿐만 아니라 경제적 자본 이상의 주요한 자본이 되고 있다.

① 손님을 끄는 비결이 무엇이냐?
② 시간을 끌지 말고 빨리빨리 해라.
③ 주방에서 수도를 끌어 물을 받았다.
④ 그는 밥상을 끌어 자기 앞에 놓았다.

07 문맥상 ㉠ ~ ㉣ 중 지시 대상이 같은 것만으로 묶인 것은?
2010년 국가직 9급 변형

김정호는 조선 후기에 발달했던 군현지도, 방안지도, 목판지도, 칠첩식지도, 휴대용지도 등의 성과를 독자적으로 종합하고, 각각의 장점을 취하여 ㉠ 대동여지도를 만들었다. 대동여지도의 가장 뛰어난 점은 조선 후기에 발달했던 대축척지도의 두 계열, 즉 정상기의 동국지도 이후 민간에서 활발하게 전사되었던 전국지도·도별지도와 국가와 관아가 중심이 되어 제작했던 상세한 군현지도를 결합하여 군현지도 수준의 상세한 내용을 겸비한 일목요연한 대축척 전국 지도를 만든 것이다.

대동여지도가 많은 사람에게 애호를 받았던 가장 큰 이유는 목판본 지도이기 때문에 일반에게 널리 보급될 수 있었으며, 개인적으로 소장, 휴대, 열람하기에 편리한 데에 있었다. 국가적 차원에서는 18세기에 상세한 지도가 만들어졌다. 그러나 ㉡ 그 지도는 일반인들은 볼 수도, 이용할 수도 없는 지도였다. 김정호는 정밀한 지도의 보급이라는 사회적 욕구와 변화를 인식하고 그것을 실현하였던 측면에서 더욱 빛을 발한다. 그러나 흔히 생각하듯이 아무런 기반이 없는 데에서 혼자의 독자적인 노력으로 대동여지도와 같은 훌륭한 지도를 만들었던 것은 아니다. 비변사와 규장각 등에 소장된 이전 시기에 작성된 수많은 ㉢ 지도들을 검토하고 종합한 ㉣ 결과인 것이다.

① ㉠, ㉡
② ㉠, ㉣
③ ㉠, ㉡, ㉢
④ ㉠, ㉡, ㉣

08 ㉠~㉣과 바꿔 쓸 수 있는 유사한 표현으로 적절하지 않은 것은?

> 민주주의(democracy)는 흔히 '인민(demos)에 의한 인민의 지배(cracy)'로 정의된다. 고대 그리스 사회에서는 노예를 제외한 모든 남성 시민들이 광장에 모여 정책을 결정하는 직접 민주주의가 구현되었다. 이러한 정치 형태는 민주주의의 기본 원리에 어느 정도 ㉠ 맞았다. 그러나 현대 사회에 이르러 시민의 수가 크게 늘어나고 사회가 점점 복잡해짐에 따라 직접 민주주의 이상이 현실적으로 적용되기 어려워졌다. 그래서 대의제 민주주의가 기본 원리로 ㉡ 자리를 잡았다. 그러나 대의제 민주주의는 다음과 같은 한계를 안고 있다.
> 대의제 민주주의에서는 시민이 자신의 삶에 영향을 미치는 결정에 직접 참여할 수 없다. 시민들은 선거 때에만 주권자가 되고, 평상시에는 대표들이 하는 일을 그저 쳐다볼 수밖에 없다. 자신들이 선출한 대표자들이 자신의 의사에 반하는 정책을 결정하더라도, 제어할 수 있는 수단이 없기 때문이다. 또한 대의제 민주주의는 실질적인 평등을 보장하지 못한다. 모든 사람에게 '1인 1표'의 동등한 권리를 부여한다 하더라도 결국은 다수의 표를 획득한 소수의 기득권 세력이 자신이 속한 계층이나 계급의 이익을 대변하는 경우가 많기 때문이다. 이렇게 되면 사회적 약자의 이익을 대변하는 정치 세력이 성장하기 어렵게 된다. 마지막으로 대의제 민주주의는 자의적으로 정해진 지리적 범위 내의 유권자에 의해 대표를 선출하기 때문에 사회적 분업 구조 속에서 발생하는 다양한 이해관계를 공정하게 조정할 수 있는 통로가 ㉢ 막힌다. 그 결과 대의제 민주주의는 시민을 실제 정치에서 소외시켜 정치적 무관심과 허무주의에 빠뜨리는 결과를 낳았다.
> 이러한 대의제 민주주의의 한계를 극복하기 위해서는 시민이 직접 정치의 주체로 나서는 참여 민주주의가 이루어져야 한다. 여기서 말하는 '참여'의 개념은 '사회의 일반 구성원이 의사 결정의 과정과 결과에 영향을 미치고자 하는 직접적인 행동'을 의미한다. 즉 대의제 민주주의의 정치로부터 '아래로부터의 정치 참여'로 ㉣ 바꾸는 것이다. 시민이 단순히 각종 선거에 참여하여 대표자를 뽑는 것뿐만 아니라 국가 권력을 감시하고 정책 과정이나 행정 업무에 영향력을 행사하기 위해 직간접적인 행동에 나설 필요가 있다.

① ㉠: 부합(符合)하였다
② ㉡: 정착(定着)하였다
③ ㉢: 봉쇄(封鎖)된다
④ ㉣: 구성(構成)하는

09 다음 대화를 분석한 내용으로 적절한 것만을 <보기>에서 모두 고르면?

> 이모: 쌀을 사서 우리 조카 맛있는 거 해 줘야지.
> 조카: 이모, 쌀이 이렇게 많은데 또 사요?
> 이모: 시골에서는 쌀을 팔아 돈을 마련하는 것을 '쌀을 산다.'고 한단다.
> 조카: 도시에서 쌀을 산다고 할 때와는 뜻이 정반대네요.
> 이모: 농촌에서는 예전부터 주로 쌀을 통해 돈을 벌었기 때문에 이렇게 썼지.
> 조카: 같은 말이라도 지역에 따라 의미가 다르게 쓰일 수도 있네요. 그럼 농촌에서 주로 쓰는 말이 또 있나요?
> 이모: 어디 보자. '김매기, 멍석, 삼태기, 왕겨' 같은 말도 도시에서는 들어 보기 어렵겠지?

〈보 기〉
ㄱ. 서로 다른 의미로 사용한 말은 '쌀을 사다.'이다.
ㄴ. 조카는 이모의 말을 처음에는 '돈을 주고 쌀을 마련한다.'라는 의미로 이해했다.
ㄷ. 이모가 '쌀을 사다.'라고 말한 의미를 대부분의 도시 사람들은 이해할 수 있다.

① ㄱ
② ㄱ, ㄴ
③ ㄴ, ㄷ
④ ㄱ, ㄴ, ㄷ

10 '을'의 주장을 강화하는 것만을 <보기>에서 모두 고르면?

갑: 우리나라의 연 강수량은 세계 평균 강수량보다 많지만, 인구 밀도가 높고 여름에 비가 집중적으로 내리기 때문에 자원으로 이용할 수 있는 물은 사실상 적습니다. 국제 사회에서도 우리나라는 물 부족 국가로 분류되고 있는 실정입니다. 그러므로 하루 속히 댐을 늘려 물 공급을 충분하게 늘릴 수 있어야 합니다.

을: 그렇지 않습니다. 댐을 늘려야 할 만큼 우리나라는 물이 부족하지 않습니다. 우리나라가 물 부족 국가라는 주장은 과장된 면이 있습니다. 우리나라를 물 부족 국가로 분류한 것은 단순히 인구 밀도에 강수량을 대입해 산출한 결과를 토대로 이루어진 것입니다. 어느 정도의 용수 공급 능력을 갖추었는지가 고려되지 않은 것이죠. 댐을 많이 건설하면 오히려 수질이 악화되어 용수 공급에 차질이 생길 수 있습니다.

갑: 댐은 물 공급을 확충시켜 주는 시설이기도 하지만, 홍수 피해를 방지해 주는 등 부가적인 이점을 갖춘 시설이기도 합니다.

을: 댐을 만들면 하천의 유속이 느려지고 그에 따라 강바닥에 퇴적물이 많이 쌓이기 때문에, 오히려 홍수 피해가 커질 수 있습니다. 현재 필요한 것은 물 공급을 늘리기 위해 댐을 짓는 것이 아닙니다. 댐을 짓는 데는 막대한 건설비용이 들며 환경 파괴, 유적지 손실 등으로 유발되는 사회적 비용 또한 엄청납니다. 현재 우리에게 필요한 것은 물을 얼마든지 낭비해도 되는 것으로 여기는 사회 전반의 잘못된 인식을 바꿔나가는 일입니다.

갑: 물론 댐 건설에 사회적으로 많은 비용이 드는 것이 사실입니다. 그러나 댐을 건설해 누릴 수 있는 이익이 많기 때문에 그리 걱정할 문제는 아닙니다. 농업용수나 공업용수의 수요가 계속해서 증가하고 있기 때문에 단순히 물 사용에 대한 인식을 바꾸는 것만으로는 물 부족 문제를 해결할 수 없습니다. 따라서 댐을 늘려 물자원을 충분히 확충해야 합니다.

을: 아무리 물이 많다고 해도 사용하는 사람이 펑펑 쓴다면, 물 부족 문제를 해결할 수 없습니다. 현재의 수자원 손실을 최대한 억제하고 물 절약을 생활화함으로써 현재의 자원을 최대한 효율적으로 이용할 수 있는 방안을 먼저 생각해 봐야 합니다.

─〈보 기〉─
ㄱ. 물 부족 국가로 분류된 벨기에나 덴마크 국민들은 실제로 물 부족 문제를 겪고 있지 않다.
ㄴ. 2025년이면 세계 인구의 절반 이상이 물 부족으로 심한 고통을 겪게 될 것이라는 연구 결과가 있다.
ㄷ. 우리나라의 산업은 제조업 중심에서 공업용수를 필요로 하지 않는 지식 기반 산업 중심으로 변하고 있다.

① ㄱ
② ㄱ, ㄷ
③ ㄴ, ㄷ
④ ㄱ, ㄴ, ㄷ

공무원 시험 전문 해커스공무원

gosi.Hackers.com

Day 02 하프모의고사 2회

소요시간   분   초 (총 10문항 / 10분)

01 <공공언어 바로 쓰기 원칙>의 ㉠ ~ ㉣에 따라 수정한 것으로 적절하지 않은 것은?

─〈공공언어 바로 쓰기 원칙〉─
○ 영어 번역 투 삼가기
  - ㉠ 어색한 피동 표현(~에 의해 ~되다)
  - ㉡ 스스로 움직이지 않는 사물이나 추상적 대상이 능동적 행위의 주어로 나오는 문장

○ 조사·어미 등 생략 시 어법 고려
  - ㉢ 조사, 어미, '-하다' 등을 지나치게 생략하지 않음.

○ 지나치게 긴 문장 삼가기
  - ㉣ 여러 가지 정보는 여러 문장으로 나누어 작성함.

① "조선은 태조 이성계에 의해 건국되었다."는 ㉠에 따라 "조선은 태조 이성계가 건국했다."로 수정한다.
② "이 설문조사 결과는 청소년 언어 개선책을 시급히 마련해야 한다는 점을 말해 주고 있다."를 ㉡에 따라 "청소년 언어 개선책을 시급히 마련해야 한다는 점을 이 설문조사 결과에서 알 수 있다."로 수정한다.
③ "정부는 노인 복지 종합 계획을 수립, 올 하반기부터 시행하기로 하였다."를 ㉢에 따라 "정부는 노인 복지 종합 계획 수립하여, 올 하반기부터 시행하기로 하였다."로 수정한다.
④ "20○○년 ○월 ○일부터 △월 △일까지 우리 시에서는 제1회 의료사진전을 통해 응급 의료에 대한 시민의 관심을 증대하고자 하오니 참가를 원하시는 분은 □월 □일까지 ○○시 보건복지과로 응모해 주시기 바랍니다."를 ㉣에 따라 "20○○년 ○월 ○일부터 △월 △일까지 우리 시에서는 제1회 의료사진전을 개최합니다. 이 사진전은 응급 의료에 대한 시민의 관심을 높이고자 마련하였습니다. 참가를 원하시는 분은 □월 □일까지 ○○시 보건복지과로 응모해 주시기 바랍니다."로 수정한다.

02 다음 글에서 추론한 내용으로 적절하지 않은 것은?

제30항 사이시옷이 붙은 단어는 다음과 같이 발음한다.
1. 'ㄱ, ㄷ, ㅂ, ㅅ, ㅈ'으로 시작하는 단어 앞에 사이시옷이 올 때는 이들 자음만을 된소리로 발음하는 것을 원칙으로 하되, 사이시옷을 [ㄷ]으로 발음하는 것도 허용한다.
2. 사이시옷 뒤에 'ㄴ, ㅁ'이 결합되는 경우에는 [ㄴ]으로 발음한다.
3. 사이시옷 뒤에 '이' 소리가 결합되는 경우에는 [ㄴㄴ]으로 발음한다.

① '콧날'은 [콘날]로 발음해도 된다.
② '깻잎'은 [깬닙]으로 발음해야 한다.
③ '잇몸'은 [인몸]으로 발음해야 한다.
④ '빨랫돌'은 [빨랟똘]로 발음해도 된다.

03 밑줄 친 부분 중 문맥상 ㉠의 의미와 가장 가까운 것은?

만화에서 언어의 기본 요소는 칸[panel]이다. 칸은 서로 독립해 있으면서도 앞뒤의 그림들과 밀접한 관계를 가지며 이야기를 만들어 나가는데, 이는 수평으로 이어진 띠[strip]를 이루며 연속 만화가 ㉠된다. 작가는 이러한 칸의 변화와 연출을 통해 서술의 흐름에 변화를 주고 완급을 조절할 수 있다. 또한 주인공의 감정 표현, 등장인물의 주목 여부, 집중과 분산 등 다양한 측면에서 작가의 창작 의도를 표현할 수 있다.

① 우리 국토의 대부분은 산으로 <u>되어</u> 있다.
② 오늘부터 제가 국어를 가르치게 <u>되었어요</u>.
③ 영하에서는 물이 얼음이 <u>된다는</u> 거 알지?
④ 그 집은 방이 아흔 아홉 칸으로 <u>되어</u> 있다.

04 <지침>에 따라 <개요>를 작성할 때 ㉠ ~ ㉢에 들어갈 내용으로 가장 적절한 것은?

―〈지 침〉―
○ 주제문은 추상적으로 제시하지 말 것.
○ 서론은 본론과 결론을 고려하여 작성할 것.
○ 상위 항목과 하위 항목을 어울리게 제시할 것.

―〈개 요〉―
○ 주제문: ㉠
Ⅰ. 서론: ㉡
Ⅱ. 본론
 1. 학교 홈페이지 활성화의 필요성
  (가) 학교 구성원들 간 의사소통 활성화를 위한 필요성
  (나) ㉢
 2. 학교 홈페이지 활성화의 장애 요인
  (가) 학교 홈페이지를 통한 의사소통에 대한 무관심
  (나) 학생 참여를 유도하는 방향으로의 학교 홈페이지 개선
 3. 해결 방안
  (가) 학교 홈페이지에 대한 관심을 유도하기 위한 캠페인 실시
  (나) ㉣
Ⅲ. 결론: 학교 홈페이지에 대한 관심 유도 및 개선을 위한 노력 촉구

① ㉠: 학교 홈페이지를 활성화하자.
② ㉡: 학교 인터넷 환경 현황
③ ㉢: 대외적인 학교 홍보의 필요성
④ ㉣: 학생들의 의사소통 활성화를 위한 토론 수업 강화

05 문맥상 ㉠, ㉡과 공통적으로 바꿔 쓸 수 있는 말로 가장 적절한 것은?

공공부조는 정부가 조세로 조성한 예산으로 재원을 마련하고 소득 및 자산 조사를 통해 일정한 기준 이하의 저소득층에 대해 급여를 실시하는 제도로 저소득층의 최저 생계를 보장하는 사회 안전망이다. 그런데 공공부조는 사회 안전망으로서 그 존재 의의가 큼에도 불구하고 경제적 부작용을 ㉠ 낳을 수 있어 논란의 대상이 되어 왔다. 이와 관련하여 대표적인 문제는 공공부조가 근로 의욕을 저하시켜 노동 공급을 감소시킴으로써 경제 성장을 저해할 수 있다는 것이다.
 현재 대부분의 나라에서는 공공부조 방식으로 가구의 소득이 최저 생계비에 미달하면 그 차액을 급여로 지급하는 '보충 급여 방식'을 실시하고 있다. 이 방식에 의한 공공부조는 수급 대상자뿐만 아니라 수급 기준보다 소득이 높은 사람들의 노동 동기까지 감소시켜 노동 공급의 감소를 ㉡ 가져올 수 있다. 이는 근로 소득이 늘어나면 공공부조 급여액이 그만큼 줄어들어 근로소득과 급여액을 합한 총소득이 늘어나지 않기 때문이다.

① 초래하다
② 배출하다
③ 생산하다
④ 유도하다

06 다음 대화를 분석한 내용으로 적절한 것만을 <보기>에서 모두 고르면?

> 갑: 우리 아들이 왜 이렇게 기운이 없지?
> 을: '병'이라는 친구하고 다투었거든요.
> 갑: 너희는 단짝인데, 어쩌다가 다투게 되었니?
> 을: 친구가 이번에 중간고사를 못 봐서 시무룩해 있었거든요. 그런데 사실 이번 시험은 '친구가 공부를 안 해서 성적이 떨어진 것이기 때문에 다음 시험은 잘 보라는 의미로, "네 성적이 떨어질 줄 알았어. 그렇게 공부를 안 했는데 어떻게 점수가 올라갈 수 있겠어."라고 말했어요. 그랬더니 친구가 저한테 막 화를 내는 거예요.
> 갑: 너는 친구에게 좀 더 분발하라는 의미로 그렇게 말했겠지만 친구에게는 그 말이 비난으로 들렸을 거야. 왜냐하면 그 친구는 성적이 떨어져서 힘들어 하고 있는 상황인데, 너는 그런 친구의 처지를 고려하지 않았기 때문이지. 만약에 네가 친구에게 "성적이 떨어져서 많이 속상하지? 하지만 넌 실력이 있으니까 조금만 더 노력하면 다음 시험에는 반드시 좋은 점수를 얻을 수 있을 거야."라고 말했다면, 네 의도가 친구에게 훨씬 잘 전달되었을 거야.

─〈보 기〉─

ㄱ. 갑은 을에게 의견 차이를 최소화할 수 있는 의사 전달 전략을 구사하고 있다.
ㄴ. 갑은 을에게 상대방이 공감할 수 있는 사례를 적절하게 활용하는 의사 전달 전략을 구사하라고 말하고 있다.
ㄷ. 갑은 을에게 상대방의 처지에 공감하며 긍정적 동기를 유발할 수 있는 의사 전달 전략을 구사하라고 말하고 있다.

① ㄱ
② ㄷ
③ ㄱ, ㄷ
④ ㄴ, ㄷ

07 문맥상 ㉠의 의미와 가장 가까운 것은?

2009년 국가직 9급 변형

> 우리는 비극을 즐긴다. 비극적인 희곡과 소설을 즐기고, 비극적인 그림과 영화 그리고 비극적인 음악과 유행가도 즐긴다. 슬픔, 애절, 우수의 심연에 ㉠빠질 것을 알면서도 소포클레스의 안티고네, 셰익스피어의 햄릿을 찾고, 베토벤의 '운명', 차이코프스키의 '비창', 피카소의 '우는 연인'을 즐긴다. 아니면 텔레비전의 멜로드라마를 보고 값싼 눈물이라도 흘린다. 이를 동정과 측은과 충격에 의한 '카타르시스', 즉 마음의 세척으로 설명한 아리스토텔레스의 주장은 유명하다. 그것은 마치 눈물로 스스로의 불안, 고민, 고통을 씻어내는 역할을 한다는 것이다.

① 이야기가 딴 데로 빠지다.
② 사기꾼의 꾐에 빠져 재산을 날렸다.
③ 그 소리를 듣는 순간 온몸에서 힘이 쑥 빠졌다.
④ 그는 슬픔을 이기지 못하고 긴 겨울을 술에 빠져 있었다.

08 다음 글의 ㉠의 사례가 포함되어 있지 않은 것은?

> 단어를 형성할 때 실질적인 의미를 나타내는 부분을 어근(語根)이라고 하고, 어근에 붙어 그 뜻을 제한하는 주변 부분을 접사(接辭)라고 한다. '산, 하늘, 맑다'와 같이 하나의 어근으로 된 단어를 단일어라고 하고, 둘 이상의 어근이 결합하거나 어근과 접사로 이루어진 단어를 복합어라고 한다. 이 중 둘 이상의 어근이 결합하여 형성된 복합어를 합성어라 한다. 예컨대 '새신'은 어근 '새'와 '신'이 결합한 말로 합성어이다. 한편, ㉠어근에 접사가 결합하여 형성된 복합어를 파생어라 한다. 예컨대 '걸레질'은 어근 '걸레'와 접미사 '-질'이 결합한 말로 파생어이다.

① 그는 맨주먹으로 적과 싸웠다.
② 낙서를 지우개로 깨끗이 지웠다.
③ 여기저기 가을꽃이 아름답게 피었다.
④ 그녀는 마을을 한 바퀴 휘돌고 왔다.

09 <지침>에 따라 글을 완성할 때 ㉠에 들어갈 내용으로 가장 적절한 것은?

―〈지 침〉―
○ 청년 창업이 활성화되었을 때의 기대 효과를 드러낼 것.
○ 비유법과 대구법을 활용할 것.

　최근 언론을 통해 국내외 청년 창업의 성공 사례가 알려지면서 창업에 대한 청년들의 관심이 높아지고 있다. 청년 창업은 청년 실업 문제를 해결하고 새로운 일자리를 창출할 수 있다는 점에서 큰 의미가 있다.
　그러나 실질적으로는 청년 창업이 활성화되지 못하고 있다. 선뜻 창업에 뛰어드는 청년들의 수가 많지 않고, 막상 청년들이 창업을 하려고 해도 자금 부족 때문에 어려움을 겪는 경우가 많다. 그리고 창업 분야도 단순 서비스업에 편중되어 있다.
　이러한 문제가 발생하는 원인은 무엇일까? 먼저, 창업에 뛰어들어 성공하지 못했을 경우 재기에 대한 부담이 크기 때문이다. 그리고 청년들이 창업 자금 지원 제도에 대해 잘 알지 못하고, 정작 창업 자금을 지원 받는다고 하더라도 그 금액이 적기 때문이다. 또 많은 지식이나 전문적인 기술 없이도 쉽게 창업을 할 수 있는 분야를 주로 선택하거나, 자신이 갖고 있는 창의적인 아이디어를 창업으로 실현시킬 수 있는 방법을 잘 모르는 것도 하나의 원인이다.
　이를 해결하기 위해 정부에서는 청년들의 심리적 부담감을 덜어줄 수 있는 제도적 방안을 마련하여 창업을 장려하는 사회적 풍토를 조성해야 한다. 그리고 창업 자금 지원 제도를 적극적으로 홍보하고, 기술 개발비나 임대료, 홍보비 등 창업 자금을 지원하기 위한 예산을 확충해야 할 것이다. 또 예비 청년 창업자들은 창업 준비 교육 기관을 통해 전문적인 경험과 지식을 쌓을 필요가 있다.
　　　　　　　　　㉠

① 이처럼 청년들의 뜨거운 열정과 노력이 결실을 맺을 수 있는 토양을 마련해 준다면 청년 창업은 더욱 활성화될 것이다.
② 이렇게 해서 청년들의 꿈과 창의적 아이디어가 꽃핀다면 우리는 더욱 역동적이고 혁신적인 사회를 만들 수 있을 것이다.
③ 이와 같은 방법으로 청년들의 창업 역량을 높이고 자금 부담을 낮춘다면 청년 창업이 활성화되어 취업 걱정은 사라질 것이다.
④ 이러한 노력이 열매를 맺어 청년 창업이 활성화되면 청년 실업은 줄어들고 청년 일자리는 늘어나서 경제 발전의 토대가 될 것이다.

10 ㉠ ~ ㉣의 수정사항으로 적절하지 않은 것은?

> 더운 여름날, 선풍기는 없어서는 안 되는 존재이다. 쉴 새 없이 회전을 하며 사람들의 더위를 씻어 준다. 참지 못할 만큼 더운 날에는 선풍기가 회전하는 것도 아쉬울 만큼, 선풍기 앞에 달라붙어 조금이라도 바람을 더 쐬고 싶어진다. 회전하는 선풍기 앞에서 선풍기의 바람을 기다리는 시간은 말 그대로 더위를 참는 시간이다. ㉠ 그 시간은 짧지만, 참 길고 덥게 느껴지는 시간이다. 그래서일까? 회전하는 선풍기의 끝자락에 앉는 것을 좋아하는 사람은 아무도 없다. 왜냐하면 끝자락이라는 자리는 지루할 만큼 천천히 선풍기의 바람이 돌아오는 자리이며, 다른 자리에 비해 바람이 잘 닿지 않는 곳이라고 느껴지는 자리이기 때문이다. 선풍기가 회전하는 것을 골똘히 관찰해 보면, 선풍기는 끝자락에 더 오래 머물다가 간다. 기다림의 시간이 더 길었던 만큼, 더 오랜 시간 동안 머물며 바람을 퍼부어 주고 지나간다. 끝자락에 앉아 선풍기의 바람을 기다리는 시간은 다른 자리에 비해 긴 더위를 참아야 하는 시간이지만, 그만큼 끝자락에 앉아 바람을 쐬는 시간도 다른 자리에 비해 긴 시원함을 누릴 수 있는 시간이다. ㉡ 그러나 나는 선풍기가 돌아가는 그 끝자락에 앉는 것을 좋아한다. 만약 우리가 살아가는 삶에 자리가 있다면 가장 끝자락에 앉아 삶을 살아가는 것도 좋지 않을까? 빠른 것만을 좋아하는 세상 속에서 남들보다 조금은 더 길고 더운 인내의 시간을 보내야 하지만, 그 시간만큼 더 시원한 행복을 느낄 수 있다면, 그것도 나름대로 의미 있는 삶이 아니겠는가. ㉢ 현대 사회는 남들보다 더 빨리 세상의 흐름을 읽고 더 치밀하게 준비하는 사람이 성공할 수 있는 사회이다.
> 지금 나는 길고 더운 끝자락에서 바람을 기다리고 있다. 그리고 나는 믿고 싶다. 이 기다림의 시간이 지나면 시원한 바람이 더 오랜 시간 동안 내 곁에 머물러 ㉣ 주었다는 것을.

① ㉠: 내용의 자연스러운 흐름을 고려하여 바로 앞의 문장과 순서를 바꾼다.
② ㉡: 앞뒤 문장을 자연스럽게 연결하지 못하므로 '그래서'로 고친다.
③ ㉢: 글의 통일성을 해치는 문장이므로 삭제한다.
④ ㉣: 문맥상 과거 시제가 어울리지 않으므로 '줄 거라는'으로 고친다.

공무원 시험 전문 해커스공무원
gosi.Hackers.com

Day 03 하프모의고사 3회

01 <지침>에 따라 수정한 것으로 적절하지 않은 것은?

〈지 침〉
㉠ 중복된 표현을 삼갈 것.
㉡ 주어와 서술어가 호응하도록 할 것.
㉢ 적절한 조사를 사용할 것.
㉣ 어법에 맞는 어미를 사용할 것.

① '돌이켜 보건대, 우리는 형극의 가시밭길을 걸어 왔습니다.'는 ㉠에 따라 '돌이켜 보건대, 우리는 형극의 길을 걸어왔습니다.'로 수정한다.
② '더욱 큰 문제는 온라인 게임으로 인한 게임 중독 때문이다.'는 ㉡에 따라 '더욱 큰 문제는 온라인 게임으로 인한 게임 중독이 심해지고 있다.'로 수정한다.
③ '개인은 사회에 봉사하고 사회는 개인에 봉사해야 한다.'는 ㉢에 따라 '개인은 사회에 봉사하고 사회는 개인에게 봉사해야 한다.'로 수정한다.
④ '우리의 제안을 어떻게 생각할런지 모르겠어.'는 ㉣에 따라 '우리의 제안을 어떻게 생각할는지 모르겠어.'로 수정한다.

02 밑줄 친 부분 중 ㉠의 사례로 적절하지 않은 것은?

'놓다'는 본래 '손을 놓지 말고 꼭 잡아.'에서처럼 구체적인 행동을 가리키지만, 때로는 그 의미가 확장되어 '한시름 놓다'에서처럼 추상적인 행동이나 상태를 나타낸다. 이와 같이 다의어는 기본적 의미와 ㉠ 확장된 의미를 지닌 단어이다.

① 한번 <u>먹은</u> 마음이 변하지가 않도록 하자.
② 육법전서만 <u>파던</u> 사람이 뭘 제대로 하겠니?
③ 해결되지 않던 문제가 풀려서 고뇌를 <u>덜었다</u>.
④ 거실 안 벽난로에서 장작이 활활 <u>타고</u> 있었다.

03 문맥상 ⊙ ~ ㉢ 중 지시 대상이 같은 것만으로 묶인 것은?

1999학년도 대학수학능력시험 변형

그리스 신화에 등장하는 힘센 거인 안타이오스는 땅의 여신 ㉠ 가이아의 아들이었다. 그는 대지(大地)에 발을 붙이고 있는 한 절대로 지지 않았다. 그의 영토를 통과하려는 여행자는 그와 겨루어야만 했는데, 살아서 지나간 사람은 아무도 없었다. 어느 날 헤라클레스와 맞붙을 일이 벌어졌다. 안타이오스의 어마어마한 ㉡ 힘의 원천을 알고 있던 헤라클레스는 그를 번쩍 들어올렸다. 발이 땅에서 떨어진 안타이오스는 제대로 힘도 쓰지 못한 채 죽을 수밖에 없었다.

이 신화는 ㉢ 수학자들에게 중요한 사실을 시사해 준다. 안타이오스가 대지에서 태어나 거기에서 힘을 얻었듯이, 영속적이고 중요한 모든 수학이 자연 세계로부터 탄생하고 그 속에서 성장해 왔음을 수학의 역사는 보여 준다. 안타이오스의 경우와 같이, 수학도 자연 세계와 접촉하고 있는 경우에만 강력한 힘을 발휘할 것이다. 만약 수학이 자신이 태어난 견고한 대지에서 공기가 희박한 ㉣ 높은 공중으로 올라가서 순수하게 형식적이고 추상적인 상태로 너무 오래 머무르면, 힘이 약화되는 위험을 감수해야 한다. 따라서 새로운 힘을 보충하려면 때때로 자연 세계로 돌아와야만 한다.

① ㉠, ㉡
② ㉡, ㉣
③ ㉠, ㉡, ㉢
④ ㉠, ㉡, ㉣

04 갑 ~ 병의 주장을 분석한 내용으로 적절한 것만을 <보기>에서 모두 고르면?

갑: 학생 스스로 공부하는 예습과 선행학습은 구별되어야 합니다. 선행학습은 대체로 학원이나 과외를 통해 학교 진도를 한 달 이상 앞질러 공부하는 것을 말하는데, 제가 몇 해 동안 연구한 결과로는 선행학습이 성적 향상을 가져왔다는 증거를 찾을 수 없었습니다. 따라서 선행학습은 권장할 만한 공부 방법이 아니라고 봅니다.

을: 납득이 잘 가질 않네요. 선행학습을 한 뒤에 학교에서 같은 내용을 다시 배우면, 교과 내용을 좀 더 철저하게 습득할 수 있지 않을까요? 더구나 자녀들의 학업 능력이 부족하다고 느끼는 학부모들은 선행학습이라도 시키지 않으면 남들에게 뒤처진다고 생각하는데, 그런 학부모들의 생각이 잘못된 것이라고 보기 어렵습니다.

병: 선행학습을 통해 학생들이 학원과 과외에 자꾸 의존하게 되고, 주로 문제 푸는 요령만 배우다 보니 종합적인 사고력을 키울 수 없게 됩니다. 별 효과도 없고 사교육비 부담만 안겨 주는 선행학습을 계속 시키는 것보다, 공부는 스스로 하는 것이고 한 가지를 알아도 제대로 알도록 해 주는 게 중요하다고 봅니다. 학부모들은 긴 안목을 가지고 자녀들의 학습을 진정으로 돕는 길이 무엇인지 생각해 주셨으면 합니다.

〈보 기〉
ㄱ. 갑의 주장과 을의 주장은 대립하지 않는다.
ㄴ. 을의 주장과 병의 주장은 대립하지 않는다.
ㄷ. 병의 주장과 갑의 주장은 대립하지 않는다.

① ㄱ
② ㄷ
③ ㄱ, ㄷ
④ ㄴ, ㄷ

05 다음 대화를 분석한 내용으로 적절한 것만을 <보기>에서 모두 고르면?

> 갑: 오늘 어떤 강연을 들었는데 새삼 우리나라 교육이 걱정스러웠어.
> 을: 무슨 강연이었는데 그래?
> 갑: 우리나라 교육은 너무 지식 위주의 공부만을 강요한다는 거야. 정작 중요한 건 도덕성과 같은 인성 교육인데 말이야.
> 을: 난 또 뭐라고. 요즘 같은 세상에는 학생들이 한 가지 지식이라도 남들보다 더 많이 배우고 익혀야만 치열한 경쟁 사회에서 살아남을 수 있으니까 그렇지.
> 갑: 너는 공부를 왜 하는 거라고 생각해? 학문을 닦는 것은 먼저 인간이 되기 위해서잖아. 인간도 못 되는 학생들에게 머릿속에 든 지식이 뭐가 필요 있겠어.
> 을: 아무리 성인군자라도 실질적인 지식을 쌓지 못한다면 요즘 같은 세상에서는 아무 쓸모없는 사람이 돼. 학문이란 모름지기 실용적 수단으로 활용될 때 의미가 있는 거야.
> 갑: 무슨 소리야? 기본적으로 학문이란 인격 수양을 최고의 목표로 삼아야지. 특히 요즘같이 도덕이 땅에 떨어진 세상에서는 더욱 그래. 당신은 도덕성이 우수한 학생이 학교 성적도 우수하다는 실험 결과도 몰라?

―〈보 기〉―

ㄱ. 대화가 진행되면서 논점에 대한 입장이 바뀌는 사람이 있다.
ㄴ. 권위자의 주장을 근거로 하여 자신의 주장을 강화하는 사람이 있다.
ㄷ. 둘의 의견이 대립되는 것은 학문의 목적에 대한 생각이 다르기 때문이다.

① ㄱ
② ㄷ
③ ㄴ, ㄷ
④ ㄱ, ㄴ, ㄷ

06 ㉠의 사례로 가장 적절한 것은?

> 형태소 특히 형식형태소 중에는 완전히 동일한 의미를 가지고 있으면서 형태를 달리하는 것들이 있다. 하나의 형태소이지만 다른 형태를 가진 형태소들을 '이형태(異形態)'라고 한다. 이형태는 크게 두 가지로 나뉘는데 하나는 '음운론적 이형태'이고 다른 하나는 '형태론적 이형태'이다.
> 음운론적 이형태는 하나의 형태소가 다른 음운 환경에서 다른 형태를 갖고 있는 이형태를 뜻한다. 예를 들면 주격 조사 '이'와 '가'는 동일한 형식형태소의 기능을 하고 있지만, '달이'에서 보는 것처럼 앞에 오는 음운이 자음일 경우에 나타나고, '가'는 '해가'처럼 앞 음운이 모음일 때 나타난다. 이런 경우 '이/가'는 서로 음운론적 이형태라고 한다. '달을'과 '해를'처럼 목적격 조사 '을/를'도 음운론적 이형태이다.
> 이와 같이 음운론적 이형태는 형태의 변화가 자동적이다. 그래서 이러한 형태의 변화를 자동적 교체 현상이라고 부르기도 한다. 이에 비해 ㉠ <u>형태론적 이형태</u>는 하나의 형태소가 다른 형태 환경에서 다른 모습을 띠는 것이기 때문에 그 교체가 자동적으로 이루어지는 것은 아니다. 즉 형태론적 이형태는 비자동적 교체 현상이다. 예컨대 '먹었다'에 쓰인 '-었-'과 '하였다'에 쓰인 '-였-'은 똑같이 과거시제를 나타내고 있지만, 그 형태는 서로 다르다. 과거시제를 나타내는 형태소는 '-었-'이 기본 형태소이지만 '하-'라는 특정한 어간 곧 형태소 뒤에 왔기 때문에 '-였-'으로 바뀐 것이다. 이처럼 음운론적으로 설명할 수 없는 것들을 형태론적 이형태라고 한다.

① 친구를 보<u>았</u>다. - 적금을 부<u>었</u>다.
② 아이<u>가</u> 웃었다. - 어머니<u>는</u> 기뻤다.
③ 천천히 오<u>너라</u>. - 느리게 걸<u>어라</u>.
④ 동화책을 읽<u>는</u>다. - 미래를 꿈<u>꾼</u>다.

07 <지침>에 따라 글을 작성한 것으로 가장 적절한 것은?

〈지 침〉
○ 〈자료〉에 제시된 견해의 문제점을 제시할 것.
○ 문제점에 대한 구체적인 해결책을 제시할 것.
○ 상황에 적절한 속담을 활용할 것.

〈자 료〉
학생들이 입는 교복에 이름표를 박아 넣어야 한다. 이름표가 있는 교복을 입게 하면 학생 지도가 수월할 뿐만 아니라 학생이 스스로의 행동에 책임감을 느끼기 때문에 교내나 교외에서 탈선하거나 일탈 행위를 할 가능성이 현격하게 줄어들게 된다. 따라서 교복에는 반드시 이름표를 박아 넣어야 한다.

① 교복에 박아 넣은 이름표로 인해 자기도 모르는 사이에 신상 정보가 타인에게 유출된다면 '마른하늘에 날벼락' 같은 일이 발생할 수도 있다. 학생들의 개인 정보 보호에 대한 학교 측의 대책이 필요하다.

② 교복에 이름표를 다는 것은 학생들의 반감을 살 뿐만 아니라 교육적으로도 바람직하지 않다. 학생들이 학교 밖에서 이름표를 보이는 것이 싫어서 교문을 나서자마자 사복으로 갈아입게 되면 괜한 '긁어 부스럼'을 만들 수도 있다.

③ 교복에 이름표를 부착하는 것은 학교 안에서의 생활 지도를 위해 필요하다. 학생들의 생활 지도와 관련하여 '소 잃고 외양간 고치기'가 되지 않으려면 이에 대한 규정을 강화해야 한다. 그러면 학생들이 학교 안에서 이름표를 부착해야 하는 의무감을 갖게 될 것이다.

④ 교복에 이름표를 박아 넣게 되면 학생들이 학교 밖에서 문제를 일으킬 가능성을 줄일 수 있지만 학생들의 신상 정보가 공개되어 문제가 될 수 있다. 이는 '쇠뿔 잡다가 소 죽인다.'는 것과 같은 결과를 만들 수 있다. 교내에서는 착용하고 교외에서는 떼어낼 수 있는 탈착이 가능한 명찰을 도입해야 한다.

08 다음 글의 ㉠ ~ ㉣ 중 어색한 곳을 찾아 가장 적절하게 수정한 것은? 2018년 국가직 9급 변형

동양의 음식 중에는 특별한 의미가 담긴 것들이 있다. 우리나라 대표적인 명절 음식 중 하나인 ㉠송편은 반달의 모습을 본뜬 음식으로 풍년과 발전을 상징한다. 《삼국사기》에 따르면, 백제 의자왕 때 궁궐 땅속에서 파낸 거북이 등에 쓰여 있는 '백제는 만월(滿月) 신라는 반달'이라는 글귀를 두고 점술사가 ㉡백제는 만월이라서 다음 날부터 발전하고 신라는 앞으로 크게 쇠퇴할 징표라고 해석했다고 한다. 결과적으로 점술가의 예언이 적중했다. 이때부터 반달은 더 나은 미래를 기원하는 뜻으로 쓰이며, 그러한 뜻을 담아 송편도 반달 모양의 떡으로 빚었다고 한다.

㉢중국에서는 반달이 아닌 보름달 모양의 월병을 빚어 즐겨 먹었다. 옛날에 월병은 송편과 마찬가지로 제수 용품이었다. 점차 제례 음식으로서 위상을 잃었지만 모든 가족이 모여 보름달을 바라보면서 함께 나눠 먹는 음식으로 자리 잡았다. 이 때문에 보름달 모양의 월병은 둥근 원탁에 온 가족이 모인 것을 상징한다. 한국에서 지역의 단합을 위해 수천 명 분의 비빔밥을 만들듯이 중국에서는 수천 명이 먹을 수 있는 월병을 만들 정도로 ㉣이는 의미 있는 음식으로 대접 받고 있다.

① ㉠: 송편은 보름달의 모습을 본뜬 음식
② ㉡: 백제는 만월이라서 다음 날부터 쇠퇴하고 신라는 앞으로 크게 발전할 징표
③ ㉢: 중국에서도 보름달이 아닌 반달의
④ ㉣: 이는 의미 없는 음식으로 취급받고 있다.

09 ㉠ ~ ㉣과 바꿔 쓸 수 있는 유사한 표현으로 가장 적절한 것은?

> 과학 기술을 통해 더 나은 인간으로 발전할 수 있다고 주장하는 '트랜스휴머니즘'은 그와 같이 미래에 나타날 새로운 인간을 '포스트휴먼'이라 부른다. 또한 현재의 인간과 포스트휴먼 사이의 중간 단계를 '트랜스휴먼'이라 부르기도 한다. 지난 20여 년간 사회 운동의 한 형태로 발전해 온 트랜스휴머니즘은 현재 인간의 모습이 발달의 끝이 아니며 과학 기술의 진보를 통해 신체 기능 및 삶의 조건 등 인간의 가능성을 무한히 향상시킬 수 있다고 보는 철학이다.
> 　트랜스휴머니즘이 첫 번째로 예상하는 것은 인류의 수명 연장이다. 예로부터 인간은 불로초를 구하려고 시도하였고 현대 과학도 노화와 죽음의 신비를 풀기 위해 노력하고 있다. 오래 살고자 하는 것은 생명체의 본능이다. 하루가 새롭게 발전을 거듭하고 있는 유전 공학은 인간의 수명을 획기적으로 연장시키는 방법을 찾아낼 가능성이 크다. 어떤 연구 결과는 인간이 1,000세까지 살 수 있다는 낙관적인 전망을 내놓고 있다. 또한 정신적인 영원한 삶도 생각해 볼 수 있다. 이것은 인간의 뇌에 저장된 기억들을 컴퓨터로 옮기는 마인드 다운로딩을 통해서 가능하다. 한 인간의 뇌에 저장된 모든 기억이나 지식을 송두리째 슈퍼컴퓨터에 백업시켜 놓았다가 새롭게 재생된 육체에 넣으면 영생이 가능한 것이다. 그렇게 되면 사고로 기억을 ㉠잃었을 때 뇌를 다시 부팅할 수도 있고, 자신이 죽은 후 대리로봇을 통해 자신의 존재를 영원히 ㉡이어갈 수도 있게 된다.
> 　미래 인류가 지닐 두 번째 능력은 신체 기능이나 지적 능력의 발전이다. 현재 인간이 지닌 감각 형태는 동물보다 능력이 ㉢뒤떨어진 것이 많다. 예를 들면 타조는 인간보다 시력이 10배 이상 뛰어나 4km 밖의 물체도 구분할 수 있으며, 개는 사람에 비해 약 1천 배 발달된 후각을 지니고 있다. 포스트휴먼은 동물만큼의 뛰어난 시각과 청각, 후각을 지닐 수 있게 될지도 모른다. 그리고 현재 인간은 지구상의 생명체 중 가장 뛰어난 지능을 지니고 있지만 한계가 있다. 그러나 포스트휴먼은 지금의 천재보다 훨씬 높은 지능인 '슈퍼인텔리전스'를 갖게 될 것이다. 뇌를 컴퓨터에 접속만 하면 어렵게 공부하지 않아도 비행기를 조종할 수 있다. 또한 어떤 지식이 인터넷에 올라오는 순간 전 인류적 차원에서 공유되는 것처럼 집합지능을 가지게 되어 이전보다 훨씬 강력해진 문제 해결 능력을 가질 수도 있다.
> 　이처럼 엄청난 변화를 겪게 될 포스트휴먼 시대에는 가치관이나 사회 제도도 달라진다. 일부일처제가 사라지고 자식을 낳으려는 사람도 줄어들 것이다. 가족 구성에 있어서도 다양한 형태가 ㉣나타나게 되며 생물학적 나이도 의미가 없어진다. 하지만 이것은 먼 미래의 일이고 현 시대에 살고 있는 우리가 포스트휴먼이 되기를 바랄 수는 없다.

① ㉠: 분실(紛失)했을
② ㉡: 연명(延命)할
③ ㉢: 낙후(落後)된
④ ㉣: 출현(出現)하게

10 밑줄 친 표현이 문맥상 ㉠의 의미와 가장 가까운 것은?

> 단순히 적당한 에너지만 있으면 원자와 같은 물질이 저절로 만들어질 수 있을까? 원자핵과 전자의 경우만 보더라도 여기에는 단순한 에너지 그 이상의, 수식으로 표현하기 ㉠어려운 복잡한 어떤 것이 있다. 과학자들은 이것을 '정보'라고 부른다. 다만 그 '정보'가 무엇인지에 대해서는 체계적인 설명이 없어 쉽게 받아들이기 어렵다. 하지만 모든 과학적 발견들이 짐작에서 시작되었던 것처럼, 물리나 생명 현상 뒤에 엄청나게 얽혀 있는 '정보'가 과학적으로 밝혀질 날이 올 것이다.

① 시험이 너무 어려워서 성적이 떨어졌다.
② 이렇게 어려운 때일수록 힘을 합쳐야 한다.
③ 나는 선생님이 어려워서 말도 제대로 못했다.
④ 그는 최근 아버지의 사업 실패로 생활이 어렵다.

공무원 시험 전문 해커스공무원
gosi.Hackers.com

Day 04 하프모의고사 4회

01 다음 글의 ㉠ ~ ㉣ 중 어색한 곳을 찾아 가장 적절하게 수정한 것은?

　현대인은 '아름다움'을 추구한다. 개인들은 대중매체를 통해 주어지는 미적 기준을 ㉠ <u>자신의 모습에 적용한다.</u> 대중매체에 등장하는 연예인들처럼 되기 위해 무리하게 음식 조절을 하거나 유행에 맞는 옷을 입는 경우가 바로 그 예이다. 이 사람들은 대중이 아름답다고 인정하는 특정인의 외모와 자신의 외모를 비교하여 ㉡ <u>그 비슷함의 여부에 따라</u> 자신의 아름다움을 판단한다. 그렇기 때문에 그 아름다움은 '주체적'인 것이 아니라 '상대적'인 것이 된다. ㉢ <u>그래서 그들은 이러한 노력들이 자신의 개성을 드러내는 행동이라고 생각한다.</u> 그러나 이러한 행동은 자신에 대한 미적 판단이 외부적 기준에 의해 이루어지는 것이므로 ㉣ <u>개성의 추구가 아니라 개성의 포기가 되는 셈이다.</u>

① ㉠: 자신의 모습과는 별개라고 생각한다.
② ㉡: 그 다름의 여부에 따라
③ ㉢: 그런데도 그들은 이러한 노력들이 자신의 개성을 드러내는 행동이라고 생각한다.
④ ㉣: 개성의 추구인 동시에 개성의 포기가 되는 셈이다.

02 ㉠ ~ ㉣과 바꿔 쓸 수 있는 유사한 표현으로 적절하지 않은 것은?

　원자핵은 양성자와 중성자로 ㉠ <u>이루어져</u> 있다. 양성자와 중성자가 결합하여 원자핵을 형성할 때는 양성자와 중성자의 비율에 의해 안정한 원자핵이 만들어지기도 하고 불안정한 원자핵이 만들어지기도 한다. 불안정한 원자핵은 스스로 알파선, 베타선, 감마선 등의 방사선을 내놓고 안정한 원자핵으로 ㉡ <u>바뀌는데,</u> 이를 '방사성 붕괴'라고 하며, 방사성 붕괴를 하는 원자들을 '방사성 원소'라고 한다. 방사성 원소에는 알파선 핵종, 베타선 핵종, 감마선 핵종 등이 있다. 최근 우리를 불안에 떨게 하는 세슘(Cs)은 대표적인 감마선 핵종이다.
　감마선은 알파선에 비하여 에너지는 낮으나 투과력이 매우 강해 우리 몸의 내부 장기에까지 도달할 수 있다. 따라서 감마선 핵종인 세슘은 인체를 구성하는 단백질이나 DNA를 파괴시켜 후손에게까지 문제를 ㉢ <u>일으킬</u> 수 있다. 그리고 비교적 가벼운 핵종이기 때문에 기류를 타고 전 세계로 ㉣ <u>퍼지게 될</u> 수도 있다. 베타선 핵종인 요오드는 반감기가 8일로 짧아 3개월이 지나면 거의 없어지는 반면 세슘은 반감기가 30년이나 되어 먹이사슬을 통해 축적돼 생태계에도 장기적인 영향을 끼친다.

① ㉠: 구성되어
② ㉡: 변화하는데
③ ㉢: 도발할
④ ㉣: 확산될

03 <지침>의 ㉠ ~ ㉢에 따라 수정한 것으로 적절하지 않은 것은?

〈지 침〉

○ 주어와 서술어의 호응
  - ㉠ 주어와 호응하는 서술어를 사용함.
  - ㉡ 불필요한 피동 표현을 남용하지 않음.

○ 여러 뜻으로 해석되는 표현 삼가기
  - ㉢ 중의적인 문장을 사용하지 않음.

○ 의미가 중복된 표현을 삼가기
  - ㉣ 의미가 중복된 표현을 사용하지 않음.

① '문제는 아무도 그 시험의 중요성을 모른다.'는 ㉠에 따라 '문제는 아무도 그 시험의 중요성을 모른다는 것이다.'로 수정한다.
② '태풍이 육지에 상륙하여 열대성 고기압으로 약화되어졌다.'는 ㉡에 따라 '태풍이 육지에 상륙하여 열대성 고기압으로 약하다.'로 수정한다.
③ '선생님께서는 성실한 민국이의 동생을 칭찬하셨다.'는 ㉢에 따라 '선생님께서는 민국이의 성실한 동생을 칭찬하셨다.'로 수정한다.
④ '방학 기간 동안 자신이 부족한 과목을 보완해야 한다.'는 ㉣에 따라 '방학 동안 자신이 부족한 과목을 보완해야 한다.'로 수정한다.

04 <지침>에 따라 작성한 표현으로 가장 적절한 것은?

〈지 침〉

○ 주제는 '음식을 남기지 말자.'로 할 것.
○ 완곡하게 권유하는 표현을 사용할 것.
○ 대조와 유추의 방법을 활용할 것.

① 여러 자재들이 어우러져 멋진 집이 만들어지듯이 다양한 재료가 어우러져 맛있는 요리가 만들어집니다. 이렇게 만들어진 훌륭한 요리를 남겨서 되겠습니까?
② 후손들에게 오염된 환경보다는 깨끗한 환경을 물려주어야 합니다. 나 하나쯤이라는 생각을 버리고 음식물 쓰레기를 줄여 살아 숨을 쉬는 자연 환경을 만듭시다.
③ 퍼즐에서 조각들은 하나하나가 다 중요합니다. 마찬가지로 음식도 재료 하나하나가 그 나름의 가치를 지니고 있습니다. 이런 가치 있는 음식을 남기면 어떻게 될까요?
④ 오염된 물은 물고기를 병들게 하고, 맑은 물은 물고기를 건강하게 합니다. 마찬가지로 깨끗한 환경이 우리를 건강하게 합니다. 남긴 음식물로 오염된 환경에서 살아가시겠습니까?

05 ㉠ ~ ㉢ 중 <개요>의 수정 방안으로 적절하지 않은 것은?

〈개 요〉

Ⅰ. 서론: 청소년의 저작권 침해 문제를 논의할 필요성
Ⅱ. 본론
  1. 청소년 저작권 침해의 문제점 ………… ㉠
    가. 청소년에 의한 저작권 침해 사례의 급증
    나. 파일 공유 사이트를 통한 저작물의 불법 복제 및 전송의 증가
    다. 인터넷과 디지털 통신 기기의 발달로 인한 저작물 유통 방식의 변화 ……… ㉡
  2. 원인 분석
    가. 저작권의 범위에 대한 청소년의 인식 부족
    나. 파일 공유 사이트를 통한 저작물의 복제 및 전송이 용이함
    다. 음악과 영화에 집중된 저작권의 침해 ………………………………… ㉢
  3. 문제 해결 방안
    가. 저작권에 대한 청소년의 인식을 제고시킬 수 있는 교육 확대
    나. 온라인이 아닌 오프라인을 통한 저작물의 정품 구매 유도 ……………… ㉣
Ⅲ. 결론: 저작권에 대한 청소년의 인식 제고를 위한 교육 확대 및 정책 마련 촉구

① ㉠: 하위 항목의 내용을 고려하여 '청소년에 의한 저작권 침해의 현황'으로 바꾼다.
② ㉡: 상위 항목에 부합하는 내용이 아니므로 'Ⅱ-3'의 하위 항목으로 이동한다.
③ ㉢: 주제에 부합하는 내용이 아니므로 삭제한다.
④ ㉣: 'Ⅱ-2-나'의 내용을 고려하여 '파일 공유 사이트에 대한 철저한 감독'으로 수정한다.

06 다음 대화를 이해한 내용으로 적절하지 않은 것은?

갑: 처음 가 본 산에서 길을 잃고 고생한 적이 있었습니다. 나침반도 없어서 무척 당황했는데요. 나침반이 없어도 방향을 찾을 수 있는 방법은 없나요?
을: 네, 나침반이 있으면 좋지만 이를 휴대하지 않아 곤란을 겪는 경우가 종종 있죠. 이런 경우에는 손목시계를 이용하면 방향을 알 수 있어요.
갑: 그래요? 손목시계로 어떻게 방향을 알 수 있죠?
을: 우선 시계의 시침을 태양과 일직선이 되게 합니다. 그 상태에서 시계의 12시 방향을 확인합니다. 그리고 시침과 12시 방향과의 각도를 2등분하는데, 그것이 남쪽을 가리킵니다. 당연히 반대쪽은 북쪽이겠죠.
갑: 시계의 시침을 이용하는 방법이군요. 그런데 정오에 측정할 때는 시침의 방향과 12시 방향이 일치하는데 이때는 어떻게 방향을 알 수 있죠?
을: 그때는 12시 방향이 남쪽이 됩니다. 하지만 서머타임을 실시하는 기간 중에는 주의해야 해요. 그 때는 본래의 시간으로 되돌려놓은 뒤에 측정해야 합니다.
갑: 등산뿐만 아니라 평상시에도 시침이 있는 시계가 있으면 유용하겠는데요. 그런데 시계가 없을 때는 어떻게 해야 하죠?
을: 등산용 막대기나 나뭇가지를 이용할 수 있어요. 우선 평평한 지면에 막대기를 세운 다음, 그림자 끝을 표시합니다. 그 후 그림자 끝이 5cm 정도 이동하는 시간이 되면, 그 지점을 다시 표시하고 처음 표시한 곳과 직선으로 연결합니다. 그러면 그 직선에서 처음 표시한 곳이 서쪽이고 나중에 표시한 곳이 동쪽이 되죠.

① 정오에는 시침의 방향이 북쪽을 가리킨다.
② 막대기의 그림자를 이용하여 방향을 살필 수 있다.
③ '을'이 알려준 방법은 밤에 활용하기에는 어려울 것이다.
④ 서머타임 때에 시계를 활용해 방향을 판단할 때에는 주의해야 한다.

07 문맥상 ⊙의 의미와 가장 가까운 것은?

2009년 국가직 9급 변형

> 아리랑이란 민요는 지방에 따라 여러 가지가 있는데, 지금까지 발굴된 것은 약 30종 ⊙ 가까이 된다. 그중 대표적인 것으로는 서울의 본조 아리랑을 비롯하여 강원도 아리랑, 정선 아리랑, 밀양 아리랑, 진도 아리랑, 해주 아리랑, 원산 아리랑 등을 들 수 있다. 거의 각 도마다 대표적인 아리랑이 있으나 평안도와 제주도가 없을 뿐인데, 그것은 발굴하지 못했기 때문이고, 최근에는 울릉도 아리랑까지 발견하였을 정도이니 실제로 더 있었던 것으로 보인다.

① 그와 나는 가까이 지내는 사이다.
② 나는 그녀의 곁으로 가까이 다가갔다.
③ 손님은 우리 집에 보름 가까이 머물렀다.
④ 나는 집 가까이에 있는 곳에서 매일 수영을 한다.

08 다음 대화의 ⊙의 사례로 가장 적절한 것은?

> 갑: 한국인 친구 집을 방문했어. 그런데 정말 으리으리한 집이었어. 웬만한 부잣집보다 더 넓은 집이었어. 그런데 친구 어머니가 "집은 좁지만 안으로 들어오세요."라고 하셨어. 그래서 이 정도 집을 좁다고 하다니 한국 사람들은 모두 무지무지하게 큰 집에서 사나 보다 하고 생각했어.
> 을: 큰 집에서 살면서 집이 좁다고 말하는 것을 두고 외국인 입장에서는 이상하다고 생각할 만하군. 한국인들의 이런 점이 바로 상대방의 입장과 심정을 배려하는 ⊙ 의례적인 말하기라 할 수 있어. 그러니까 예의를 갖추기 위해 생각을 사실과 다르게 말하는 거지. 남의 집에 가서 배가 고프면서도 '밥을 먹고 왔다.'고 하고, 무엇인가를 받고 싶으면서도 집을 방문하는 친구에게 '괜찮으니까 그냥 와.'라고 말하는 것이 다 이런 경우라 할 수 있지.
> 병: 속마음을 잘 드러내지 않는 한국 사람들의 말하기에 당황한 모양이구나.

① (외출하고 돌아온 아들에게) 독감이 유행이다. 손부터 씻어라.
② (왜 지각했냐고 묻는 상사에게) 죄송해요 과장님. 어제 과음을 해서요.
③ (우승 축하 소감을 묻는 리포터에게) 선수들 기량도 뛰어났고 관객의 응원 덕분입니다.
④ (음식이 푸짐하다고 칭찬하는 손님에게) 별 말씀을요, 차린 것 별로 없지만 많이 드세요.

09 다음 대화를 분석한 내용으로 적절한 것만을 <보기>에서 모두 고르면?

> 기자: 캘리그래피란 무엇인지에 대해 말씀해 주시겠습니까?
> 교수: 캘리그래피는 '아름답다'라는 뜻을 지닌 그리스어 'kallos'와 '필적'이라는 뜻을 지닌 그리스어 'graphy'의 합성어입니다. 즉 '글이 가지고 있는 뜻에 맞게 아름답게 쓴 글씨'라는 뜻입니다.
> 기자: 아, 캘리그래피라는 말이 그리스어에서 나온 것이군요. 그렇다면 캘리그래피는 우리 생활의 어떤 분야에 사용될까요?
> 교수: 영화나 공연 포스터의 타이틀, 또는 책의 제목 등에 쓰인 붓글씨가 캘리그래피의 대표적인 경우입니다. 기자님이 지금 입고 있는 옷에도 손으로 직접 쓴 글씨가 있지요? 그런 것도 캘리그래피가 사용된 경우죠. 이 외에 컵, 접시 등의 생활용품에도 캘리그래피가 다양하게 활용되고 있어요.
> 기자: 정말 그렇군요. 그러고 보니 저기 있는 달력의 숫자도 손글씨로 직접 쓴 것이네요. 마지막으로, 캘리그래피를 감상할 때 어떤 점에 유의해야 할까요?
> 교수: 캘리그래피가 아름답게 쓴 글씨를 뜻하긴 하지만, 그것의 목적은 단어의 의미를 보다 효과적으로 사람들에게 전달하는 것입니다. 따라서 캘리그래피의 서체나 글씨 간의 간격, 그리고 행간 여백 등을 통해 단어의 의미가 쉽고 선명하게 표현되고 있는지를 살펴보아야 합니다. 거기에 작가의 개성이 담겨 있는지 살펴보는 것도 중요합니다. 단어가 지닌 의미를 작가의 개성적인 서체로 부각하여 한 편의 작품으로 탄생시키는 것이 바로 캘리그래피이기 때문이지요.
> 기자: 단어가 지닌 의미를 효과적으로 전달하는지와 작품으로서 예술성을 지니고 있는지를 동시에 살펴봐야 한다는 말씀이시군요. 오늘 좋은 말씀 전해 주셔서 감사드립니다.

―〈보 기〉―
ㄱ. 기자는 교수의 답변을 자신의 배경지식과 비교하여 정리한다.
ㄴ. 교수는 구체적인 사례를 제시함으로써 기자의 이해를 돕는다.
ㄷ. 교수는 기자에게 화제에 대한 객관적 정보들을 위주로 설명한다.

① ㄱ
② ㄴ
③ ㄱ, ㄷ
④ ㄴ, ㄷ

10 다음 글에서 추론한 내용으로 적절하지 않은 것은?

> 조사는 체언 뒤에 결합해서 다른 말과의 문법적 관계를 나타내거나, 특별한 뜻을 더해 주기도 한다. 그래서 조사를 관계언이라 한다. 조사는 대개 체언 뒤에 오지만, 용언이나 부사에 결합되기도 하고, 어말 어미 뒤에 결합되기도 한다. 조사는 그 기능과 의미에 따라 격조사, 접속 조사, 보조사 등으로 나눈다.
> 격조사는 앞에 오는 체언이 문장 안에서 일정한 자격을 가지도록 해 준다. 주격, 목적격, 보격, 서술격, 관형격, 부사격, 호격 등이 있다. '아이가 밥을 먹는다.'에서 '가'는 주어의 자격을 가지도록 하는 '주격 조사'이고 '을'은 목적어의 자격을 가지도록 하는 '목적격 조사'이다. 단, 주격 조사 '이/가'와 보격 조사 '이/가'는 형태가 동일하다. 서술어 자리에 '되다'나 '아니다'가 오면 그 앞에 쓰이는 '이/가'는 주격 조사가 아니라 보격 조사이다. 한편, 접속 조사는 두 단어를 같은 자격으로 이어 주는 구실을 한다. 보조사는 격조사가 올 자리에 놓이거나 격조사와 결합되어 특별한 뜻을 더해 준다. '나도 개와 고양이를 좋아한다.'에서 '와'는 '개'와 '고양이'를 이어 주는 구실을 하는 '접속 조사'이다. 또 '도'는 이미 어떤 것이 포함되고 그 위에 더함의 뜻을 나타내는 '보조사'이다.

① '나는 배와 사과를 샀다.'에서 '와'는 접속 조사이다.

② '너조차 가지 않겠다는 것이냐?'에서 '조차'는 '이미 어떤 것이 포함되고 그 위에 더함'의 뜻을 더하는 보조사이다.

③ '어제 하루 종일 백화점만 돌아다녔다.'는 보조사가 격조사가 올 자리에 놓인 문장이다.

④ '본래 그런 사람이 아닌데 말이야.'에서 '이'는 주격 조사로서 앞에 오는 체언에 주어의 자격을 부여하는 기능을 갖고 있다.

Day 05 하프모의고사 5회

01 <공공언어 바로 쓰기 원칙>의 ㉠ ~ ㉣에 따라 수정한 것으로 적절하지 않은 것은?

─────〈공공언어 바로 쓰기 원칙〉─────
○ 주어와 서술어의 호응
 - ㉠ 능동과 피동의 관계를 정확하게 사용함.

○ 여러 뜻으로 해석되는 표현 삼가기
 - ㉡ 중의적인 문장을 사용하지 않음.

○ 명료한 수식어구 사용
 - ㉢ 수식어와 피수식어의 관계를 분명하게 표현함.

○ 대등한 구조를 보여 주는 표현 사용
 - ㉣ '-고', '와/과' 등으로 접속될 때에는 대등한 관계를 사용함.

① "우리 공장에서는 기계를 하루 종일 가동시키고 있습니다."를 ㉠에 따라 "우리 공장에서는 기계를 하루 종일 가동하고 있습니다."로 수정한다.

② "나는 어제 택시를 타지 않았다."를 ㉡에 따라 "나는 어제 택시를 타지 않고 오늘 탔다."로 수정한다.

③ "아버지는 웃으면서 들어오는 아들을 안아주었다."를 ㉢에 따라 "아버지는, 웃으면서 들어오는 아들을 안아주었다."로 수정한다.

④ "평화 수호와 인권을 보장하는 것"을 ㉣에 따라 "평화를 수호하고 인권을 보장하는 것"으로 수정한다.

02 ㉠과 바꿔 쓸 수 있는 유사한 표현으로 가장 적절한 것은?
1994학년도 제2차 대학수학능력시험 변형

역사주의 이래 역사적 사실의 특수성에 관한 논의는 다양하게 전개되어 왔다. 이 중 특수성을 극단적으로 강조하는 일부 학자들은 역사 전체를 운행하는 보편적 법칙을 인정하지 않을 뿐 아니라, 집단이나 시대에 대한 일반론도 역사적 설명으로서는 타당성을 갖지 못한다고 주장해 왔다. 어떤 집단이나 시대가 일반적인 동향, 분위기 등을 갖고 있어도 이들에 대한 설명은 결국 개인의 행동과 의식을 ㉠ 살펴야 가능하다는 것이다. 역사적 사실의 특수성을 지나치게 개인의식에 의거해서 설명하고자 하는 경향은 그 반대파에 의해 심리주의라고 비판받기도 한다. 사람들의 행동이 어떤 사회적 현상으로 나타날 때, 그 사회적 현상에 관해서 서술은 가능하다고 인정하지만 정작 그에 대한 설명은 현상을 일으킨 개인의 심리 작용을 통해서만 가능하다고 보기 때문이다.

① 가정(假定)해야
② 구명(究明)해야
③ 성찰(省察)해야
④ 반영(反映)해야

03 다음 글의 ㉠ ~ ㉣ 중 어색한 곳을 찾아 가장 적절하게 수정한 것은?
                                                                            2018년 국회직 8급 변형

> 신문에 실려 있는 사진은 ㉠ 기사의 사실성을 더해 주는 주된 수단으로 활용된다. 어떤 사실을 사진 없이 글로만 전할 때와 사진을 곁들여 전하는 경우에 ㉡ 독자에 대한 기사의 설득력에는 큰 차이가 있다. 이 경우 사진은 분명 좋은 의미에서의 영향력을 발휘한 것에 해당할 것이다. 그러나 사진은 대상을 찍기 이전과 이후에 대해서 알려 주지 않는다. ㉢ 어떤 과정을 거쳐 그 사진이 있게 됐는지, 그 사진 속에 어떤 속사정이 숨어 있는지에 대해서는 침묵한다. 분명히 한 장의 사진에는 어떤 인과 관계가 있음에도 ㉣ 그것에 관해 자세히 설명해 주지 못한다. 이러한 서술성의 부족으로 인해 사진은 사람을 속이는 증거로 쓰이는 경우도 있다. 사기꾼들이 권력자나 얼굴이 잘 알려진 사람과 함께 사진을 찍어서, 자신이 그 사람과 특별한 관계가 있는 것처럼 보이게 하는 경우가 그 예이다.

① ㉠: 기사의 사실성을 더해 주는 보조 수단으로 활용된다.
② ㉡: 독자에 대한 기사의 설득력에는 큰 차이가 없다.
③ ㉢: 어떤 기종으로 그 사진을 찍었는지
④ ㉣: 그것에 관해 자세히 설명해 준다.

04 밑줄 친 부분 중 문맥상 ㉠의 의미와 가장 가까운 것은?

> 원자 번호는 양성자의 수에 따라 정해진다. 양성자의 수가 6개인 탄소의 원자 번호는 6이고, 양성자의 수가 92개인 우라늄의 원자 번호는 92이다. 그런데 원소 중에는 양성자의 수가 같아서 같은 원소이지만 중성자의 수가 달라서 질량이 다른 원소들이 있을 수 있는 원소를 동위 원소라고 ㉠ 부른다.

① 화는 또 다른 화를 <u>부른다</u>.
② 어머니가 아이를 손짓해 <u>부른다</u>.
③ 그 가게에서는 값을 비싸게 <u>부른다</u>.
④ 사람들은 그를 불운한 천재라고 <u>부른다</u>.

05 <지침>에 따라 <개요>를 작성할 때 ㉠ ~ ㉣에 들어갈 내용으로 적절하지 않은 것은?

─〈지 침〉─
○ 상위 항목과 하위 항목 간의 연관성을 고려할 것.
○ 본론에서 'Ⅱ-2'와 'Ⅱ-3'은 각 장의 하위 항목끼리 대응하도록 작성할 것.
○ 결론은 글쓴이의 제안 내용이 드러나도록 할 것.

─〈개 요〉─
Ⅰ. 서론: 저출산 고령화 문제로 인한 육아에 대한 사회적 관심 고조
Ⅱ. 본론
　1. ㉠
　　가. 가족의 유지와 계승
　　나. 국가와 사회의 미래를 책임지는 후속 세대의 양성
　2. 우리나라 육아 문제의 실태
　　가. 핵가족화로 인한 가족 돌봄 기능의 공백 발생
　　나. 주부들이 겪는 육아 스트레스와 어려움의 과중
　　다. ㉡
　　라. 저출산으로 인한 자녀들의 사회성과 배려심 부족
　3. 품앗이 육아 공동체의 필요성
　　가. 지역 사회 중심의 공동 육아 네트워크 구축
　　나. 주부들의 자립심과 자존감 회복
　　다. 사회적 단절을 경험하는 주부들의 소통 공간 제공
　　라. ㉢
Ⅲ. 결론: 육아 문제를 해결하기 위한 ㉣ 의 활용 제안

① ㉠: 육아의 원칙
② ㉡: 출산과 동시에 사회적 관계에서 멀어지는 주부들의 고립감 심화
③ ㉢: 자녀들의 사회성과 공동체 의식 함양
④ ㉣: 품앗이 육아 공동체

06 갑 ~ 병의 주장을 분석한 내용으로 적절한 것만을 <보기>에서 모두 고르면?

> 갑: 한 심리학자에 의하면 애완견을 키우면 심리적 안정감을 얻을 수 있다고 합니다. 특히 크기가 인간에 가까울수록 그 안정감이 더 커진다고 합니다. 이런 소중한 존재를 단지 크다는 이유로 같이 생활할 수 없게 하는 일이 일어나서는 절대 안 됩니다.
> 을: 얼마 전에 아파트에서 키우는 대형 애완견으로 인해 법정 다툼이 벌어져 사회적으로 큰 파장을 일으켰습니다. 소송을 한 주민은 평소 대형 애완견이 내는 소음과 신체적 위협 때문에 괴로웠다고 합니다. 아파트에서 대형 애완견을 키우게 한다면 앞으로 유사한 소송은 계속 발생할 것입니다.
> 병: 저도 대형 애완견이 키우는 사람들에게 긍정적인 영향을 미친다는 사실은 인정합니다. 하지만 이웃에게 피해를 주면서까지 대형 애완견을 키워 심리적 안정감을 얻으려는 행위에는 반대합니다. 명상을 하거나, 화분을 가꾸는 것같이 이웃에게 피해를 주지 않으면서도 심리적 안정감을 찾을 수 있는 방법은 얼마든지 많습니다.

─〈보 기〉─
ㄱ. 갑의 주장과 병의 주장은 대립하지 않는다.
ㄴ. 을의 주장과 병의 주장은 대립하지 않는다.
ㄷ. 세 사람 모두 대형 애완견을 키우면 심리적 안정감을 얻을 수 있음을 인정하고 있다.

① ㄱ ② ㄴ
③ ㄱ, ㄷ ④ ㄴ, ㄷ

07 문맥상 ㉠~㉤ 중 지시 대상이 같은 것만으로 묶인 것은?

> 윤선도가 <몽천요>를 쓴 시기는 서인과 남인 간의 다툼이 심했던 때다. 이런 속에서 남인에 속했던 그는 유배되어 해남 부용동에 머물러 있다가 66세 때인 1652년에 ㉠임금의 부름으로 상경하여 동부승지에 임명된다. ㉡그는 여러 차례 벼슬을 맡지 않겠다는 소를 올리지만 ㉢효종이 허락하지 않자 상경하여 그 직을 맡는다. 그러나 ㉣서인들의 반대가 심하자 윤선도는 노환을 핑계로 벼슬을 그만두고 해남으로 내려가기 위해 도성을 떠난다. 그러자 효종은 잠시 도성은 떠나되 해남으로 가지 말고 도성 가까이 머물도록 지시한다. 이에 ㉤그는 경기도 양주 고산으로 내려와 지내면서 이 작품을 썼다.

① ㉠, ㉢ ② ㉡, ㉣
③ ㉠, ㉡, ㉤ ④ ㉡, ㉣, ㉤

08 다음 글에서 추론한 내용으로 적절한 것만을 <보기>에서 모두 고르면?

> 선어말 어미 '-겠-'은 미래 시제를 나타내는 기능 이외에 화자의 심리적 태도를 나타내는 기능을 한다. 가령, '지금 밖은 무척 덥겠다.'에서 '-겠-'은 화자의 추측을 나타내는 기능을 하고, '나는 결혼해서 사랑꾼이 되겠어.'에서 '-겠-'은 화자의 의지를 나타내는 기능을 한다. 이 외에 '그런 것은 삼척동자도 알겠다.'에서와 같이 '-겠-'은 가능성이나 능력을 나타내는 기능을 하기도 한다.

─〈보 기〉─
ㄱ. '이걸 어떻게 혼자 다 하겠니?'의 '-겠-'은 화자의 '능력'을 나타낸다.
ㄴ. '고향에서는 벌써 추수를 끝냈겠다.'의 '-겠-'은 화자의 '추측'을 나타낸다.
ㄷ. '지금 시작하면 두 시간 정도 걸리겠구나.'의 '-겠-'은 화자의 '의지'를 나타낸다.

① ㄱ, ㄴ ② ㄱ, ㄷ
③ ㄴ, ㄷ ④ ㄱ, ㄴ, ㄷ

09 다음 빈칸에 들어갈 말로 가장 적절한 것은?

> 갑: 요즘 눈에 보이는 게 외제 자동차야! 어떻게 생각해?
> 을: 글쎄?
> 갑: '글쎄'라니. 이런 현실이 슬프지 않니?
> 을: 왜? 꼭 그렇게 생각해야 할 이유라도 있어?
> 갑: 언제부터 우리가 잘 살게 되었다고, 외제 담배에 외제 자동차에 흥청망청하는 건 분에 넘치는 일이야. 더욱이 좋은 국산품이 엄연히 있잖아?
> 을: 난 네 생각에 동의할 수 없어. 말로는 세계화니 국제화니 하면서 수입품을 사용하는 사람을 비난하는 건 온당하지 않다고 봐.
> 갑: 너는 국산이고 수입품이고 구별하지 않고 막 쓰고 사는 게 세계화라고 말하는 것 같은데, 그건 극단적인 생각이야. 자기 나라 제품을 아끼고 사랑할 때 국가가 발전할 수 있는 것 아니니?
> 을: 내 입장을 분명히 밝히면, 외제품 선호 쪽도 국산품 애용 쪽도 아니야. 소비자의 합리적 선택을 존중하자는 거지. 국산품의 품질보다 외제품의 품질이 더 좋다면 당연히 외제품을 선택하는 것이 소비자의 심리 아니겠어? 그리고 말이야, 소비자들이 양질의 제품을 골라 쓰는 합리적인 소비를 해야 기업들이 제품의 질을 높이기 위해 노력할 것이고, 그 결과로 우리 제품이 해외 시장에서 경쟁력을 가질 수 있다고.
> 갑: 물론, 소비자가 품질 좋은 제품을 선택하는 것은 자연스러운 현상이라고 생각해. 하지만 수출 길이 막혀 야적장에 쌓이고 쌓인 게 국산품인데, 너처럼 구태여 외제품을 옹호하는 사람은 무국적 인간이라고 밖에 볼 수 없어. 세계화 시대에도 애국심은 필요한 거야.
> 을: 좀 냉정하게 생각해 봐. 세계화는 한 나라의 경제를 세계 경제라는 거대 시장에 편입시키고 있어. 이러한 거대 시장에서 국제 경쟁력을 갖추지 못한 나라나 기업은 도태당할 수밖에 없겠지. 그러니 애국심에 호소하여 국산품 애용을 장려한다면, 오히려 우리 기업의 경쟁력을 떨어뜨려 세계 시장에서 퇴출당하게 하는 결과를 초래하지 않겠어? 그래서 난 ☐

① 경제 강대국을 중심으로 세계 경제가 재편될 수밖에 없다고 생각해.
② 세계화가 국가 간, 계층 간의 양극화를 심화시킬 수밖에 없다고 생각해.
③ 세계화가 호혜 평등의 원칙 속에서 국가 간의 교류를 활성화시킨다고 생각해.
④ 소비자들이 합리적인 선택을 해야 우리 기업의 경쟁력을 높일 수 있다고 생각해.

10 ㉠~㉣을 고쳐 쓰기 위한 방안으로 적절하지 않은 것은?

> PC와 인터넷, 모바일 기기의 이용이 생활화되면서 사람들이 도처에 남긴 발자국, 즉 데이터가 기하급수적으로 증가하고 있다. 쇼핑의 경우, 과거에는 상점에서 물건을 살 때만 데이터가 기록되었다. ㉠<u>그리고</u> 요즘의 인터넷 쇼핑몰에서는 구매를 하지 않더라도 방문자가 돌아다닌 기록이 자동으로 데이터로 저장된다. 따라서 소비자가 어떤 상품에 관심이 있는지, 얼마 동안 쇼핑몰에 머물렀는지를 알 수 있다. ㉡<u>쇼핑 뿐만</u> 아니라 금융거래, 교육과 학습, 여가 활동, 자료 검색 등 하루 대부분의 시간을 PC와 인터넷 등에 할애하는 현대인의 삶으로 인해 데이터가 폭발적으로 증가하고 있다.
> 이처럼 디지털 경제의 ㉢<u>확보</u>로 인해 우리 주변에는 규모를 예측할 수 없을 정도로 많은 정보와 데이터가 생산되는 '빅 데이터' 환경이 도래하고 있다. 빅 데이터란 과거 아날로그 환경에서 생성되던 데이터에 비해 그 규모가 방대하고, 생성 주기도 짧고, 형태도 수치 데이터, 문자, 영상 데이터를 포함하는 대규모 데이터를 말한다. 빅 데이터는 미래 경쟁력의 우위를 좌우하는 중요한 자원으로 활용될 수 있다는 점에서 최근 많은 관심을 받고 있다.
> 빅 데이터는 민간 부문과 공공 부문에서 다양하게 이용되고 있다. 온라인 서적 쇼핑몰의 선구자 아마존(Amazon)은 고객의 도서 구매 데이터를 분석해 특정 책을 구매한 사람이 추가로 어떤 책을 구매할 것인지를 예상하는 ㉣<u>도서 추천 시스템이 개발되었다</u>. 아마존은 이를 통해 고객이 읽을 것으로 예상되는 책을 추천하면서 할인 쿠폰을 지급하였는데, 이는 빅 데이터 분석을 기반으로 한 마케팅 방법이다.

① ㉠: 앞뒤 내용을 고려하여 '하지만'으로 고친다.
② ㉡: 띄어쓰기가 잘못되었으므로 '쇼핑뿐만'으로 고친다.
③ ㉢: 문맥상 부적절한 단어이므로 '확충으로'로 고친다.
④ ㉣: 문장 성분의 호응을 고려하여 '도서 추천 시스템을 개발하였다'로 고친다.

공무원 시험 전문 해커스공무원
gosi.Hackers.com

Day 06 하프모의고사 6회

01 (가) ~ (라)에 대한 분석으로 적절하지 않은 것은?

〈잘못된 문장〉
(가) 너에게 예쁜 여자 친구 한 명을 소개시켜 줄까?
(나) 대통령께서는 진심으로 군인들의 노고를 격려하셨다.
(다) 가장 중요한 점은 절대 고객을 속여서는 안 된다.
(라) 할아버지의 만년필은 너무 낡아서 더 이상 못쓰겠다.

① (가)는 필요 없는 사동 표현이 사용되고 있다. 따라서 '소개시켜'를 '소개해'로 수정한다.
② (나)의 '노고'는 '수고하여 애씀'이라는 의미이다. 따라서 '격려하셨다'를 '치하하셨다'로 수정한다.
③ (다)는 주술의 호응이 바르지 않은 문장이다. 따라서 주어인 '가장 중요한 점은'과 호응하도록 서술어 '안 된다'를 '안 된다고 했다'로 수정해야 한다.
④ (라)의 '못쓰다'는 '올바르지 않다'는 뜻이다. 문맥상 '쓰다'를 부정하는 의미이므로 '못 쓰다'로 수정한다.

02 밑줄 친 부분 중 문맥상 ㉠의 의미와 가장 가까운 것은?

인간은 스스로가 이성적이라고 생각해 왔다. 그러나 실제 행위에 있어서는 그렇지 않은 경우가 많을 뿐만 아니라 '이성적'이라는 하나의 잣대로 설명할 수 없는 것들이 많다. 특히 사회적으로 금지한 규약을 인간 스스로가 ㉠깨는 범죄 행위에 대해서는 설명하기가 쉽지 않다. 이런 인간의 행위에 대해 일련의 사람들은 개인의 생물학적 특성이 시간의 흐름에 따라 발현된 것이라 설명하기도 하고, 다른 한편에서는 사회적 환경, 즉 문화적 환경 요인에 영향을 받아 행동하게 된 것이라 설명하기도 한다. 전자의 견해를 '생물학적 결정론'이라 하고, 후자의 견해를 '사회적 결정론'이라 한다.

① 축구공으로 유리창을 깼다.
② 기철은 벌써 세 번이나 약속을 깼다.
③ 그는 종전 기록을 깨고 새로운 기록을 세웠다.
④ 선생님은 우리에게 깨어 있는 사람이 되라고 말씀하셨다.

03 다음 글에서 추론한 내용으로 적절하지 않은 것은?

문장의 주어를 서술하는 기능을 지닌 동사와 형용사를 용언이라 한다. 동사는 주어의 움직임이나 작용을, 형용사는 주어의 성질이나 상태를 나타낸다. 용언은 문장 속에서 담당하고 있는 다양한 문법적 기능에 따라서 형태가 달라진다. 문법적 기능들은 용언의 어간에 여러 가지 어미가 결합하여 실현되는데, 용언이 문장에서 쓰일 때 고정된 부분을 어간이라 하고, 그 뒤에 붙어 변화하는 부분을 어미라고 한다. '가고, 가면, 가니, 간'에서 보듯이 어간에 '-고, -면, -니, -ㄴ' 등 여러 어미가 번갈아 결합하는 현상을 활용이라 하고, 이러한 형태들을 '가다'의 활용형이라고 한다. 그리고 여러 가지 활용형 중에서 어간에 어미 '-다'를 결합한 것을 기본형이라고 부른다. 기본형은 모든 활용형을 대표하여 표제어로 사전에 오른다.

그런데 용언 중에는 활용할 때에 어간이나 어미의 모습이 달라지는 경우가 있다. 예를 들면, 기본형은 같은 '묻다'인데도 '(땅에) 묻다'는 '묻어, 묻어서'로 활용하는데 '(방법을) 묻다'는 '물어, 물어서'로 활용한다. '(땅에) 묻다'처럼 용언이 활용할 때에 어간이나 어미의 기본 형태가 달라지지 않는 경우를 규칙 활용이라 하고 '(방법을) 묻다'처럼 기본 형태가 달라지는 경우를 불규칙 활용이라고 한다. 불규칙 활용에는 어간이 바뀌는 것과 어미가 바뀌는 것, 어간과 어미가 모두 바뀌는 것이 있다.

어미는 그것이 나타나는 자리에 따라 어말 어미와 선어말 어미로 나뉜다. 어말 어미는 단어의 끝자리에 들어가고, 선어말 어미는 어말 어미의 앞자리에 들어간다. 어말 어미는 반드시 있어야 하지만, 선어말 어미는 경우에 따라 있을 수도 있고 없을 수도 있으며, 둘 이상의 선어말 어미가 올 수도 있다. 예를 들면 '(집에) 가시었겠고'의 경우 '가-'는 어간이고 '-고'는 어말 어미이며, '-시-, -었-, -겠-'은 모두 선어말 어미이다.

① 용언의 기본형이 같다면 의미가 다르더라도 활용 양상이 동일하다.
② 용언은 문장 속에서 담당하는 문법적 기능에 따라 그 형태를 달리 한다.
③ 용언의 의미를 파악하고자 할 때는 용언의 기본형을 사전에서 찾아야 한다.
④ 용언에서 선어말 어미는 없을 수도 있지만 어말 어미는 반드시 있어야 한다.

04 다음 글의 ㉠ ~ ㉣ 중 어색한 곳을 찾아 가장 적절하게 수정한 것은?   2018년 서울시 7급(3월) 변형

오늘날의 상황을 '소비의 위기'라 부른다. 좀 더 솔직하게 털어놓으면 그만큼 소비에 대한 인식이 위태롭다. ㉠ 소비의 위기는 민주주의의 계기를 마련한다. 우리가 소비를 덜 할수록 우리 사회의 민주주의적 토대도 허물어진다. 절약하는 것으로는 민주주의를 구현하지 못한다. ㉡ 좀 더 부정적으로 말할 수도 있다. 민주주의 사회가 계속 유지되기 바란다면 ㉢ 우리는 끊임없이 소비해야 하는 형을 선고받은 것이나 마찬가지이다. 대량 소비가 점점 줄어들거나 대중에게 소비의 폭넓은 접근 가능성이 주어지지 않는다면 사회는 완전히 다른 구조로 넘어갈 수도 있다.

㉣ 소비자들의 수입이 장기적으로 불안해지는 추세와 함께 이른바 마비 현상이라 부르는 위험한 상황이 도래하고 있다. 불안과 욕구라는 양극단 중 어느 한쪽도 취하지 못해서 생기는 심적인 경련과 리듬 상실의 증세가 나타나고 있는 것이다. 이따금 모든 정상적인 소비 현상을 터무니없는 것으로 여기는 만성 자제력 상실 현상이 발생하기도 한다. 향후 몇 년 안에 달라질 전망은 보이지 않는다.

① ㉠: 소비의 위기는 민주주의의 위기를 수반한다.
② ㉡: 좀 더 낙관적으로 말할 수도 있다.
③ ㉢: 우리는 끊임없이 소비를 절제해야 하는 형
④ ㉣: 소비자들의 지출이 장기적으로 늘어나는 추세

05 ㉠과 ㉡을 바꿔 쓸 수 있는 유사한 표현으로 가장 적절한 것은?

1994학년도 제2차 대학수학능력시험 변형

	㉠	㉡
①	추세(趨勢)	동태(動態)
②	이행(移行)	궤도(軌道)
③	상황(狀況)	여건(與件)
④	위세(威勢)	위상(位相)

역사적 시대 구분의 단위로서 현대라고 할 때에는 보통 제1차 세계 대전과 1917년의 러시아 혁명 발발로부터 오늘에 이르는 시기를 지칭한다. 이 시기의 사회 변동의 ㉠추이나 그 속에서 전개된 대사건들은 이전 시기와는 분명히 다른 독특한 면모를 갖고 있다. 그 특징들 속에서 우리는 현대의 위상과 의미를 발견해 낼 수 있다. 우선 이 시기에는 파시즘과 나치즘이 대두되었다. 그리하여 그것은 거대한 관료 조직 및 막강한 국가 체제가 개인과 사회 집단의 자율성을 통제하고 대중을 조작하여 그 위에 얼마든지 군림할 수 있다는 것을 보여 주었다. 전체주의 체제의 부정적 유산은 거기에 그치지 않고 이후에도 세계의 여러 나라로 약간씩 형태를 달리하면서 전승되어 갔다. 어떤 의미에서 현대 사회론은 이러한 전체주의 체제의 발흥 원인과 그 사회적 결과를 대중 사회의 출현과 관련시켜 보는 데서 싹이 텄다고도 볼 수 있다.

제2차 세계 대전 후 과학 기술의 경이로운 발달 및 생산력의 증대에 힘입어 자본주의 체제는 상대적 안정과 번영을 구가하여, 선진 자본주의 국가들에서는 산업화의 단계를 훨씬 뛰어넘은 탈산업사회의 도래와 함께 이데올로기의 종언이 운위되기도 하였다. 사회주의권은 그들 나름대로 중앙 집중적 계획 경제와 생산 수단의 국유화로 자본주의의 모순을 극복하고 평등 사회를 실현하고자 했다. 제3세계의 여러 나라들도 경제 발전을 발판 삼아 정치적 민주화와 사회 체제의 변혁을 달성키 위해 몸부림쳐 왔다. 그리하여 지난 반세기의 세계사의 역정은 이들 세계가 엮어내는 공생과 갈등의 대파노라마였다고도 할 수 있는 것이다.

그러나 오늘의 시점에서 다시 현대 사회의 ㉡추이를 되돌아보면, 자본주의 사회에는 여전히 부와 불평등과 독점의 폐허가 불식되지 않고 있으며, 사회주의권의 거대한 실험은 결국 정치·경제·사회적 층간의 불균형과 모순으로 인하여 근래에 동구 사회주의 체제의 급격한 붕괴를 가져왔다. 그런가 하면 종속 탈피와 민족적 자립을 이룩하려는 제3세계권의 장래도 그리 밝지만은 않다. 그리고 어느 권역이건 사회 전반의 관료 조직화와 대중화의 물결 속에 인간 주체성의 상실 및 인간 소외가 현대 사회의 주된 특질로서 자리 잡고 있다.

06 <지침>에 따라 <개요>를 작성할 때 ㉠~㉣에 들어갈 내용으로 적절하지 않은 것은?

―〈지 침〉―
○ 제목은 본론에서 밝힌 내용을 종합하여 작성할 것.
○ 본론은 제목에서 밝힌 내용을 2개의 장으로 구성하되 각 장의 하위 항목끼리 대응되도록 작성할 것.
○ 결론은 기대 효과를 1개의 장으로 작성할 것.

―〈개 요〉―
○ 제목: ㉠
Ⅰ 서론: 선거 문화의 실태와 개선 필요성
Ⅱ. 본론
　1. 선거 문화의 문제점
　　가. 후보자와 유권자의 의식 미비
　　나. ㉡
　　다. 비방이 난무하는 선거 풍토
　　라. 과다한 선거 비용 지출
　2. 바람직한 선거 문화 정착을 위한 방안
　　가. 후보자 및 유권자의 의식 개혁
　　나. 정책 중심의 선거 문화 정착
　　다. 선거관리위원회의 철저한 감시
　　라. ㉢
Ⅲ. 결론: ㉣

① ㉠: 선거 문화의 문제점과 해결 방안
② ㉡: 공약의 남발과 정책의 실종
③ ㉢: 공정한 선거 정착을 위한 노력
④ ㉣: 올바른 선거 문화 정착을 통한 정치 발전의 실현

07 <지침>에 따라 글을 완성할 때 ㉠에 들어갈 내용으로 가장 적절한 것은?

―〈지 침〉―
○ 관용적 표현을 활용하여 내용을 강조할 것.
○ 앞 문장과 자연스럽게 연결되도록 할 것.

점점 늘어 가고 있는 자연재해의 피해에 적극적으로 대비하기 위해서는 자연재해를 예방할 수 있는 체계적 시스템을 마련해야 한다. 자연재해가 발생하였을 때의 피해를 어떻게 복구할지에 초점을 두는 것이 아니라 자연재해 발생을 미연에 방지하고 피해 발생이 최소화될 수 있도록 하는 정책을 마련해야 한다. 자연재해가 인재(人災)가 되지 않도록 해야 하는 것이다. 또한 자연재해는 언제 어디서든 발생할 수 있는 일이기 때문에 자연재해를 일부 사람들의 문제로만 여기고 '나와는 상관없겠지.'라고 생각하는 것은 바람직하지 않다. 다시 말해, ㉠_____.

① 자연재해 예방을 위한 국가 시스템 마련을 통해 공든 탑이 무너지지 않도록 해야 할 것이다.
② 자연재해 발생의 위험을 사전에 대비하고 그 피해를 최소화하기 위한 정책 마련에 고심해야 한다.
③ 천 리 길도 한 걸음부터라는 말처럼, 자연재해 피해 복구를 위한 지원 활동을 하루빨리 시작해야 할 것이다.
④ 망양보뢰(亡羊補牢)하지 않도록 자연재해의 발생 가능성이 낮더라도 자연재해에 관심을 가지고 이를 대비해야 한다.

08 ㉠ ~ ㉣의 수정 방안으로 적절하지 않은 것은?

드라마에서의 기억 상실증 남용

드라마에 기억 상실증이 자주 등장하는 이유는 기억 상실증이 극 전개상 긴장감을 높이고 이를 통해 사건의 전개 방향을 바꾸는 등 극적 매력이 ㉠크다. 대부분의 드라마에서는 주요 인물이 ㉡사고를 당한 후 기억을 잃게 된 후 일정한 기간 동안 다른 인물로 살다가 어떤 계기로 기억을 회복하게 된다. 하지만 일반적으로 기억 상실이 일어날 정도의 외상을 입으면 뇌가 손상되어 회복이 불가능하기 때문에 사고 전후 상태의 자아가 서로를 인식하지 못하게 된다. 따라서 드라마에서 기억을 잊어버린 인물이 갑자기 기억을 온전히 회복한다는 설정은 비현실적이라고 할 수 있다.
드라마에서처럼 본래의 자아를 잃어버리고 일정 기간 다른 사람으로 살다가 기억을 회복하는 증상을 해리성 둔주라고 한다. 그런데 해리성 둔주는 기억을 잊어버리고 다른 사람으로 살아가다가 갑자기 그 상태에서 깨어나 본래의 자아 상태로 돌아가면서, 자신이 그 이전에 다른 사람으로 살았던 시기의 기억은 한순간에 잊어버리는 증상이다. ㉢그런데 드라마에서처럼 회복 전의 기억을 온전히 회복하는 것은 해리성 둔주로 보기 어렵다.
더구나 발생 빈도가 극히 낮은 기억 상실증을 드라마 속에서 ㉣도랑 치고 가재 잡듯 사용하면 드라마의 참신성을 떨어뜨릴 수 있다.

① ㉠: 주어와의 호응을 고려하여 '크기 때문이다'로 고친다.
② ㉡: 비슷한 어구가 반복되므로 '사고를 당해 기억을 잃게 된 후'로 고친다.
③ ㉢: 앞 문장과의 관계를 고려하여 '따라서'로 바꾼다.
④ ㉣: 문맥에 맞지 않는 말이므로 '칼로 물 베듯'으로 바꾼다.

09 ㉠ ~ ㉣ 중 문맥상 (가)와 거리가 먼 것은?

1994학년도 제2차 대학수학능력시험 변형

> 흔히 연극의 구성 요소로서 희곡, 배우, 무대, 관객을 지칭하는 데서 알 수 있듯이 연극은 극작가, 배우, 연출가, 관객의 협조로 이루어지는 예술이다. 관객이 없이는 존재할 수 없다는 점은 모든 예술이 다 마찬가지겠지만, 특히 연극은 언제나 배우와 관객의 직접적이고도 현실적인 대면을 통해서만 성립된다는 점에서 그 독자성을 지닌다. 따라서 연극의 관객은 단순한 구경꾼이나 물질적 원조를 제공하는 자 이상의 (가) 중요한 의미를 지니고 있는 것이다.
> 대부분의 연극사를 보면 관객의 적극적인 참여가 있었던 시대에 걸작들이 많이 만들어졌고, 또한 같은 작품을 공연하는 경우에는 관객의 호응도가 높을 때에 보다 훌륭한 공연이 이루어졌음을 잘 알 수 있다. 연극의 존재 이유에 핵심적인 요인을 부여하는 것은 직접 창조 행위에 관여하는 사람들이기보다는 오히려 관객 쪽이며, 이들 사이에 물질적으로나 정신적으로 ㉠ 원만한 호응 관계가 성립될 때에 비로소 연극은 생명력을 갖게 된다. 왜냐하면 관객이 작품을 인정하려 들지 않을 때 그 공연은 연극인들만의 ㉡ 자기만족 행위로 끝나 버릴 가능성이 농후하기 때문이다. 물론 관객만이 연극을 생산한다는 말은 아니지만, 관객의 내적인 영향력은 연극을 위해서는 없어서 안 될 구성 요소이고, 나아가 그것은 연극을 꽃피우는 대지(大地)인 것이다.
> 만드는 편에서 생각하면 극작가의 고심에 가득 찬 창작에서부터 연극 창조가 시작될 테지만, 향수(享受)하는 관객의 입장에서는 일부러 먼 극장을 찾아가서 기꺼이 입장권을 사는 데서부터 관극 행위(觀劇行爲)가 출발된다. 능동적이건 수동적이건 관객이란 일단 관극 행위를 선택한 사람들의 집단을 말한다. 그렇지만 방송극을 듣거나 영화나 텔레비전 드라마를 보는 경우와는 달리, 연극에서는 관객의 자유로운 선택의 의지가 보다 더 확고하게 작용해야 한다는 점에서 그 ㉢ 능동성이나 참여 의식이 훨씬 강하다고 볼 수 있다.
> 이러한 관객은 연극을 보면서 공동체 의식과 집단 심리를 형성하게 된다. 그들은 지금 눈앞에서 벌어지고 있는 사건에 직접 반응하면서 서로 간에 ㉣ 무언(無言)의 의사소통을 나누게 되며, 그와 함께 관객은 배우와 자신과의 동일화와 거리두기의 감정을 반복적으로 경험하는 것이다. 연극의 독자성은 이러한 관객의 반응이 역으로 배우들에게 다시 전달되어 그들의 연기에 직접 영향을 미친다는 점에 있다. 따라서 어떠한 관객이 관극하느냐에 따라 연극의 완성도가 달라 질 수 있으며, 이러한 의미에서 양질의 관객을 획득하는 일은 연극 창조의 가장 중요한 관건이 되는 것이다.

① ㉠   ② ㉡
③ ㉢   ④ ㉣

10 다음 대화를 이해한 내용으로 적절하지 않은 것은?

> 갑: 저는 요즘 광고 언어의 문법 파괴 현상에 대해 심히 우려가 됩니다. 광고는 대중 매체로, 광고를 접하는 사람들의 가치관이나 행동, 습관 등에 큰 영향을 미칠 수밖에 없습니다. 따라서 대중 매체로서의 광고 언어의 책임은 실로 크다 할 수 있습니다. 그런데 이런 광고 언어가 문법적으로 파괴되어 있다면 많은 사람들의 언어생활 또한 파괴될 거란 말이죠.
> 을: 저도 공감하는 바입니다. 그리고 저는 광고에서 왜 문법에 어긋난 언어를 사용하는지에 대해 한번 생각해 보았습니다. 문법에 어긋난 표현은 '언어는 문법에 맞게 사용해야 한다.'는 일반적 기대치에서 벗어난 것입니다. 그런데 소비자가 기대에 어긋난 이런 문법 파괴 시도를 창의적이고 참신한 것으로 인식하게 되면서 해당 상품에 대해 관심을 가지게 된다고 합니다. 광고를 만드는 사람들은 바로 이런 점을 이용한다는 것이죠.
> 갑: 네, 지금 하신 말씀은 '기대치 위반 이론'과 관련이 있는 것 같군요. 이 이론에서는 신뢰도가 높은 정보원이 수용자의 기대에 위반되는 행동을 하게 되면, 오히려 기대에 부합하는 행동을 할 때보다 설득력이 높아진다고 합니다. 예를 들면, 명망 있는 인사들이 돌출 행동을 했을 때 시민들이 환호하는 경우를 들 수 있죠. 그렇다고 기대를 위반하는 것이 항상 긍정적인 결과만을 가져오는 것은 아닙니다. 기대치 위반 이론에서는 신뢰도가 낮은 정보원이 기대치를 위반했을 때에는 오히려 기대치에 부합하는 행동을 했을 때보다 설득력이 낮아진다고 경고하고 있는데, 광고 언어를 사용할 때에는 이에 유념할 필요가 있습니다.
> 을: 맞습니다. 말씀하신 대로 광고 언어의 문법 파괴 행위가 긍정적인 결과만을 낳는 것은 아닙니다. 의도적인 문법 파괴가 일시적으로 소비자의 관심을 끌 수는 있겠지만, 과연 그러한 행동이 얼마나 소비자들의 신뢰와 공감을 얻을 수 있을지에 대해서 광고를 만드는 사람들은 심사숙고해야 할 것입니다.

① 사람들은 문법이 파괴된 광고 언어를 보고 참신하고 창의적이라고 생각할 수도 있다.
② 광고에서 문법을 파괴한 언어를 쓰는 것은 사람들의 바람직한 언어생활에 해가 되는 행위이다.
③ 문법이 파괴된 광고 언어는 일시적으로 소비자들의 관심을 끌겠지만 지속적인 신뢰를 얻기는 힘들다.
④ 광고에 과장된 표현을 사용하면 소비자에게 신뢰를 잃게 되고, 그에 따라 광고 효과도 떨어지게 된다.

Day 07 하프모의고사 7회

01 개요의 흐름을 고려할 때, ㉠에 들어갈 내용으로 가장 적절한 것은?

〈개 요〉

Ⅰ. 서론: 재활용이 어려운 포장재 쓰레기가 늘고 있다.
Ⅱ. 본론
  1. 포장재 쓰레기가 늘고 있는 원인
    (1) 기업들이 과도한 포장 경쟁을 벌이고 있다.
    (2) 소비자들이 호화로운 포장을 선호하는 경향이 있다.
  2. 포장재 쓰레기의 양을 줄이기 위한 방안
    (1) 기업은 과도한 포장 경쟁을 자제해야 한다.
    (2) ㉠
Ⅲ. 결론: 상품의 생산과 소비 과정에서 환경을 먼저 생각하는 자세를 지녀야 한다.

① 정부의 지속적인 감시와 계몽 활동이 필요하다.
② 실속을 중시하는 합리적인 소비 생활을 해야 한다.
③ 환경 친화적인 상품 개발을 위한 투자가 있어야 한다.
④ 재정 상태를 고려하여 분수에 맞는 소비를 해야 한다.

02 다음 글의 ㉠의 사례가 포함되어 있지 않은 것은?

'ㄴ' 소리와 'ㄹ' 소리가 인접할 때 'ㄴ'이 'ㄹ'의 영향으로 자신도 'ㄹ'로 변하는 것이 유음화이다. 유음화에는 순행적 유음화와 역행적 유음화가 있다. 순행적 유음화는 앞에 있는 'ㄹ'이 뒤로 영향을 주는 것이므로 'ㄹ-ㄴ'이 'ㄹ-ㄹ'로 바뀌는 것이고, ㉠ 역행적 유음화는 뒤에 있는 'ㄹ'이 앞으로 영향을 주는 것이므로 'ㄴ-ㄹ'이 'ㄹ-ㄹ'로 바뀌는 것이다.

① 권력[궐력]
② 말년[말련]
③ 반례[발:례]
④ 난로[날:로]

03 다음 글의 ㉠ ~ ㉣ 중 어색한 곳을 찾아 가장 적절하게 수정한 것은?

2018년 국가직 9급 변형

'언문'은 실용 범위에 제약이 있었는데, 이런 현실은 '언간'에도 적용된다. '언간' 사용의 제약은 무엇보다 이것을 주고받은 사람의 ㉠ 성별(性別)에서 뚜렷이 드러난다. 15세기 후반 이래로 숱한 언간이 현전하지만 남성 간에 주고받은 언간은 찾아보기 어렵다. 이는 남성 간에는 한문 간찰이 오간 때문이나 남성이 공적인 영역을 독점했던 당시의 현실을 감안하면 '언문'이 공식성을 인정받지 못했던 사실과 상통한다. 결국 조선 시대에는 언간의 발신자나 수신자 ㉡ 양쪽이 반드시 남성이 관여하는 특징을 보인다고 할 수 있다.

이러한 사용자의 성별 특징으로 인하여 종래 '언간'은 '내간'으로 일컬어지기도 하였다. 그러나 이러한 명칭 때문에 내간이 부녀자만을 상대로 하거나 ㉢ 부녀자끼리만 주고받은 편지로 오해되어서는 안 된다. 16, 17세기의 것만 하더라도 수신자는 왕이나 사대부를 비롯하여 한글 해독 능력이 있는 하층민에 이르기까지 거의 전 계층의 남성이 될 수 있었기 때문이다. 한문 간찰이 사대부 계층 이상 남성만의 전유물이었다면 ㉣ 언간은 특정 계층에 관계없이 남녀 모두의 공유물이었다고 할 수 있다.

① ㉠: 신분
② ㉡: 어느 한쪽으로 반드시 여성
③ ㉢: 부녀자끼리만 주고받은 편지이다.
④ ㉣: 언간은 사대부 계층의 남녀의 전유물

04 다음 대화를 분석한 내용으로 가장 적절하지 않은 것은?

○ 상황: 지방 관직으로 나가는 신하가 왕에게 하직 인사를 하고 있다.

왕: 경은 이번에 지방 관직으로 나가면 잠깐의 휴가를 얻는 격이겠지만 내 마음은 매우 서운하오.

신하: 이러한 때에 하직 인사를 올리게 되어 몹시 서운한 마음을 금할 수 없습니다.

왕: 황해도와 평안도가 근래에 형편이 매우 나빠졌다고 하니, 경은 반드시 고질적인 폐단을 없애는 정사(政事)를 유념(留念)하여 시행하시오.

신하: 신의 기량이 너무 모자라서 그동안 역임한 직책 가운데 어느 것 하나 제대로 수행한 것이 없었습니다. 더욱이 이번 직책은 신에게 합당한 것이 아닙니다.

① 신하는 왕의 부탁에 겸손한 태도를 보인다.
② 왕이 신하에게 서운함을 전하며 말하기도 한다.
③ 신하는 자신을 낮추며 왕에 대한 예의를 지킨다.
④ 신하는 자신의 상황과 관계없이 왕명을 기쁘게 받았다.

05 <높임법 원칙>에 따라 수정한 것으로 적절하지 않은 것은?

〈높임법 원칙〉
○ 적절한 어휘의 사용
 - ㉠ 적절한 조사를 사용할 것.
 - ㉡ 적절한 특수 어휘를 사용할 것.

○ 높임의 대상을 명확히 하기
 - ㉢ 직접 높임과 간접 높임을 구별할 것.
 - ㉣ 높임의 대상이 아닌 대상을 구별할 것.

① '교수님이 우리 강의실에 있었던 증거다.'는 ㉠에 따라 '교수님께서 우리 강의실에 있었던 증거이다.'로 수정한다.
② '아버지가 어제 밥을 먹었었다.'는 ㉠과 ㉡에 따라 '아버지께서 어제 진지를 잡수셨다.'로 수정한다.
③ '이어서 선생님의 말씀이 계시겠습니다.'는 ㉢에 따라 '이어서 선생님의 말씀이 있으시겠습니다.'로 수정한다.
④ '나는 선생님을 데리고 집으로 왔다.'를 ㉡과 ㉣에 따라 '나는 선생님을 모시고 집으로 오셨다.'로 수정한다.

06 밑줄 친 부분 중 문맥상 ㉠의 의미와 가장 가까운 것은?

예전에 당(唐) 태종이 방현령에게 이르기를 "선대(先代)의 사관(史官)이 기록한 것을 임금에게 보지 못하게 한 것은 무슨 이유인가?" 하니, 방현령이 대답하기를 "사관은 거짓으로 칭찬하지 않으며 나쁜 점을 숨기지 않으니, 임금이 이를 보면 반드시 노하게 될 것이므로 감히 임금에게 드릴 수가 없습니다." 했습니다. 그러나 태종은 방현령에게 명하여 순서대로 편찬하여 올리게 했습니다. 방현령은 선대의 실록을 편찬하여 올렸지만, 말에 은근히 숨긴 것이 많았습니다. 어질고 슬기로웠던 태종으로서는 마땅히 바른대로 쓰여 있더라도 싫어할 점이 없었을 것인데, 방현령 같은 일세의 현명한 재상도 오히려 사실을 숨기고 피하여 감히 바른대로 쓰지 못했습니다. 하물며, 혹시 태종에게 ㉠ 미치지도 못하는 후세의 군주가 자기 시대의 역사를 보고자 한다면, 아첨하는 신하가 어찌 방현령처럼 사실을 숨기고 피하는 것에 그치겠습니까?

① 광고는 판매에 미치는 영향이 아주 크다.
② 백성들의 원성이 왕에게까지 미치지 못했다.
③ 세계적인 불황의 여파가 우리나라에도 미쳤다.
④ 그녀의 솜씨는 아직 어머니 솜씨에 미치지 못했다.

07 ㉠~㉣과 바꿔 쓸 수 있는 유사한 표현으로 적절하지 않은 것은?

2010년 국가직 7급 변형

> 화성 신도시는 1794년(정조 18년) 1월부터 1796년(정조 20년) 10월까지 국력을 기울여 진행된 ㉠ 매우 넓고 큰 건설 사업의 결과로 탄생하였다. 전성기를 맞이한 조선의 경제적 능력과 문화적 역량이 남김없이 ㉡ 들어간 이 신도시는 조선 사회와 문화의 발전성과가 반영된 첨단의 계획도시로서, 정조로서는 즉위 이래 품어온 오랜 숙원과 꿈의 실현을 위한 기반을 마련한 것이었다.
> 화성은 정조의 장기적 정국 구상에 따라 건설되었다. 죄인이 되어 ㉢ 죽은 사도세자의 아들이었기에 정조의 왕권은 명분적 약점을 안고 있었으며, 정조는 국왕으로서의 정통성이 도전받는 불안정한 정국 속에서 갖은 정치적 파란을 ㉣ 겪어야만 하였다. 그러나 즉위 12년 만에 노론·소론·남인의 3당 연립 정권을 출범시켜 정국 안정을 이루어 내고, 이제는 정국주도의 자신감 위에 오랫동안 꿈꾸던 사도세자의 추숭(追崇)사업을 본격화하게 된다.

① ㉠: 호대(浩大)한
② ㉡: 투입(投入)된
③ ㉢: 횡사(橫死)한
④ ㉣: 궁리(窮理)해야만

08 <자료>를 바탕으로 '인터넷 활용 학습'에 관한 글을 쓰고자 할 때, <자료>의 활용 방안으로 가장 적절한 것은?

〈자 료〉

(가) 가정의 초고속 인터넷 보급 현황

초등학교 저학년	초등학교 고학년	중학교	고등학교
98	97	97	96

〈초중고 각각 100명을 대상으로 한 설문 조사(%)〉

(나) 인터넷 활용 수업을 받고 있는 정도

초등학교 저학년	초등학교 고학년	중학교	고등학교
23	18	12	5

〈초중고 각각 100명을 대상으로 한 설문 조사(%)〉

(다) 가정에서의 주당 인터넷 이용 시간

게임	전자우편	채팅	학습 자료 검색	기타
126	32	64	20	32

〈초중고 각각 100명을 대상으로 한 설문 조사(분)〉

① 초고속 인터넷 보급률이 매우 높음에도 불구하고 학교나 가정에서 인터넷 활용 수업이나 학습이 제대로 이루어지지 않고 있음을 문제로 지적한다.

② 초고속 인터넷이 거의 전 가정에 보급되었음을 결론으로 삼고, 그 근거로 학생들의 인터넷 이용이 다양화되었으며, 인터넷 활용 수업이 점차 증가하고 있음을 내세운다.

③ 인터넷 활용 수업을 받는 학생이 적음을 문제로 제기하고, 초고속 인터넷 보급률을 더욱 높이고 학습 자료 검색에 인터넷을 사용하는 시간을 더욱 늘려야 한다는 점을 대책으로 제시한다.

④ 학생들이 인터넷 활용 학습을 제대로 하지 못하고 있음을 문제로 제기하고, 그 원인이 초고속 인터넷의 지나친 보급과 인터넷 활용 수업에 대한 학교 당국의 관심 부족에 있음을 지적한다.

09 ㉠ ~ ㉣과 반대되는 표현으로 적절하지 않은 것은?

현재 개발된 컴퓨터들을 보면, 인간이 30여 년에 걸쳐 계산할 내용을 불과 몇 초 만에 계산해 버릴 정도로 빠른 속도를 갖고 있다. 그리고 크기 면에서도 지금의 컴퓨터는 초기의 컴퓨터와 비교조차 할 수 없을 정도로 작아졌다. 초기의 컴퓨터는 군사적 목적에서 개발되었지만, 현대의 컴퓨터는 군사, 금융, 교육, 정치, 행정, 외교, 무역 등등 사회 ㉠ 전반에 걸쳐 이용되고 있다. 하루라도 컴퓨터 없이는 일을 하지 못할 정도로 컴퓨터의 비중이 크며, 그 비중은 갈수록 늘어날 것이다. 따라서 거기에 맞게 컴퓨터도 ㉡ 진화해 갈 것이다.

미래의 컴퓨터는 지금보다 훨씬 작게 만들어질 것이다. 현재 ㉢ 실질적으로 많이 사용하는 컴퓨터들 중 가장 작은 것은, HTML이나 화면을 기반으로 하는 웹 사이트의 콘텐츠 열람이나 전자 우편·채팅 정도의 간단하고 기본적인 인터넷 위주의 서비스를 이용하는 것을 목적으로 한 넷북 등의 소형 노트북이라고 할 수 있다. 그런데 앞으로 개발될 컴퓨터들은 이보다 더욱 작게 만들어질 것이다. 전 세계의 컴퓨터 관련 기업들은 서로 더 작은 컴퓨터를 만들기 위해 경쟁 중이며 손목시계 정도 크기의 컴퓨터는 곧 실용화될 전망이다.

현재의 컴퓨터는 대부분 키보드와 마우스에 의존하고 있다. 하지만 음성과 영상을 지금보다는 훨씬 자유롭게 인식하는 기능이 실용화될 것이고 이에 대부분 의존하게 될 것이다. ㉣ 완벽하게 자연어를 처리하므로 사용자가 어떤 명령을 내리든지 컴퓨터는 그것을 인식하여 수행하게 될 것이다. 또한 사용자의 눈동자의 위치나 머무는 시간을 계산하는 등의 방법으로 프로그램이 실행되는 영상 인식 기능도 가지게 될 것이다.

① ㉠: 일부에
② ㉡: 퇴화해
③ ㉢: 구체적으로
④ ㉣: 미비하게

10 문맥상 ㉠ ~ ㉣ 중 지시 대상이 같은 것만으로 묶인 것은?

1998학년도 대학수학능력시험 변형

말이 겨레의 얼의 상징(象徵)이며 민족 결합의 원동력이라는 데에서 말이 얼마나 소중한 것인가를 깨닫게 된다. 이처럼 소중한 말의 순화를 들고 나올 때 문제 되는 것의 하나가 ㉠ 들어온 말이다. 이 들어온 말은 우리 겨레의 참된 삶이나 정신이 투영된 것은 결코 아니다. 그것은 마땅히 우리말에서 솎아 내야 할 말의 ㉡ 잡풀에 지나지 않는다. 밭의 잡풀은 뽑아내는 것으로 끝나지만, 말의 잡풀은 뽑아낸 빈자리에 반드시 다른 말을 갈아 심어야 한다. 갈아 심는 말, 이것은 이미 쓰고 있는 말이거나, 혹은 옛 말에서 찾아 낸 것이거나, 아니면 주어진 천부의 창조력으로 새로이 만든 말이어야 한다. 새 말의 만듦, 이것은 언어의 자연 발생관(自然發生觀)에는 어긋나지만, 우리 민족의 세계상(世界像)을 담은 그릇인 말을 순화하는 데 피할 수 없는 창조 작업이다.

말의 순화에서는, 먼저 말의 잡풀이 어느 것인지를 확인하는 과정이 필요하다. 그 다음으로는, 이를 바로 고치는 작업이 뒤따라야 한다. ㉢ 외국어가 우리말에 들어올 때나 이미 들어와 혼돈(混沌)을 이루고 있을 때, 우리말은 이들에 대하여 중간 세계(中間世界)의 역할을 해야 한다. ㉣ 중간 세계로서의 말은 객관적 세계의 일과 몸, 곧 사물(事物)을 인식의 세계로 걸러주는 '체'로 비유할 수 있다. 이 체가 성글면 우리의 인식도 성글어지고, 이 체가 고우면 우리의 인식도 섬세하고 올바르게 된다. 이와 같이 본다면, 우리말은 우리의 올바른 인식과 가치를 판단하는 '자'가 되기도 한다. 중간 세계에서 인식을 걸러 주는 '체', 혹은 가치 판단의 '자'로서의 우리말에 확신이 서지 않은 사람은 들어온 말을 말의 잡풀로 인식하지 못한다. 인식 면에서 볼 때, 말의 잡풀이란 처음부터 있던 것은 아니다. 우리말을 체로 하여 걸러지면서 비로소 그것이 잡풀로 확인되는 것이다.

① ㉠, ㉣
② ㉡, ㉣
③ ㉠, ㉡, ㉢
④ ㉠, ㉡, ㉣

공무원 시험 전문 해커스공무원
gosi.Hackers.com

Day 08 하프모의고사 8회

01 다음 <개요>의 ㉠ ~ ㉣의 수정 방안으로 적절한 것은?

〈개 요〉
○ 주제: 이익 집단의 불법 로비 활동 방지
Ⅰ. 문제 제기
Ⅱ. 이익 집단의 불법 로비 활동의 영향
　1. 공공 이익의 추구가 등한시됨 ………… ㉠
　2. 비자금 조성으로 정치 부패의 주범이 됨
　3. 정치권에 대한 신뢰도가 하락됨 ……… ㉡
Ⅲ. 이익 집단의 불법 로비 활동 방지 대책 …… ㉢
　1. 이익 집단을 감시하는 시민 사회 단체 활동의 활성화
　2. 법제화를 통해 로비 활동 합법화 ……… ㉣
　　가. 로비스트 등록
　　나. 로비 활동에 관한 제도적 장치 마련
Ⅳ. 결론

① 글의 완결성을 높이기 위해 ㉠의 하위 항목으로 '이익 집단 구성 과정'을 추가한다.
② ㉡은 'Ⅱ-2'와 중복되므로 생략한다.
③ 구체적 내용 전개를 위해 ㉢의 하위 항목으로 '불법 로비 활동 신고 센터 설치'를 추가한다.
④ ㉣은 주제에서 벗어난 내용이므로 '정치 자금의 규제'로 바꾼다.

02 다음 글의 ㉠의 사례로 가장 적절한 것은?

완전히 같은 의미의 어휘 관계인 동의어는 존재하지 않는다. 하지만 동의어와 유의어를 구별한다고 할 때, ㉠ 어휘의 관계에서 그 쓰임을 살펴보아서 문맥에 따라 문장에 나타날 수 있는 제약이 거의 없는 것을 '동의어'라고 하고, 경우에 따라 두 어휘의 완벽한 대체가 이루어지지 않는 경우의 어휘 관계를 '유의어'라 한다.

① 밥 – 맘마
② 알 – 계란
③ 얼굴 – 낯
④ 금성 – 샛별

03 다음 글의 ㉠ ~ ㉣ 중 어색한 곳을 찾아 가장 적절하게 수정한 것은?

2017년 국회직 8급 변형

민주 국가는 국민을 바탕으로 하기 때문에, 다수 국민의 지지를 받아야 정당성을 얻을 수 있다. 왜냐하면 민주 국가는 국가의 주권이 국민에게 있고, 국민의 의사로 운용되는 국가이기 때문이다. 그러므로 ㉠ 만약 소수의 이익을 위해 운용된다면 다수가 불만을 가질 것이며, 정책 결정에 승복하지 않을 것이다. 결국 일이 원만하게 추진되지 않을 것이고, 추진된다 하더라도 다수가 제대로 동의하거나 지지하지 않기 쉽다.
옛날 아테네에서는 자유민이 모두 참여하여 정책을 결정했다고 한다. ㉡ 그러나 오늘날은 과거와 상황이 다르다. 왜냐하면 한 나라 국민 전체의 뜻을 완벽하게 반영한다는 것 자체가 불가능하며, 정책 결정 하나하나가 모두 전문적인 일이기 때문이다. 즉 ㉢ 국민 일부만 참여하자면 시간이 많이 걸려 효율성도 떨어지고, 설령 그렇게 결정한다고 해도 다수를 만족시킬 뿐이지 모두를 만족시키는 것은 아니다. 더구나 논의해야 할 문제들이 일반 상식을 뛰어넘어 대부분 국민들이 판단하기조차 힘들다. 따라서 오늘날에 와서는 ㉣ 소수 전문가 집단이 정책을 결정하는 것이 더 효율적일 수밖에 없게 되었다.

① ㉠: 만약 다수의 이익
② ㉡: 오늘날도 과거와 마찬가지이다.
③ ㉢: 국민 전체가 참여하자면
④ ㉣: 국민 전체가 정책을 결정하는 것

04 <지침>에 따라 작성한 글로 가장 적절한 것은?

─〈지 침〉─
○ 비유적 표현을 사용할 것.
○ 대상의 부정적 측면을 밝혀 경각심을 일깨울 것.

① 칼은 그것이 어떻게 사용되느냐에 따라 이기가 될 수도 있고 흉기가 될 수도 있으므로 신중하게 사용해야 한다.
② 소문은 신뢰성이 떨어지는 내용을 담기도 한다. 그런 소문은 사방으로 퍼져 나가며 구르는 눈 덩이처럼 거짓과 오해를 스스로 부풀린다.
③ 숫자에 집착하게 되면 사람은 삭막해진다. 나비의 날갯짓에서도 아무 감동을 느끼지 못하게 되고 대신 그 나비가 몇 마리인지만 중요해진다.
④ 옹기는 투박해서 좋다. 번지르르하게 윤이 나는 얼굴을 내민 얄팍한 도자기들과 달리 그저 묵묵히 제 할 일을 하며 세월을 견디어 온 대들보 같아서 좋다.

05 문맥상 ㉠의 의미와 가장 가까운 것은?

2011년 국가직 7급 변형

독일의 발명가 루돌프 디젤이 새로운 엔진에 대한 아이디어를 내고 특허를 얻은 것은 1892년의 일이었다. 1876년 오토가 발명한 가솔린 엔진의 효율은 당시에 무척 ㉠ 떨어졌으며, 널리 사용된 증기 기관의 효율 역시 10%에 불과했고 가동비용도 많이 드는 단점이 있었다. 그의 목적은 고효율의 엔진을 만드는 것이었고, 그의 아이디어는 훨씬 더 높은 압축 비율로 연료를 연소시키는 것이었다.

① 발을 헛디뎌서 구덩이로 떨어졌다.
② 이미 그 일에 정이 떨어진 지 꽤 되었다.
③ 정류장은 우리 집에서 300미터쯤 떨어져 있다.
④ 이 옷은 다른 것에 비해 품질이 떨어지는 것 같다.

06 ㉠ ~ ㉣의 뜻풀이로 적절하지 않은 것은?

분배 정책이 강화되어 개인이 노력한 결과가 당사자에게 직접 돌아오지 않는다면, 열심히 일해야 한다는 ㉠유인이 줄어든다. 또 분배를 강조함으로써 복지 정책을 강화하면 소득 불균형이 더욱 심해질 수 있다. 복지 정책이 강화될 때는 정부의 간섭이 증가하여 경제 성장이 ㉡둔화되기 때문이다. 경제 성장이 둔화되면 실업이 증가한다.

개인들 간의 불평등과 지위 격차는 '보이지 않는 손'이나 자연적, 사회적 우연에 의해 조절되지 않는다면 자유 경쟁의 과정에서 점점 더 ㉢심화되고, 법으로 정당화되는 상속으로 인하여 제도화된다. 사회 불평등이 제도화되면 결과를 놓고 개인들이 자유롭게 다툰다는 자유 경쟁의 본래 의미는 상실되고, 자유 경쟁 체제는 실제로는 강자가 지배하는 독점 체제 내지는 사회 불평등을 재생산하는 제도로 전락한다. 따라서 자유 경쟁 체제가 극단적인 강자의 논리나 불평등 재생산 체제로 ㉣변질되지 않기 위해서는 적절한 사회 통제가 꼭 필요하다.

① ㉠: 어떤 일 또는 현상을 일으키는 원인.
② ㉡: 느리고 무디어짐.
③ ㉢: 정도나 경지가 점점 깊어짐.
④ ㉣: 성분이나 특성이 고루 같음.

07 ㉠ ~ ㉣ 중 성격이 가장 이질적인 것은?

최근 미술계의 흐름 중의 하나는 구상 회화, 그중에서도 ㉠사진처럼 실물과 흡사하게 묘사한 극사실주의 회화가 급부상했다는 점이다. 현대미술의 난해함이나 새로움에 대한 강박관념에서 벗어나 원초적인 미적 쾌감을 추구하는 태도, ㉡이미지 가공이 일상화된 디지털 세대에게 손끝으로 재현해 내는 환영이 지니는 작품성과 희소성에 대한 가치 부여 등으로 인해 이와 같은 유행이 비롯되었다고 볼 수 있다.

특히 최근의 극사실주의 회화에서 두드러지는 특징 중 하나는 집요한 묘사와 더불어 '사진적인 표현'을 통해 ㉢실재보다 더한 실재감을 연출한다는 점이다. 강형구가 그린 대형 캔버스에 꽉 찰 정도로 확대된 '얼굴'들에는 사이즈가 주는 비실재감과 ㉣솜털과 땀구멍까지 생생하게 묘사한 디테일 사이에 묘한 모순과 긴장감마저 감돈다. 이는 사진을 참조하되 한 인물 또는 여러 인물의 이미지(표정이나 디테일)를 부분적으로 취사선택하여 파괴된 이미지의 편린들을 다시 조립해서 원형을 복원하는 작업 방식과 이를 통해 인물의 형상보다 그 얼굴에 담긴 사상과 감정 그리고 사회상을 담으려 하는 의도에서 비롯된 것이다.

① ㉠
② ㉡
③ ㉢
④ ㉣

08 다음 대화의 ㉠ ~ ㉣을 분석한 내용으로 적절하지 않은 것은?

> 철수: 삼촌, 이번에 성적이 좀 떨어졌어요. 공부를 하는데도 집중이 잘 안 되고…….
> 삼촌: 음, 삼촌도 한때 그런 적이 있었어. 공부에 집중하지 못해서 성적이 계속 떨어지기만 했었지. 그런데 철수야, ㉠ <u>고등학생 시기에는 시간 관리가 중요하다는 말 들어 봤니?</u>
> 철수: 시간 관리요? 시간이야 남들과 똑같이 주어지는 것 아닌가요? 그래서 전 특별히 신경 쓰지 않았어요.
> 삼촌: 그렇지 않아. 누구에게나 하루 24시간이 있지만, 그 시간을 어떻게 관리하느냐에 따라 큰 차이가 날 수 있어. 네 경우를 생각해 봐. ㉡ <u>수업 시간을 제외하고 스스로 공부에 집중하는 시간은 그다지 많지 않지?</u> 하지만 시간을 효율적으로 관리·활용하는 사람들은 꽤 오랜 시간을 자기 분야에 집중하는 습관이 형성돼 있어. 수험생들의 경우도 시간을 어떻게 관리·활용하느냐에 따라 공부에 집중하는 시간이 크게 달라질 수 있다는 거지.
> 철수: ㉢ <u>정말 그럴 수 있겠네요. 동일한 시간도 활용하기 나름이니까요.</u> 그럼, 현재 상황에서 무엇부터 어떻게 해야 할까요?
> 삼촌: ㉣ <u>우선, 네가 일주일 동안 공부에 스스로 집중하는 시간이 어느 정도 되는지 객관적으로 점검해 봐.</u> 물론 이때 수업 시간이나 강의를 듣는 시간은 제외해야겠지. 그 결과를 분석해 보면, 시간을 어떻게 관리·활용하는 게 좋을지 실마리를 찾을 수 있을 거야.
> 철수: 내일부터 당장 하루 일과를 정리하면서 그 시간을 체크해 봐야겠어요. 삼촌, 고마워요.

① ㉠: 약간 다른 방향에서 화제에 접근하면서 상대방의 관심을 유도하고 있다.
② ㉡: 형식은 의문 형태지만 명령의 의미를 담아 생각의 전환을 요구하고 있다.
③ ㉢: 자신의 생각이 짧았음을 인식하면서 공감적 듣기의 태도가 나타나고 있다.
④ ㉣: 문제 해결과 관련된 실천 방안을 제시하여 상대방의 행동을 유도하고 있다.

09 ㉠과 바꿔 쓸 수 있는 유사한 표현으로 가장 적절한 것은?

1994학년도 제1차 대학수학능력시험 변형

> 자본주의 경제 체제에서는 대체로 가격 수준에 따라서 수요와 공급의 양이 조절된다. 그러나 시장 상황에 따라 가격 요인과 비가격 요인의 비중이 달라질 수 있다. 구매자 중심의 시장에서 가격의 역할은 점차 축소되고 있다. 가격 이외에 판매점, 상표, 디자인, 신속한 배달과 수리, 광고 등과 같은 것들이 강조되고 있는 것이다. 이러한 요인들은 모두 소비자의 선택과 관련을 맺고 있다. 그러므로 현대 기업은 기업과 소비자와의 호혜적 관계를 무시할 수 없는 처지에 놓여 있다. 이런 점에서 기업은 소비자가 추구하는 가치를 적극적으로 고려해야 하는 시대가 도래한 것이다. 그 동안 기업과 소비자가 추구하는 가치가 양립할 수 없다는 비판이 제기되어 왔다. 기업들이 환경 문제나 사회 복지 등과 관련된 요인을 ㉠ <u>잘 살피지 않고 지나쳐 버렸다는 것이다.</u> 오늘날 기업 활동에 관한 연구가 단지 기업 내부의 문제만이 아니라 기업 활동과 사회 전체의 균형적 발전간의 문제로까지 그 범위를 확대시키고 있는 것은 바로 이러한 이유에서이다. 현대 기업은 단기적으로 이윤만을 추구하겠다는 태도를 버리고 소비자의 생활수준과 문화를 향상시키는 방향으로 기업 활동을 전개하게 된 것이다.

① 경시(輕視)했다
② 간과(看過)했다
③ 묵과(黙過)했다
④ 무시(無視)했다

10 <지침>에 따라 글의 ㉠~㉣을 수정한 것으로 적절하지 않은 것은?

―――〈지 침〉―――
○ 의미 중복 표현을 피할 것.
○ 문장 성분끼리 호응하도록 할 것.
○ 맥락에 맞는 접속 부사를 사용할 것.
○ 불필요한 피동 표현의 중복을 피할 것.

　　도로를 ㉠ 새로 신설하거나 터널을 만드는 공사를 하면서 산을 깎아 내는 경우가 종종 있다. 이때 공사 과정에서 베어낸 나무들은 어떻게 될까? 그 나무들은 공사 현장 근처에 방치되거나 태워지는 경우가 대부분인데, 이는 환경에 피해를 입히게 될 뿐만 아니라 미관상으로도 좋지 않아 여간 심각한 문제가 아니다. 이러한 문제를 해결하기 위해 '나무은행'을 이용할 수 있다.
　　㉡ '나무은행'이란 여러 가지 이유로 베어지게 될 위기에 처한 나무를 기증 받거나 보관했다가 수요자에게 공급한다. 산림청 자원육성과에 따르면 2016년 기준 전국의 나무은행은 정부에서 13개, 지방자치단체에서 300여 개, 기타 민간에서 100여 개가 ㉢ 운영되어지고 있다고 한다.
　　나무은행 이용 신청이 들어오면 먼저 현장을 조사한 후 대상 나무를 선정한다. 대상 나무에는 각종 공사 시 다른 곳으로 옮겨 심어야 할 필요성이 있는 나무, 개인이나 단체가 기증하는 나무, 가로수 목적으로 심었는데 기후가 맞지 않아 식재 용도를 바꿔야 하는 나무 등이 해당된다.
　　대상 나무들을 옮겨 심을 때는 뿌리가 상하지 않도록 조심스럽게 캐내야 한다. 이렇게 캐낸 나무는 중장비를 이용하여 나무은행으로 운반하며, 옮겨 심을 구덩이에 이식한 후에는 잘 자랄 수 있도록 지지대를 세우는 등 여러 가지 조치를 취한다.
　　나무를 베어 내는 것은 순간이지만 나무가 자라는 데는 오랜 시간이 걸린다. ㉣ 그런데 새로 나무를 심는 것도 중요한 일이지만 기존에 있는 나무를 잘 지키는 것도 중요하다. 그런 의미에서 나무은행 제도는 함부로 베어질 위기에 처한 나무를 가꾸고 끝까지 관리하는 나무 재활용의 좋은 사례이다. 이를 통해 더 많은 나무들이 새로운 보금자리를 찾으면 녹색 환경 실현이 한걸음 더 가까워지고, 새로운 나무를 심고 기르는 비용도 절약할 수 있지 않을까 기대된다.

① ㉠: 신설하거나
② ㉡: '나무은행'이란 여러 가지 이유로 베어질 위기에 처한 나무를 기여 받거나 보관했다가 수요자에게 공급하는 제도이다.
③ ㉢: 운영되고
④ ㉣: 그렇지만

공무원 시험 전문 해커스공무원
gosi.Hackers.com

Day 09 하프모의고사 9회

01 밑줄 친 부분 중 문맥상 ㉠의 의미와 가장 가까운 것은?

> 어휘란 형태소와 단어들을 통틀어 말할 때의 의미 단위를 말하는데 그 의미 단위들은 하나하나 개별적으로 독립해 있으면서도 다른 어휘들과 서로 유기적인 관계를 맺고 있다. 그러므로 어휘의 의미를 파악하기 위해서는 개별 단어의 독립적인 의미도 파악해야겠지만 다른 어휘와의 관계도 파악해야 한다. 이러한 두 가지 목적을 달성하기 위하여 보통 성분 분석의 방법을 ㉠ 쓴다. 성분 분석이란 각 어휘들이 가지는 의미 자질을 명시해 줌으로써 그 어휘 자체의 의미도 파악하고 다른 어휘와의 관계도 파악하려는 방법이다.

① 모든 수단을 써봤지만 뾰족한 해결책이 없다.
② 그는 취직 기념으로 친구들에게 크게 한턱 썼다.
③ 공적인 일을 추진하는 데에는 억지를 쓰면 안 된다.
④ 아르바이트에 시간을 많이 써서 공부할 시간이 없었다.

02 다음 글의 ㉠의 사례가 포함되어 있지 않은 것은?

> 문장에서 필수적으로 참여하는 성분을 주성분, 주성분을 꾸며 주는 성분을 부속 성분, 문장 내에서 다른 성분들과 직접적인 관계를 맺지 않는 성분을 독립 성분이라고 한다. 일반적인 문장 성분의 분류에 따르면, 주어·서술어·목적어·보어는 주성분, 관형어·부사어는 부속 성분, 독립어는 독립 성분이라고 한다. 그러나 이러한 분류는 절대적이지 않아서, ㉠ 부사어가 문장에 필수적인 성분으로 쓰이는 경우도 있다.

① 이제부터 나는 너를 내 부하로 삼겠다.
② 나의 마음은 언제나 너의 마음과 같다.
③ 그는 웃고 있는 친구의 손을 살며시 잡았다.
④ 학교에 가는 길에 우체통에 이 편지를 넣어라.

03 <지침>에 따라 <개요>를 작성할 때 ㉠ ~ ㉣에 들어갈 내용으로 적절하지 않은 것은?

─〈지 침〉─
○ 서론에서 문제점을 부각할 것.
○ 상위 항목은 하위 항목을 포괄하도록 작성할 것.
○ 완결성을 가지도록 작성할 것.

─〈개 요〉─
○ 제목: 청소년 디지털 중독의 폐해와 해결 방안

Ⅰ. 서론: ㉠
Ⅱ. 본론
  1. 청소년 디지털 중독으로 인한 폐해
    가. 원만한 대인관계를 저해하는 사회 부적응 초래
    나. 우울증이나 정서 불안 등의 심리 질환 유발
    다. ㉡
  2. 청소년 디지털 중독이 발생하는 원인
    가. ㉢
    나. 건전한 놀이 문화 및 프로그램 부족
    다. 중독성이 강한 디지털 콘텐츠의 무분별한 유통
  3. 청소년 디지털 중독을 해결하기 위한 방안
    가. 디지털 중독의 심각성에 대한 교육 및 홍보 강화
    나. ㉣
    다. 중독성 강한 디지털 콘텐츠에 대한 연령별 접근 규제
Ⅲ. 결론: 청소년 디지털 중독을 근절하기 위한 노력 촉구

① ㉠: 청소년 디지털 중독의 심각한 실태
② ㉡: 기억 능력을 퇴화시키는 디지털 치매 심화
③ ㉢: 디지털 중독의 심각성에 대한 인식 부족
④ ㉣: 청소년의 디지털 기기 사용 시간의 제한

04 다음 말하기를 분석한 내용으로 가장 적절한 것은?

  오늘은 식물이 공기를 쾌적하게 만드는 원리와 실내 공간의 특성에 맞게 식물을 배치하는 방법에 대해 알려 드리겠습니다. 먼저 식물이 어떻게 실내 공기를 쾌적하게 만들어 주는지 살펴볼까요? 식물의 잎은 실내 공간에 있는 오염 물질들을 흡수하여 광합성의 원료로 사용합니다. 이때 실내로 유입되는 빛의 양이 많아지게 되면 광합성 속도가 빨라져서 식물의 잎은 더 많은 오염 물질을 없애 줍니다. 또한 공기 중 일부 오염 물질은 화분의 토양에 흡수된 후 식물과 공생 관계에 있는 미생물에 의해 분해되어 제거됩니다. 그리고 식물에서 나오는 수분, 또 광합성 과정에서 나오는 산소로 인해 식물은 실내 공기를 쾌적하게 만들어 줍니다.
  그렇다면 어떤 식물이든지 실내 공간에 두기만 하면 공기가 쾌적하게 바뀔까요? 물론 대부분의 식물들은 공기를 쾌적하게 만드는 기능을 하지만, 공간의 특성에 따라 그에 알맞은 식물을 놓아둔다면 공기를 더욱 쾌적하게 만들 수 있습니다. 하루의 피로를 풀고 숙면을 취하는 공간인 침실에는 낮이 아닌 밤에 이산화탄소를 흡수하고 산소를 배출하는 호접란을 두는 것이 좋습니다. 욕실에는 각종 냄새와 암모니아 가스를 잘 제거하는 관음죽을 놓는 것이 좋습니다. 그리고 주방의 경우에는 스킨답서스를 두는 것이 좋은데, 이는 음식을 조리하는 과정에서 발생하는 일산화탄소를 스킨답서스가 잘 흡수하기 때문입니다. 거실은 공간의 면적이 넓고 가족 구성원 모두가 주로 생활하는 곳이죠? 따라서 거실에는 크기가 커서 많은 양의 오염 물질을 잘 제거하는 인도고무나무를 놓는 것이 좋습니다. 빛은 잘 들지만 외부로부터 오염 물질이 잘 유입되는 공간인 발코니에는 특히 햇빛을 많이 필요로 하고 다양한 오염 물질을 잘 제거하는 제라늄이 적합합니다. (시각 자료를 보여 주며) 그렇다면 이 그림을 보면서 실내 공간의 특성에 맞게 식물들이 적절하게 배치되었는지 확인해 볼까요?

① 대상의 변모 과정을 드러내어 역사적 의의를 드러낸다.
② 개념을 정의하며 강연을 시작하여 청중의 이해를 돕는다.
③ 구체적인 예를 활용하여 강연 내용을 효과적으로 전달한다.
④ 청중이 제기한 문제점을 언급하여 대상의 필요성을 강조한다.

05 <원칙>에 따라 <공문서>의 ㉠ ~ ㉣을 수정한 것으로 적절하지 않은 것은?

― 〈원 칙〉 ―
○ 한 문장에 지나치게 많은 내용을 담지 말 것.
○ 〈한글맞춤법 규정〉의 띄어쓰기 규정에 따를 것.
○ 번역 투 표현을 삼갈 것.
○ 어려운 한자어는 될 수 있으면 쉬운 말로 바꿔 쓸 것.

― 〈공문서〉 ―
국립국어원

수신자 수신자 참조
(경유)
제 목 전력 인입선 관로 포설 취소 알림 관련 회신

2. 우리 부에서는 ○○광역시청 일대에 ㉠ <u>국립 ○○○문화전당을 건립 중에 있으며</u>, 20○○년 10월 현재 문화전당 주변 도시계획 도로 공사를 진행하고 있습니다.
(중략)
4. 안내서에 첨부된 납부 ㉡ <u>영수증상의</u> 청구 내용명이 '지장 전주 이설 공사비'라고 적혀 있어 한전 ○○본부 고객 지원팀에 이를 '관로 포설 시설 공사비'로 변경해 줄 것을 유선으로 요청 (20○○.9.21.)하였으나, ㉢ <u>익일</u> 귀 본부 담당자로부터 청구 내용명의 변경이 불가능하므로 정식 전기 수전 신청 시에 ㉣ <u>일괄 공사하는 것으로 변경과 추후 도로 굴착 공사 승인 등 ○○ 광역시와 직접 협의 처리하겠다는</u> 의사를 전달받은 바 있기에 알려 드리오니 업무에 참고하시기 바랍니다. 끝.

① ㉠: 국립○○○문화전당을 건립하고 있으며
② ㉡: 영수증 상의
③ ㉢: 이튿날
④ ㉣: 일괄적으로 공사하는 것으로 변경하고 나중에 도로 굴착 공사를 승인하는 등 ○○광역시와 직접 협의하여 처리하겠다는

06 ㉠ ~ ㉣의 수정 방안으로 적절하지 않은 것은?

　블라인드 채용이 확산되는 이유는 능력만을 지표로 삼아 평가하기 때문에 스펙 쌓기로 고생하는 청년들의 짐을 덜어 줄 것으로 ㉠ <u>기대된다</u>. 그러나 블라인드 채용이 확산됨에도 불구하고 블라인드 채용 방식은 지원자의 직무 능력을 평가할 수 있는 객관적인 지표가 마땅치 않다는 점에서 우려되는 바도 크다. 블라인드 채용에서는 제한된 시간에 실시되는 면접을 중시하게 되는데, 아무래도 당일 면접자의 컨디션이나 언변, 외모 등에 의해 당락이 결정될 가능성이 높다는 것이다. ㉡ <u>최근 기업들은 스펙에 대한 평가에서 벗어나 업무 역량이나 인성 같은 능력 위주로 채용 기준을 바꾸고 있는 추세이다.</u> 또한 블라인드 채용에서는 학력이나 공인된 시험 점수는 지표로 삼지 않는데 이러한 요소는 지원자의 성실성을 가늠할 수 있는 객관적 지표일 수도 있어서 오히려 그동안 많은 노력을 해 온 지원자들에게 역차별이 될 수 있다는 문제점도 제기되고 있는 상황이다.
　㉢ <u>그리고</u> 블라인드 채용은 우리 사회의 뿌리 깊은 학연이나 지연, 인맥 등에 의해 취업의 특혜를 누리는 잘못된 현실을 개선할 수 있는 최적의 대안이다. 특히 블라인드 채용을 통해 학벌주의가 타파된다면 초등학교부터 대학교까지 만연된 사교육 경쟁도 해소할 수 있을뿐더러 학벌로 인해 취업을 포기했던 많은 지원자들도 취업에 나서게 ㉣ <u>되어질</u> 것이다. 더욱이 4차 산업 혁명이 진전되고 있는 현시점에서 급변하는 현실에 맞는 채용 방식을 함께 고안하고, 직무 능력을 객관적으로 평가할 수 있는 지표 개발에 최선의 노력을 기울여 각 기업마다 직무 능력이 뛰어난 인재를 선발하게 된다면 장기적으로 개인이나 기업, 사회, 국가 모두 성장력이 상승하게 될 것이다.

① ㉠: 문장 성분 간의 호응을 고려하여 '기대되기 때문이다.'로 고친다.
② ㉡: 문단의 흐름상 어색하므로 다음 문장과 순서를 교체한다.
③ ㉢: 접속 표현의 연결이 어색하므로 '그러나'로 바꾼다.
④ ㉣: 필요 없는 피동 표현이므로 '될'로 수정한다.

07 문맥상 ㉠~㉣ 중 지시 대상이 같은 것만으로 묶인 것은?

> ㉠머튼은 ㉡파슨스의 이론을 일부 수용하면서도 ㉢그가 세운 여러 전제들을 공격했다. 머튼은 환경 문제 하나만 보아도 우리 사회 모두가 하나의 높은 수준에 통합되었다고 볼 수 없으며, 사회 구조 속에 존재하는 사회 제도와 기능이 모두 순기능만 한다고는 볼 수 없다고 주장했다. ㉣그는 '기능'이라는 차원에서 중범위적으로 관찰 가능한 결과들을 분석하여 순기능과 역기능이라는 개념을 세웠다.

① ㉠, ㉣
② ㉡, ㉢
③ ㉠, ㉡, ㉣
④ ㉡, ㉢, ㉣

08 <지침>에 따라 표어를 작성한 것으로 가장 적절한 것은?

> ─〈지 침〉─
> ○ 독서를 권유하는 내용을 담을 것.
> ○ 대조적 표현을 사용할 것.
> ○ 무생물을 생물처럼 표현할 것.

① 인터넷! 잘 쓰면 약이 되고
  잘못 쓰면 독이 됩니다.
② 가까운 도서관을 찾아가면
  책이 나를 반갑게 맞아 줍니다.
③ 운동은 몸을 건강하게 하고
  독서는 마음을 건강하게 합니다.
④ 유해한 게임은 영혼을 갉아먹지만
  좋은 책은 영혼을 살찌웁니다.

09 ㉠~㉣과 바꿔 쓸 수 있는 유사한 표현으로 적절하지 않은 것은?

> 전 세계인의 이목이 집중된 베이징 올림픽의 개막식이 열리기 12시간 전에 황하 강 상류 지역에서 생긴 비구름이 베이징으로 향하고 있다는 소식이 전해졌다. 그러자 기상 당국은 공군에 요청하여 비행기 두 대를 띄웠다. 그 비행기들은 상공에 화학 물질을 ㉠살포하여 비구름이 베이징에 이르기 전에 비를 내리게 하였다. 어떻게 이 같은 일이 가능했을까? 그것은 바로 인공강우 기술을 이용했기 때문이다. 인공강우 기술이란 구름에 인공적인 영향을 주어 비를 내리게 하는 방법을 말한다.
> 중위도 지방에서 인공강우는 '요오드화은'이나 '드라이아이스'를 사용한다. 요오드화은은 구름 속에서 구름씨의 역할을 하고, 드라이아이스는 구름 속의 온도를 급격히 낮춰 빙정이 많이 생겨나게 한다. 하지만 인공강우 기술도 아무 구름에나 적용할 수는 없다. 수분을 많이 ㉡함유하지 않은 구름은 아무리 구름씨를 뿌려도 비가 내리지 않기 때문이다.
> 인공강우 기술은 농작물의 재배 수익을 ㉢증가시키고, 수자원 확보에 도움이 되는 등 ㉣투입한 비용에 비해 얻을 수 있는 효과가 뛰어난 것으로 알려져 있다. 하지만 그에 따른 부작용도 만만찮다. 중국의 경우에도 베이징 올림픽 때 실시한 인공강우의 여파로 베이징 시와 주변 지역이 한때 극심한 가뭄에 시달렸다고 한다. 사람이 인위적으로 자연 현상을 조절함으로 인해 부작용이 발생하게 된 것이다.

① ㉠: 뿌려
② ㉡: 내놓지
③ ㉢: 늘리고
④ ㉣: 들어간

10 다음 글의 ㉠ ~ ㉢ 중 어색한 곳을 찾아 가장 적절하게 수정한 것은?

2017년 교육행정직 7급 변형

품질이 같은 두 상품의 값이 다르다면 그중에 저렴한 상품을 구매하는 것이 상식적이다. 이러한 소비자를 합리적 소비자라고 한다. 그러나 요즘에는 합리적 소비자와는 다른 윤리적 소비자가 생기기 시작했다.

윤리적 소비자란 상품을 선택하는 기준으로 가격과 품질뿐만 아니라 상품이 제조되는 과정을 고려하고, 건강·환경·사회까지 생각하는 소비자를 말한다. ㉠ 윤리적 소비자는 이전 소비자와 비슷한 관점에서 돈을 쓴다. 물건을 구매하는 것을 상품을 소유하거나 생활을 윤택하게 하는 수단으로 여기지 않고, 올바른 선택을 해야 하는 일종의 투표로 인식한다. 노동 착취로 저렴하게 생산된 옷을 구매하는 것은 노동 착취에 동의하는 행위이고, 친환경 제품을 구매하는 것은 ㉡ 환경 보호를 지지하는 행위라고 보는 것이다.

빈곤과 환경 문제는 전 세계가 처한 문제로, 이는 해가 갈수록 더욱 심각해지고 있다. 이러한 문제들을 장바구니에 담아 덜어 낼 수 있다면 세계를 더 좋게 만들 수 있을 것이다. 소비자는 자신의 장바구니에 무엇을 담을지 결정함으로써 세계를 지킬 수 있다.

㉢ 윤리적 소비자가 증가하면 기업은 이들을 의식하고 이들의 힘을 두려워하게 된다. 그 결과 동아시아와 남아메리카에서 생산된 옷에는 그 옷을 생산하는 노동자가 생계를 유지하는 데 충분한 임금이 포함될 것이고, 축산물 생산자는 저렴한 축산물을 생산하면서도 동물 복지에 신경을 쓸 것이다. 소비자가 물건을 구매할 때 윤리적 문제를 고려하는 것은 이러한 파급을 불러일으키는 데 드는 비용을 저축하는 것이다.

현대 자본주의 사회의 소비자는 윤리적이어야 할 의무가 있다. 물건을 구매할 때 가격 외의 다른 요소들을 계산에 넣어야 한다. 기업이 생산과 유통 과정에서 환경을 오염시키거나 노동자를 착취하는지를 감시하고, 비윤리적 기업의 제품을 사지 않는 적극적인 소비자로 변해야 한다. 자유 무역이 아닌 공정 무역, ㉣ 이기적 소비자가 아닌 이타적 소비자를 꿈꿔야 한다. 이러한 작은 시작이 큰 결과를 이끌어 낼 수 있다.

① ㉠: 윤리적 소비자는 이전 소비자와는 다른 관점에서 돈을 쓴다.
② ㉡: 환경을 파괴하는 행위라고 보는 것이다.
③ ㉢: 윤리적 소비자가 증가하면 기업은 상품의 가격을 내릴 것이다.
④ ㉣: 이타적인 소비자가 아닌 이기적인 소비자를 꿈꿔야 한다.

공무원 시험 전문 해커스공무원
gosi.Hackers.com

Day 10 하프모의고사 10회

소요시간   분   초 (총 10문항 / 10분)

01 <공공언어 바로 쓰기 원칙>에 따라 <공문서>의 ㉠ ~ ㉣을 수정한 것으로 적절하지 않은 것은?

─────〈공공언어 바로 쓰기 원칙〉─────
○ 맥락에 어울리는 단어를 사용할 것.
○ 같은 내용이 반복되지 않도록 할 것.
○ 서술어와 호응하는 문장 성분을 갖출 것.
○ 외래어는 우리말로, 어려운 한자어는 쉬운 말로 바꿀 것.

─────〈공문서〉─────
보도 자료

○○청, 정책 혁신 실명제로 국민과 소통한다
-지식 재산 정책 28건, ○○○ 누리집 공개-

□ ○○청은 ㉠ 정부 혁신의 하나로 주요 정부 정책에 대해 국민의 알 권리를 보장하고 국민과 소통을 강화할 수 있는 20○○년 ○○청 정책 실명제를 실시한다고 밝혔다. 정책 실명제는 행정 기관에서 주요 정책을 수립하여 시행한 뒤에 정책의 추진 경과와 진행 상황을 업무 담당자의 실명과 함께 기록하여 관리하고 공개하는 제도이다. ㉡ ○○청은 정책의 투명성과 책임성을 제고하기 위해 7년째 시행중이다.
(중략)
□ ㉢ 또한 지식 재산 정책에 대한 국민의 접근성을 더욱 강화하기 위해 올해부터는 국민이 직접 정책 실명 공개 과제를 요청하는 '국민 신청 실명제'를 분기별로 시행할 예정이다. 지난 4월 한 달간 국민 신청 실명제를 시행하였으며, 앞으로 7월과 10월에 각각 운영하면서 정책 실명제 심의 위원회에서 정책의 공개 여부를 결정하여 ○○○ ㉣ 홈페이지에 추가로 공개하였다.

① ㉠: 정책 혁신
② ㉡: ○○청은 정책의 투명성과 책임성을 높이고자 7년째 이 제도를 시행하고 있다.
③ ㉢: 또한 올해부터 국민이 직접 정책 실명의 공개 과제를 요청하는 '국민 신청 실명제'를 분기별로 시행할 예정이다.
④ ㉣: 홈페이지에 추가로 공개할 예정이다.

02 다음 글의 ㉠ ~ ㉣ 중 어색한 곳을 찾아 가장 적절하게 수정한 것은?   2009년 국회직 8급 변형

법은 필요악이다. 법은 우리의 자유를 막고 때로는 신체적 구속을 하는 식으로 강제력을 행사하는 일이 많다. 이런 점에서 ㉠ 법은 달가운 존재가 아니며 기피와 증오의 대상이 되기도 한다. 그러나 법이 없으면 안전한 생활을 할 수 없게 되는 것이 우리의 사회 현실이고 보면 법은 없어서는 안 될 존재이다. 이와 같이 ㉡ 법의 양면성은 울타리와 비교될 수 있다.
울타리는 우리의 시야를 가리고 때로는 바깥출입의 자유를 방해하는 점에서 답답한 존재다. 그러나 부질없는 낯선 사람의 눈총을 막아 주고 악의에 찬 침입자를 막아서 가정의 안전하고 포근한 삶을 보장하는 점에서 ㉢ 울타리는 고마운 존재이다. ㉣ 법은 이런 울타리처럼 달갑지 않은 면이 있기 때문에 필요악인 것이다.

① ㉠: 법은 달가운 존재이지만
② ㉡: 법의 양면성은 울타리와 결코 비교될 수 없다.
③ ㉢: 울타리는 참 불편한 존재이다.
④ ㉣: 법은 이런 울타리처럼 달갑지 않은 면이 있으면서도 우리 사회에 없어서는 안 되는 필요성을 지닌 것이다.

03 문맥상 ㉠의 의미로 가장 적절한 것은?

> 경제에서 외부성이란 A의 행동이 B에게 의도하지 않은 이익을 주거나 손해를 끼쳤는데, A가 B에게 대가를 받지 않거나 배상을 하지 않는 상황을 뜻한다. 예를 들어 꽃을 재배하는 화훼업자의 의도와 무관하게 꿀을 채취하는 양봉업자에게 이익을 주는 상황이나 공장으로부터 배출된 오염 물질이 의도와 무관하게 강물에서 물고기를 잡는 어민에게 피해를 ㉠<u>주는</u> 상황을 말한다.

① 물건 따위를 남에게 건네어 가지거나 누리게 하다.
② 시간 따위를 남에게 허락하여 가지거나 누리게 하다.
③ 남에게 어떤 일이나 감정을 겪게 하거나 느끼게 하다.
④ 남에게 어떤 자격이나 권리, 점수 따위를 가지게 하다.

04 <지침>에 따라 <개요>를 작성할 때 ㉠ ~ ㉣에 들어갈 내용으로 적절하지 않은 것은?

―〈지 침〉―
○ 서론은 주제와 관련시킬 것.
○ 상위 항목과 하위 항목을 어울리게 제시할 것.
○ 'Ⅱ-2'와 'Ⅱ-3'은 하위 항목끼리 대응되도록 작성할 것.

―〈개 요〉―
○ 주제: 우리나라 청년 실업 문제 해결을 위한 대안 모색
Ⅰ. 서론: ㉠
Ⅱ. 본론
　1. 청년 실업의 부작용
　　가. 고급 인력의 활용 불가능
　　나. ㉡
　2. ㉢
　　가. 경제 성장률의 둔화로 인한 일자리 감소
　　나. 기업의 자유로운 고용 정책에 대한 정부의 규제
　　다. 직업에 대한 높은 기대 수준
　3. 청년 실업의 해결 방안
　　가. 경제 성장률의 신장을 통한 일자리 창출
　　나. ㉣
　　다. 직업에 대한 기대 수준의 현실화
Ⅲ. 결론: 정부와 기업, 그리고 개인 차원의 노력과 실천 촉구

① ㉠: 선진국의 청년 실업 실태
② ㉡: 청년 실업의 장기화로 인한 사회 불안 증대
③ ㉢: 청년 실업의 원인
④ ㉣: 기업의 자유로운 고용 정책을 통한 일자리 창출 유도

05 다음 대화를 분석한 내용으로 가장 적절하지 않은 것은?

> 갑: 재능 기부란 말은 본래 기업이 갖고 있는 재능을 마케팅이나 기술 개발에만 사용하지 않고 이를 활용해 사회에 기여하는 기부 형태를 일컫던 말로 비교적 오랜 시간동안 이루어져 왔어. 이런 재능 기부가 최근에는 점차 개인의 차원으로까지 확대되어, 개인이 가진 재능이나 직업적인 능력을 자신만을 위해 사용하는 것이 아니라 다른 사람과 함께 공유하고 그들을 위해 사용하는 행위까지를 일컫게 되었어.
> 을: 그렇구나. 아직까지는 구체적으로 잘 와 닿지 않을 것 같은데요. 구체적으로 어떤 것들이 재능 기부가 될 수 있을까?
> 갑: 가장 먼저 떠올릴 수 있는 재능 기부의 형태는 변호사들이 경제적 여유가 없는 계층을 위해 무료로 법률 상담이나 변론을 해 주는 것이 있어. 의사들의 무료 진료도 마찬가지야.
> 을: 그러면 서구권에서 이미 보편화된 기업이나 전문직 종사자의 봉사 활동 즉, 프로보노가 곧 재능 기부라는 말로 이해하면 될까?
> 갑: 물론 프로보노는 분명 좋은 재능 기부의 형태라 할 수 있어. 하지만 재능 기부는 좀 더 넓은 의미로 봐야 해. 목소리가 좋은 사람이 박물관이나 관공서의 안내 방송을 녹음하여 재능을 기부하는 사례나, 남의 말을 잘 들어 주는 사람이 홀몸 노인의 말벗이 되는 활동을 하는 것도 재능 기부의 일종이야. 거창한 의미에서의 재능이 아니라 생활 속에서 자신이 가지는 장점이나 소질을 활용하여 다른 사람들의 삶에 기여하는 것이 곧 재능 기부라 할 수 있어. 다시 말해 재능 기부는 관심만 있다면 누구에게나 열려 있는 것이라 봐야 해.

① 재능 기부는 최근에 생겨난 운동이다.
② 재능 기부는 그 의미가 확대되어 왔다.
③ 재능 기부는 누구나 참여할 수 있는 활동이다.
④ 재능 기부는 직업적인 재능이 아니어도 가능하다.

06 <지침>에 따라 글을 작성한 내용으로 가장 적절한 것은?

〈지 침〉
○ '독서 의욕을 고취시킨다.'는 내용을 담을 것.
○ 유추의 방식을 적용하여 작성할 것.

① 현실적 삶을 초탈하여, 하루에 단 몇 분이라도 오로지 진리와 구도에 고요히 침잠하는 여유를 가지기 위해 독서를 해야 한다. 특히 등화가친의 계절인 가을을 맞이하여 독서에 힘쓰도록 하자.

② 우리는 매번 1학년이 되면 새로운 시작을 하게 된다. 대학에 입학하면 우리는 지금처럼 또다시 새로운 시작을 하게 될 것이다. 이것은 계절이 순환하여 해마다 봄이 오는 것과 같은 이치이다. 그러므로 새 출발을 하는 마음으로 책을 읽어야 한다.

③ 가을이 되었다고 해서 누구나 수확을 하는 것은 아니다. 봄에 씨를 뿌리고 거름을 착실히 준 사람만이 풍성한 수확을 할 수 있는 것이다. 우리가 책을 읽는 것은 이와 같이 봄에 씨를 뿌리고 거름을 주는 것과 같다. 독서는 더 나은 미래를 위한 토대가 되기에 우리는 책을 읽어야 한다.

④ 책을 읽는 것은 마음의 양식을 쌓아가는 것이다. 마음에 쌓여가는 이 양식은 외부에 뚜렷이 드러나지는 않는다. 하지만 책을 읽는 사람 스스로는 자신의 내면에 무엇인가가 쌓여가는 것을 분명히 느낄 것이다. 이것이 미래를 위한 것이라면 우리의 선택은 이미 결정된 것이다.

07 ㉠ ~ ㉣ 중 문맥상 (가)에 해당하는 의미로 사용된 것은?

> '공짜라면 양잿물도 마신다.'라는 말이 있다. 이 말은 공짜를 바라는 사람들의 심리를 익살 섞어 과장되게 표현한 (가) 말이다. 얼마 전 한 신문사가 새로운 여성 패션 잡지를 창간하면서 구매자 모두에게 고급 립스틱을 사은품으로 증정한다는 광고를 했다. 그랬더니 하루 만에 창간호 30만 부가 모두 팔려 나갔다고 한다. 이처럼 공짜를 좋아하는 사람들의 심리를 겨냥한 마케팅 방식이 공짜 마케팅이다.

① 웬 ㉠ 잔소리가 그리도 많으냐?
② 그는 ㉡ 흰소리만 펑펑 늘어놓았다.
③ 저도 모르게 ㉢ 볼멘소리가 흘러나왔다.
④ 그는 ㉣ 우스갯소리를 하였다.

08 다음 글에서 추론한 내용으로 적절하지 않은 것은?

> 국어에서 '굴, 꿀, 둘, 물, 불, 뿔, 술, 줄'은 각각 첫소리 'ㄱ, ㄲ, ㄷ, ㅁ, ㅂ, ㅃ, ㅅ, ㅈ'에 의해서 서로 뜻이 다른 단어가 되고, '발, 벌, 볼, 불'은 가운뎃소리 'ㅏ, ㅓ, ㅗ, ㅜ'에 의해 뜻이 다른 단어가 된다. 이처럼 말의 뜻을 구별해 주는 기능을 하는 가장 작은 소리의 단위를 음운(音韻)이라 한다. 예컨대 '고기'는 'ㄱ, ㅗ, ㄱ, ㅣ'의 네 음운이 모여서 이루어진 단어이다. 또 '오이'는 'ㅗ, ㅣ'의 두 음운이 모여서 이루어진 단어이다. '오이'의 음운의 개수가 네 개가 아니라 두 개인 이유는 첫소리 'ㅇ'은 음가가 없기 때문이다.

① '설명'의 음운의 개수는 6개이다.
② '아저씨'의 음운의 개수는 5개이다.
③ '송아지'의 음운의 개수는 7개이다.
④ '아기'의 음운의 개수는 3개이다.

09 밑줄 친 부분이 문맥상 '㉠ : ㉡'과 관계가 유사한 것은?

> 우리나라에서는 고려 시대부터 실록이 편찬되었고, 본격적인 편찬은 조선에 들어서이다. 조선 시대에도 고려 시대의 예에 따라서 왕이 즉위하면 앞선 왕의 실록을 편찬하였다. 시정(時政)을 기록하는 관청인 춘추관에 별도로 실록청 또는 일기청을 열고 총재관·도청당상·도청낭청·각방당상·각방낭청 등을 임명하였다. 실록의 편찬 작업에서 ㉠ 사초(史草)라 부르는 사관(史官)들의 기록이 가장 기본 자료로 쓰였고, 여러 관청의 기록물도 참고하였다. 사초는 춘추관에서 매일 기록한 시정기(時政記)와 춘추관 소속의 관리들이 개인적으로 기록한 문서를 스스로 보관했다가 실록을 편찬할 시기에 제출하는 기일이 정해졌다.
> 모든 자료들을 모아 1차로 작성된 원고를 초초(初草)라고 하며, 이를 다시 수정·보완해 두 번째 원고인 중초(中草)를 만들고, 다시 한번 수정하고 문체를 다듬어 ㉡ 정초(正草)라 불리는 완성된 원고를 만들었다. 정초는 교서관에서 세 벌을 활자로 인쇄해 춘추관과 지방의 외사고에 보관되었다. 보관된 실록은 엄격한 보관·관리가 이루어져 왕도 볼 수 없었고, 꼭 보아야 할 때는 관리를 보내 필요한 부분만 등서(謄書)해 볼 수 있을 뿐이었다. 이는 사관의 직필(直筆)을 보장하기 위한 조처였다.

① 문학은 언어를 매개로 하는 예술이다.
② 원석을 갈고 닦아 다이아몬드 반지를 만들었다.
③ 일교차가 심해지면서 점차 감기 환자가 늘고 있다.
④ 국가 정책을 수립할 때는 자유와 평등의 조화를 고려해야 한다.

10 <보기>의 ㉠ ~ ㉣ 중 문맥상 (가)에 해당하는 의미인 것은?

18세기 오스트리아 귀족들은 사랑의 메신저로서 주로 '장미의 기사'를 활용했다고 한다. 장미의 기사는 사랑하는 연인에게 청혼의 표시로서 은으로 만든 장미꽃을 전달해 주는 대리인을 말한다. R. 스트라우스의 오페라 '장미의 기사'에는 당시의 관습이 희화적으로 잘 나타나 있다. 오크스 남작은 공작부인과 사랑에 빠졌던 옥타비안을 자신의 사랑을 담은 장미꽃을 보내는 사자(使者)로 선택한다. 옥타비안이 여자로 분장한 사실도 모르고 장미의 기사로 선발한 오크스는 엄청난 대가를 치르게 된다. 옥타비안은 사랑의 사자로서 부호의 딸 소피에게 은 장미꽃에 담겨진 오크스의 청혼을 전달한다.

꽃을 전달받는 순간부터 두 사람은 깊은 사랑의 묘약에 취하게 된다. 소피가 오크스 남작의 심부름꾼인 옥타비안을 사랑하게 된 것이다. 아름다운 멜로디와 고즈넉한 정취로 채색된 여러 우여곡절 끝에, 옥타비안과 소피는 결혼하게 된다. 오페라는 대리인인 장미의 기사가 오히려 장미를 보낸 오크스의 사랑을 빼앗는 희화로 끝난다. 오크스는 장미의 기사를 잘못 선택한 그 결정 때문에 은 장미는 물론 사랑마저 잃게 된 것이다.

이런 일이 어디 '장미의 기사'뿐이랴. 아무리 충복이라도, 대리인은 때로 주인의 뜻과는 다른 행동을 하게 마련이다. 주인과 대리인이 행동하는 목표가 서로 다르기 때문이다. 소유와 경영이 분리된 자본주의의 기업에서도 주인은 주주이지만, 대리인인 경영자에게 모든 경영권을 맡긴다. 주주는 주인으로서 이윤 극대화를 원하지만, 경영자는 이윤만을 추구하는 것은 아니다. 때로는 이윤보다는 시장 점유율을 중시하거나, 기업 규모나 조직의 확대에 더 큰 관심을 기울일 때가 많다. 이것은 장미의 기사가 꽃을 전달하는 것보다는 사랑을 빼앗는 일에 더 신경을 (가) 쓰는 것과 같다. 그래서 주주의 이익을 침해하는 경우도 나타난다. 이와 같이 주인과 대리인 관계에서 발생되는 비용을 대리인 비용(agency cost)이라고 한다.

─〈보 기〉─

○ 쓰다³ 동

① 【…에 …을】
  「1」㉠ 어떤 일을 하는 데에 재료나 도구, 수단을 이용하다.
  「2」【…을 …으로】㉡ 사람에게 어떤 일을 하게 하다.

② 【…에/에게 …을】
  「1」((흔히, '한턱', '턱' 따위와 함께 쓰여)) ㉢ 다른 사람에게 베풀거나 내다.
  「2」㉣ 어떤 일에 마음이나 관심을 기울이다.
  「3」합당치 못한 일을 강하게 요구하다.

① ㉠　　　　② ㉡
③ ㉢　　　　④ ㉣

공무원 시험 전문 해커스공무원
gosi.Hackers.com

Day 11 하프모의고사 11회

01 (가)와 (나)에서 추론한 내용으로 적절하지 않은 것은?

> (가) '적이'는 '저으기'라고 쓰는 사람이 많지만, 어원에 가까운 형태인 '적이'가 아직도 쓰이고 있으므로 '적이'를 표준어로 삼는다.
> (나) 예전에는 다달이 내는 세를 뜻하는 말로 '삭월세'가 표준어였는데, 많은 사람들이 '사글세'를 사용하여 이 단어가 굳어져서 쓰이므로 '사글세'를 표준어로 삼았다.

① 원형에 가까운 형태가 아직 쓰이고 있을 때에는 그 단어를 표준어로 삼는 경우가 있다.
② 규범이 있지만 사람들이 더 많이 쓰는 어휘를 표준어로 삼는다는 점에서 표준어는 가변적이다.
③ 어원 의식이 남아 있어 그쪽 형태가 쓰이는 것들은 그 짝이 되는 비어원적인 형태보다 효율성이 뛰어나기 때문에 선택받은 것이다.
④ 많은 사람들이 '강낭콩'을 쓰면서 이에 익숙해지다 보니 원래 표준어 '강남콩' 대신 '강낭콩'이 새로운 표준어가 되었는데, 이는 '사글세'의 경우와 유사하다.

02 밑줄 친 단어 중 문맥상 의미가 ⑤과 가장 유사한 것은?

> 1987년 안드레 세라노가 촬영한 십자가 사진 작품은 엄청난 스캔들을 일으켰다. 그것은 〈소변에 담긴 그리스도(Piss Christ)〉라는 작품으로, 전통적인 그리스도교의 도상(圖像)인 십자가상을 작가 자신의 소변과 소의 피를 섞어 만든 용액 속에 넣고 찍은 것이다. 십자가상이 소변과 피 속에 담겨 있다는 사실만으로도 충격적이지만, 그런 작품이 미국 정부로부터 지원금을 ⑤ 받아 제작되었다는 점에서 더욱 세상을 시끄럽게 했다.

① 날아오는 공을 한 손으로 받았다.
② 나는 막내로 집에서 귀염을 받았다.
③ 아빠가 회사에서 월급을 받아 오셨다.
④ 심사 위원들로부터 최고 등급을 받았다.

03 <지침>에 따라 <개요>를 작성할 때 ㉠ ~ ㉣에 들어갈 내용으로 적절하지 않은 것은?

─── 〈지 침〉 ───
○ 주제는 본론의 내용을 고려하여 제시할 것.
○ 서론에는 '안전사고 발생 통계 자료'를 제시하는데, 이를 고려하여 작성할 것.
○ 상위 항목은 하위 항목을 포괄할 것.
○ 본론은 2개의 장으로 구성하되 각 장의 하위 항목끼리 대응되도록 작성할 것.

─── 〈개 요〉 ───
○ 주제: ㉠ 를 예방하자.
Ⅰ. 서론
  - ㉡
Ⅱ. 본론
  1. ㉢
    가. 안전 교육의 부재
    나. 정부 차원의 안전 관리 체계 미비
    다. 정책 담당자들의 안전 의식 부재
  2. 안전사고를 예방할 수 있는 방안
    가. ㉣
    나. 정부 차원의 안전 관리 체계 정비
    다. 정책 담당자들의 안전 의식 강화
Ⅲ. 결론
  - 안전 의식 강화와 안전 관리 체계 정비 촉구

① ㉠: 안전사고
② ㉡: 최근의 안전사고 발생 현황
③ ㉢: 안전 의식이 부족한 원인
④ ㉣: 안전 교육 실시

04 ㉠과 바꿔 쓸 수 있는 유사한 표현으로 가장 적절한 것은?

한 보청기 회사의 첨단 기술 제품 개발 과정과 광고 전략은 이러한 심층 은유 분석의 효과를 잘 보여 준다. 이 회사는 청력 손실과 교정 장비들에 대한 심층 은유 분석을 시도하였는데, 조사 참가자들은 보청기에 대한 느낌을 표현하면서 보청기를 네온사인에, 즉 보청기 사용자가 장애를 가지고 있다는 것을 확실하게 알려주는 신호에 비유하고 있음에 주목하였다. 이들은 보청기를 장애, 혹은 노화의 신호라고 여기고 있으며 이는 보청기 착용을 ㉠ 꺼리는 한 요인이었다. 그들은 기능의 측면에서 더 나은 제품보다는 다음의 두 가지 측면에서 그들을 변화시킬 수 있는 제품을 원하고 있는 것으로 드러났다. 우선 소비자들은 결함이 있는 것처럼 보이는 상태에서 매력적이고 이상적인 모습과 가까운 것처럼 보이는 상태로 변화하기를 원했다. 또 그들은 현재 함정에 빠져 있는 것 같은 부정적인 상태에서 근본적으로 다른 완전한 신세계로 이동하기를 원했다

① 회피하다
② 기피하다
③ 면피하다
④ 도피하다

05 <지침>에 따라 글을 작성한 내용으로 가장 적절한 것은?

〈지 침〉
○ 야생 동물 먹이 주기의 부작용과 그에 대한 해결 방향을 제시할 것.
○ 구체적인 사건을 언급할 것.

① 전염병이 발병할 경우 야생 동물이 전염병을 확산시킬 위험도 있는 만큼, 무조건 먹이를 줘서 개체 수를 증가시키는 것은 주의해야 한다. 야생 동물에 대한 개체 수 파악과 서식지 조사, 먹이 활동과 먹이 분포 등에 대한 연구가 선행될 필요가 있다.

② 최근에 독수리에게 먹이 주기 활동을 펼친 덕분에 독수리의 개체 수가 크게 늘어나면서 이를 구경하기 위한 관광객도 증가하고 있다. 관광객들은 소중한 경험을 쌓을 수 있고 지방 자치 단체에서는 관광 수입을 올릴 수 있는 등 여러 가지 긍정적인 파급 효과가 나타나고 있다.

③ 사람들이 주는 먹이에 길들여진 독수리들이 지난해 구제역으로 인하여 독수리 먹이로 쓸 동물 사체가 부족해지자 굶어 죽는 일이 발생했다고 한다. 무작정 먹을 것을 주는 것이 장기적으로는 문제가 될 수 있으므로 야생 동물의 자생력을 키워 주는 정책을 마련할 필요가 있다.

④ 국립공원에 가면 야생 동물들에게 먹이를 주지 말라는 경고 문구를 어렵지 않게 발견할 수 있다. 먹이를 주다가 예기치 못한 사고가 발생할 수도 있고, 야생 동물이 인간의 먹이에 길들여지면 야생 본능을 잃고 자연에서 스스로 생존해 나갈 수 없게 되기 때문인 것으로 이해할 수 있다.

06 다음 글의 ㉠의 사례가 포함되어 있지 않은 것은?

언어 기호란, 하나의 언어 사회 내에서 어떤 개념을 특정한 소리를 사용하여 지시하자는 약속인 것이다. 언어가 자의적인 성격을 지니고 있더라도, 일단 사회적 약속으로 수용되면 이를 개인이 마음대로 바꿀 수 없다. 우리는 언어를 사용하여 문자 그대로 무한(無限)에 가까운 생각들을 표현할 수가 있다. 우리는 조금만 노력하면 다음과 같은 말을 쉽게 지어 낼 수 있는데, 이 말은 끝내지 않고 마냥 이어 갈 수 있다. 이때, 이러한 말을 우리가 암기해서 표현하거나 이해하는 것이 아니라는 점이 중요하다. 말하는 사람은 이와 똑같은 문장을 어디선가 들어 본 적이 없는데도 새로이 만들어 낼 수 있다.

우리는 언어를 사용하여 상상이나 추상의 세계같이 존재하지 않는 세계에 대해서까지 사고할 수 있지만, 사실 언어는 가장 간단한 것조차도 그것이 가리키는 외부 세계를 있는 그대로 반영하는 것이 아니다. ㉠ 언어는 연속적으로 이루어져 있는 세계를 불연속적인 것으로 끊어서 표현한다. 언어의 이러한 특성을 분절성(分節性)이라고 한다. 예를 들어, 무지개의 색깔이 단지 '빨강, 주황, 노랑, 초록, 파랑, 남색, 보라' 일곱 가지 색으로 이루어져 있는 것만은 아니며, 어떤 얼음이나 눈도 똑같은 '하얀' 색깔은 아니다.

① 방향을 '동, 서, 남, 북'으로 구분한다.
② 시간을 '과거, 현재, 미래'로 구분한다.
③ 동물을 '조류, 포유류, 파충류'로 구분한다.
④ 계절을 '봄, 여름, 가을, 겨울'로 구분한다.

07 ㉠ ~ ㉣의 뜻풀이로 적절하지 않은 것은?

> 말에, 글에 있어서도 제 나라 것은 다들 훌륭하고 좋다고 떠들어 댄다. 그런데 이 방면에서도 우리나라 사람들은 겸양의 덕이 ㉠도저(到底)하다. 오늘날까지 우리네 형제들의 입에서 일본말이 술술 흘러나온다. 이것은 다년 일제 압박 밑에서 굴욕의 생활을 하던 ㉡타력(惰力)이라 할까. 그러나 타력이란 것은 자주적 제동력이 없는 물체에서만 나타나는 현상이다. 우리는 어느 때까지나 타력에 휘둘리기만 하여야 할 것인가. 자주적으로 움직이어야 하지 않는가. 그것도 그러려니와, 요새 와서는 혀도 잘 돌아가지 않는 꼬부랑말이 왜 그리 유행하는지. 우리네 일상 회화에서 장년, 청년, 중학생들의 어느 계급을 물론하고 몇 마디씩 영어 부스러기를 씨부렁거리는 것은 ㉢항다반(恒茶飯)의 일이다. 그뿐이랴. 갓 시집간 새색시까지도 시어머니의 말끝에 "오케이.", "땡큐 베리 머취." 하고 응수를 한다니, 겸양의 덕도 이만하면 과식의 정도를 지나 위궤양의 중태에 빠진 것이 아닐까. ㉣언어도단(言語道斷)도 분수가 있지, 참으로 한심한 일이라 아니할 수 없다.

① ㉠: 아주 깊다.
② ㉡: 다른 사람에 의해 생긴 힘.
③ ㉢: 항상 있어 이상하거나 신통할 것이 없음.
④ ㉣: 어이가 없어서 말하려 해도 말할 수 없음.

08 다음 글의 ㉠ ~ ㉣ 중 어색한 곳을 찾아 가장 적절하게 수정한 것은?

2015년 사회복지직 9급 변형

> ㉠문자는 크게 세 가지 종류로 나눌 수 있다. 하나는 그림 문자이고, 다른 하나는 뜻 문자이고, 또 다른 하나는 소리 문자이다. ㉡그림 문자란 문자를 그림으로 나타내어 표현한 것이고 그 예로는 상형 문자를 들 수 있다. 뜻 문자는 단어를 상징적인 의미의 기호로 표현한 문자로서 한자가 대표적이다. 반면, ㉢소리 문자는 알파벳과 달리, 단어의 요소나 소리를 기호로 나타내는 문자이다. 이 세 가지 중에서 소리 문자가 가장 발달된 문자인데, 그중에서도 으뜸은 한글이다. ㉣적은 수의 기본자로 많은 말소리를 자유자재로 표기할 수 있기 때문이다.

① ㉠: 문자는 크게 두 종류로 나눌 수 있다.
② ㉡: 그림 문자란 그림을 문자로 나타내어 표현한 것이고
③ ㉢: 소리 문자는 알파벳과 같이
④ ㉣: 많은 수의 기본자로 적은 말소리

09 <공공언어 바로 쓰기 원칙>에 따라 <공문서>의 ㉠ ~ ㉣을 수정한 것으로 적절하지 않은 것은?

─── 〈공공언어 바로 쓰기 원칙〉 ───
○ 적절한 단어를 골라 쓸 것.
○ 지나치게 긴 문장을 삼갈 것.
○ 외국어는 될 수 있으면 우리말로 쓸 것.
○ 첨부물이 있으면 붙임 표시문 다음에 쌍점(:) 없이 한 글자(2타) 띄우고 표시할 것.

─── 〈공문서〉 ───
국립국어원

수신자 수신자 참조
(경유)
제 목 제18호 태풍 북상 대비·대응 협조 요청

───────────────────────

1. 지난 7월부터 10월 초 현재까지 우리 시는 수차례의 ㉠ <u>태풍 북상에 대비하여 철저한 사전 대비와 대응 조치 추진으로 총력 대응하여 시민의 생명과 재산을 보호하고 피해를 최소화할 수 있다는 자신감과 자부심을 배양하여 왔습니다.</u>
(중략)

－제18호 태풍 대비·대응 조치 요령－

가. 동 지원 부서는 오늘(10.2.수) 13시까지 동 주민 센터 등록 후 각 동장 책임 아래 현장에서 근무하며 태풍에 대비
　1) 모래 포대, 수중 펌프, 양수기를 꼭 설치하고, 빗물받이를 모두 점검함.
　2) 가로변 ㉡ <u>쓰레기통 결박하고</u>, 현수막 등은 제거함.
나. 재난 관련 부서는 분야별 태풍 북상 대비 조치를 오늘 중으로 철저히 이행
다. 오늘(10.2.수) 17:30, 시장님 주재 상황 판단 회의 시 조치 사항 보고

㉢ <u>붙임 : 1.</u> 사전 점검 조치 사항 ㉣ <u>체크리스트</u> (부시장님 요구 사항) 1부
2. 태풍 대비 준비 사항(부서별) 1부
3. 제18호 태풍 진로 및 세력 전망 보고서1부. 끝.

① ㉠: 태풍 북상에 철저히 대비하고 대응 조치를 취하였습니다. 이로써 시민의 생명과 재산을 보호하고 피해를 최소화할 수 있었습니다.

② ㉡: 쓰레기통은 고정해 두고

③ ㉢: 붙임: 1.

④ ㉣: 점검표

10 대화를 이해한 내용으로 적절한 것만을 <보기>에서 모두 고르면?

> 갑: 아토피는 어떤 질병이야?
> 을: 일반적으로 아토피는 '아토피 피부염'을 말해. 아토피 피부염은 가려움과 건조함을 동반하는데, 쉽게 완치되지 않고 계속해서 재발하는 질병이야.
> 갑: 아토피를 일으키는 원인이 매우 다양한 걸로 알고 있어. 원인이 다양해서 치료나 예방도 쉽지 않겠지. 그렇다면 어떻게 해야 할까?
> 을: 아토피 환자의 피부는 외부 환경에 매우 민감하므로 피부가 건조해지지 않도록 세심한 주의를 기울여야 해. 목욕을 자주 하는 것을 피하고, 공기청정기를 사용하거나 실내에서 화초를 길러 실내 공기가 건조해지지 않도록 하는 것도 좋아. 또 실내 온도가 높으면 피부가 건조해져서 가려움증이 심해지므로 실내 온도를 서늘하게 유지하는 것이 좋아.
> 갑: 그렇군. 그밖에 또 어떤 것들을 주의해야 할까?
> 을: 식생활에도 주의해야 해. 고등어, 참치 같은 등푸른 생선이나 인스턴트식품, 밀가루 음식 등은 피하는 것이 좋아. 대신에 조기나 굴비 같은 흰 살 생선, 뼈째 먹는 멸치나 뱅어포, 신선한 야채와 과일 등을 먹는 것은 아토피를 완화하는 데 도움이 돼.

─────〈보 기〉─────
ㄱ. 목욕을 자주하는 것이 아토피 환자에게는 좋지 않다.
ㄴ. 흰 살 생선보다 등 푸른 생선이 아토피 완화를 돕는다.
ㄷ. 실내에서 화초를 기르면 아토피 환자에게 도움이 된다.

① ㄱ   ② ㄴ
③ ㄱ, ㄷ   ④ ㄴ, ㄷ

Day 12 하프모의고사 12회

소요시간   분   초 (총 10문항 / 10분)

01 <공공언어 바로 쓰기>에 따라 다음 문장을 수정했을 때 (가)와 (나)에 들어갈 사항을 적절하게 나열한 것은?

─〈공공언어 바로 쓰기〉─
㉠ 문장 성분끼리 호응을 이룰 것.
㉡ 불필요한 문장 성분을 포함하지 않을 것.
㉢ 필요한 문장 성분이 생략되지 않도록 할 것.
㉣ 여러 뜻으로 해석되는 표현을 삼갈 것.

수정 전	수정 후	수정 시 고려한 사항
공부에서 무엇보다 중요한 것은 성실해야 한다.	공부에서 무엇보다 중요한 것은 성실함이다.	(가)
그는 나보다 게임을 더 좋아한다.	그는 내가 게임을 좋아하는 것보다 더 게임을 좋아한다.	(나)

	(가)	(나)
①	㉠	㉡
②	㉠	㉣
③	㉡	㉢
④	㉢	㉣

02 다음 글의 ㉠ ~ ㉣ 중 어색한 곳을 찾아 가장 적절하게 수정한 것은?
2008년 국회직 8급 변형

○ ㉠ 어떤 마음도 관찰이 불가능하다. 왜냐하면 마음은 볼 수 없기 때문이다.
○ 모든 인간은 자유를 원한다. ㉡ 우리는 인간이 아니다. 그러므로 우리는 자유를 원한다.
○ 고난과 역경 속에서 동고동락한 사람치고 친구를 배신한 사람은 없다. 그러므로 ㉢ 그들의 우애는 영원할 것이다.
○ 이 약을 우선 실험용 쥐 다섯 마리에 투여했다. 한 달이 지나자 약 90퍼센트 정도의 쥐가 암 치료 효과를 나타냈다. 이로 미루어 ㉣ 이 약이 암 치료에 탁월한 것으로 추측되었다.

① ㉠: 어떤 마음도 관찰이 가능하다.
② ㉡: 우리는 인간이다.
③ ㉢: 그들의 우애는 영원할 수 없을 것이다.
④ ㉣: 이 약이 암 치료에 탁월하지 않은 것으로 추측되었다.

03 <지침>에 따라 <개요>를 작성할 때 ㉠~㉣에 들어갈 내용으로 적절하지 않은 것은?

─〈지 침〉─
○ 서론은 중심 소재의 의의 및 필요성과 실태를 2개의 장으로 작성할 것.
○ 본론은 2개의 장으로 구성하되 각 장의 하위 항목끼리 대응되도록 작성할 것.
○ 결론은 주제가 드러나도록 작성할 것.
○ 각 항목은 의미가 분명하도록 구체화할 것.

─〈개 요〉─
○ 주제: 전통 시장 활성화 방안
Ⅰ. 서론
　가. 전통 시장의 의의와 필요성
　나. ㉠
Ⅱ. 전통 시장 쇠퇴의 원인
　가. ㉡
　나. 소비자의 구매 형태 다양화
　다. 지역 특성을 고려한 소비자 유인 요소 부족
Ⅲ. 전통 시장 활성화 방안
　가. 휴게실, 주차장 등 고객 편의 시설 확충
　나. 소비자 유형별 판매 전략 수립
　다. ㉢
Ⅳ. 결론: ㉣

① ㉠: 전통 시장이 침체되고 있는 실태
② ㉡: 시설 부족
③ ㉢: 소비자의 관심을 고려한 지역 특화 상권 개발
④ ㉣: 전통 시장의 활성화를 위한 대책 마련 촉구

04 ㉠~㉣과 바꿔 쓸 수 있는 유사한 표현으로 적절하지 않은 것은?

　통신망 사용 여부를 확인한 후 메시지를 전송하는 경우에도 두 장치 이상이 동시에 전송하게 되면 충돌이 일어날 수 있다. 이런 경우에 해당 장치는 전송한 메시지의 데이터가 손상되지 않았는지 ㉠ 낱낱이 검사해야 하며 손상이 있으면 ㉡ 손실 이전의 상태로 돌려 재전송 하게 된다. 이때, 통신망 안에서는 자체적으로 두 장치의 메시지 재전송이 또 다시 충돌하지 않게 각 장치의 재전송 시간을 ㉢ 달리하는 등, 각 장치들이 전송 매체를 공동으로 사용함으로 인해 생길 수 있는 통신상의 충돌을 ㉣ 막고 있다.

① ㉠: 점검해야
② ㉡: 복원해
③ ㉢: 조종하는
④ ㉣: 방지하고

05 다음 대화의 빈칸에 들어갈 말로 가장 적절한 것은?

갑: 나무늘보 아니? 나무에 매달려 나뭇잎이나 열매 등을 따 먹고 사는 게으름쟁이 말이야. 글쎄 나무늘보가 하루에 열다섯 시간씩이나 잔대. 얼마나 몸을 안 움직이는지, 털과 발톱에 두 종류의 조류가 산다네. 그러니까 일종의 식물이 몸에서 자라는 거지. 더군다나 새끼 나무늘보는 귀찮아서 어미의 털에다 배설을 하고, 어미도 그것을 간간이 털어 낼 뿐이래. 게으름쟁이도 그런 게으름쟁이가 없다니까.

을: 너, 일벌이나 개미는 정말 부지런한 줄 알지? 아냐. 그 동물들도 실제 일하는 시간은 낮 시간의 20%에 불과해. 나머지 시간은 일은 안 하고 빈둥거리며 놀아. 과학자들의 설명에 따르면 벌과 개미는 축전지와 같아서 집단을 위해 사용할 일정량의 에너지를 지니고 태어난대. 물론 그 에너지는 재충전되지 않지. 그렇기 때문에 나중에 큰일을 할 때 필요한 에너지를 비축해 두기 위해 장시간 휴식을 취하는 거래. 이처럼 동물의 휴식에는 다 이유가 있는 거지. 저마다 그 이유는 다르지만 말이야. 아무튼 그 휴식을 게으름이라는 말로 단정 짓는 것은 무리라고 봐. 동물들은 대개 생존에 유리한 방향으로 움직이거든. 나무늘보도 생존 본능을 가진 동물이기 때문에 그럴 수 있지.

갑: 아니, 그런 말이 어디 있어. 나무늘보는 그저 게으름쟁이일 뿐이야.

을: 아니야. 네 생각이 틀릴 수 있어. 잘 들어 봐. ☐

① 내 생각도 그래. 나무늘보는 너무 게을러. 그러니까 시간이 흘러도 개체 수가 전혀 늘지 않는 거야.

② 나무늘보가 천천히 움직이는 것은 사람들이 볼 때만 그래. 사람이 보지 않을 때는 아주 열심히 일을 하기도 해.

③ 열심히 일하는 것만 좋을까? 때로는 주변을 살피면서 느리게 사는 것도 행복한 삶을 영위하는 방법이라고 생각해.

④ 나무늘보가 아주 천천히 움직이는 것은 포식자의 눈에 띄지 않기 위해서야. 털과 발톱의 조류도 위장에 도움이 되지.

06 밑줄 친 부분 중 문맥상 ⊙의 의미와 가장 가까운 것은?

냉장고는 압축기, 팽창 밸브, 응축기, 증발기의 네 개의 중요한 부분으로 구성되어 있다. 압축기[compressor]는 냉장고의 바닥에 있는데, 냉매 가스를 압축시켜 압력을 높여 주는 기계적 장치이다. 냉매는 냉장실을 거치면서 저압의 기체로 변하는데, 압축기는 전기 모터의 구동력을 이용하여 저압의 냉매 가스를 고압의 냉매 가스로 변환시켜 응축기로 보낸다. 응축기[condenser]는 고온·고압의 냉매 가스를 저온·고압의 액화 가스로 변환시키는 장치이다. 압축기에서 나온 냉매 가스는 위로 이동하여 냉장고 뒷면에 넓게 퍼져 있는 와이어 응축기를 통과하게 되는데, 응축기의 좁고 긴 관을 통과하는 과정에서 압력을 받아 고압의 액체 상태가 된다. 이 과정에서 숨은열[latent heat]이 주변으로 방출되는데, 이 때 냉장고 뒤편의 팬*을 ⊙ 돌려, 이 열을 여러 방향으로 분산시킨다.

* 팬[fan]: 날개가 빙글빙글 돌아가면서 공기를 배출하여 환기시키거나 열을 식히는 기계 장치.

① 사업 부진을 남의 탓으로 돌리다.
② 조합장은 각 부서로 연판장을 돌렸다.
③ 그는 손해를 감수하고 계속 공장을 돌리고 있다.
④ 그는 지구본을 돌리면서 여러 나라의 수도를 살펴보았다.

07 '개나리꽃이 활짝 피어 있는 모습'을 표현하고자 한다. <지침>을 반영하여 작성한 것으로 가장 적절한 것은?

1996학년도 대학수학능력시험 변형

―〈지 침〉―
○ 개나리꽃이 핀 모습을 인간 현상에 비추어 표현할 것.
○ 유추와 비유의 효과를 살릴 것.
○ 가치의 요소를 여운 있게 드러낼 것.

① 겨울이 끝나기가 무섭게 가장 화려한 빛으로 피어서 인간에게 마침내 봄이 오고 있음을 가장 가까이서 알려 준다. 새 계절을 알리면서도 금세 지고 말아 늘 아쉽다.

② 매연에 찌든 도시에서도 조그마한 언덕배기라도 있으면 어김없이 피어나는 모습이 대견하다. 공해를 이기는 강한 생명력은 나약(懦弱)한 현대인에게는 좋은 교훈이 된다.

③ 춤으로 치면 독무(獨舞)가 아니라 군무(群舞)이며, 운동으로 치면 화려함이 돋보이는 개인 경기가 아니라 일사불란한 짜임으로 이루어진 단체 경기이다. 나를 내세우지 않고 전체를 빛낸다.

④ 송이송이 뜯어보면 꾸밈이 없고 단출하여 달리 두드러진 아름다움을 발견하기 어렵고, 그 빛깔도 혼자로는 요란하지 않지만, 무리지어 피면 백합이나 장미보다 눈부시다. 소박미의 극치라고나 할까?

08 다음 글의 ㉠ ~ ㉥ 중 성격이 같은 것끼리 짝 지은 것은?

한국 전통 건축에서는 ㉠ 대칭보다 비대칭이 더 선호되었음을 의미한다. 그렇다면 그 이유는 무엇일까? 그 해답은 '비대칭적 대칭'이라는 다소 역설적인 개념에서 찾아야 할 것 같다. 비대칭의 의미는 여러 가지로 해석될 수 있다. 대칭이라는 정형적 질서에 반대하여 ㉡ 의도적으로 질서를 흐트러뜨리려는 무질서를 의미할 수도 있다. 그러나 비대칭에는 좌우 모습이 거울에 비쳐지듯 똑같지는 않지만 전체적으로 보았을 때 큰 균형감이 느껴지는 경우도 있다. 이것은 산만한 혼란으로 나타나는 무질서한 비대칭과 달리 나름대로 ㉢ 고도의 질서를 갖는 또 하나의 대칭이다. 이런 점에서 비대칭은 '비대칭적 대칭'으로 부를 수 있다.

한국 전통 건축 가운데 이와 같은 비대칭적 대칭 구성이 잘 드러난 건축물로는 소수서원을 들 수 있다. 소수서원은 여러 채의 건물로 구성이 되지만 이것들을 하나로 묶는 전체적인 질서는 존재하지 않는다. 소수서원의 정문을 지나 안으로 들어가면 맨 처음 강학당의 옆모습이 나타나며 강학당을 지나면 정문을 중심으로 맨 오른쪽에 위치한 지락재와 그 옆의 학구재가 90도로 꺾여 서 있다. 또한 강학당 바로 뒤편으로는 직방재와 일신재가 붙어 있고, 직방재와 맨 왼쪽에 있는 사당 사이에는 장판각, 그리고 그 뒤의 왼쪽에는 전사청, 전사청의 오른쪽 뒤로는 영정각이 ㉣ 질서에 얽매이지 않고 한가로이 배치되어 있다.

소수서원 속을 이리저리 거닐다 보면 이러한 건물들은 자유롭게 흩어져 있고 건물과 건물 사이는 멀리 떨어져 있어서 ㉤ 폐쇄감을 느낄 수 있는 마당이 한 군데도 없다. 머릿속에는 아무리 그리려고 해도 중심축이 그려지지 않는다. 마치 크고 작은 ㉥ 조약돌을 무작위로 뿌려놓은 것 같은 구성을 하고 있다. 그러나 주도적인 중심축이나 대칭 구성 같은 눈에 띄는 물리적 질서는 없으나 공간 전체로 보았을 때 이러한 편안한 조화는 물리적 질서를 대신하는 또 하나의 질서로 느껴진다. 소수서원을 거닐며 조금 모자란 듯한 엉성한 구성이 이처럼 편안할 수도 있다는 사실을 깨닫는다면 한국 전통 건축의 또 다른 멋 한 가지를 알게 되는 것이다.

① ㉠, ㉢   ② ㉡, ㉣
③ ㉡, ㉤   ④ ㉢, ㉥

09 두 토론자가 공통적으로 인정하고 있는 것은?

> 사회자: 아파트에서 대형 애완견을 키우는 가구가 꾸준히 증가하고 있지만, 대부분의 아파트에서는 이를 규제하고 있습니다. 이에 따라 아파트에서 대형 애완견을 키울 수 있도록 허용해야 한다는 주장과 이에 반대하는 주장이 팽팽히 맞서고 있습니다. 먼저 찬성 측 토론자부터 입론해 주세요.
> 찬성 측: 한 심리학자에 의하면 애완견을 키우면 심리적 안정감을 얻을 수 있다고 합니다. 특히 크기가 인간에 가까울수록 그 안정감이 더 커진다고 합니다. 이런 소중한 존재를 단지 크다는 이유로 같이 생활할 수 없게 하는 일이 일어나서는 절대 안 됩니다.
> 반대 측: 얼마 전에 아파트에서 키우는 대형 애완견으로 인해 법정 다툼이 벌어져 사회적으로 큰 파장을 일으켰습니다. 소송을 한 주민은 평소 대형 애완견이 내는 소음과 신체적 위협 때문에 괴로웠다고 합니다. 아파트에서 대형 애완견을 키우게 한다면 앞으로 유사한 소송은 계속 발생할 것입니다.
> 사회자: 다음은 찬성 측 토론자부터 상대방의 입론에 대해 반론하십시오.
> 찬성 측: 반대 측 토론자의 주장은 극히 드문 사건을 확대하여 말씀하신 것입니다. 실제 대형 애완견으로 인한 피해는 극히 일부이고, 아파트에서 키우는 대부분의 대형 애완견은 온순하고 잘 짖지도 않는 종입니다. 저도 그 사건 기사를 봤는데 소송을 한 주민이 본 애완견은 사람을 잘 따라서 시각 장애인의 안내견으로도 활약하는 '골든 리트리버'라는 종이었습니다.
> 반대 측: 저도 대형 애완견이 키우는 사람들에게 긍정적인 영향을 미친다는 사실은 인정합니다. 하지만 이웃에게 피해를 주면서까지 대형 애완견을 키워 심리적 안정감을 얻으려는 행위에는 반대합니다. 명상을 하거나, 화분을 가꾸는 것같이 이웃에게 피해를 주지 않으면서도 심리적 안정감을 찾을 수 있는 방법은 얼마든지 많습니다.
> 사회자: 이제 찬성 측 토론자부터 최종 발언을 해 주십시오.
> 찬성 측: 최근에 대형 애완견이 유기되는 일이 종종 발생하고 있다고 합니다. 동물 단체의 조사 결과, 그 원인 중 하나가 단독 주택에서 아파트로 이사해야 하기 때문이라고 합니다. 이런 사태를 막기 위해서라도 아파트에서도 대형 애완견을 키울 수 있게 해야 합니다.
> 반대 측: 전국 대부분의 아파트에는 15킬로그램 이상의 애완견을 기르지 못하도록 하는 아파트 관리 규정이 있습니다. 이런 규정을 무시하고 아파트에서 대형 애완견을 기른다면 이로 인한 법정 다툼이 계속해서 일어날 것이고, 결국 아파트 주민의 화합도 깨지게 될 것입니다.

① 대형 애완견이 유기되는 사태는 막아야 한다.
② 대형 애완견은 아파트 주민에게 피해를 주지 않는다.
③ 대형 애완견을 키우면 심리적 안정감을 얻을 수 있다.
④ 대형 애완견은 작은 애완견보다 아파트에서 키우기 쉽다.

10 <공공언어 바로 쓰기 원칙>에 따라 <공문서>의 ㉠ ~ ㉣을 수정한 것으로 적절하지 않은 것은?

〈공공언어 바로 쓰기 원칙〉
○ 맥락에 어울리는 표현을 사용할 것.
○ 지나치게 긴 문장을 삼갈 것.
○ 여러 뜻으로 해석되는 표현 삼갈 것.

〈공문서〉
○○도 ○○교육지원청 직원 채용 공고

(전략)

7. 유의 사항
- 응시 원서 등 각종 서류의 허위 기재 또는 기재 착오, 구비 서류 미제출 등으로 인한 불이익은 응시자 본인의 책임으로 합니다.
- 자격 요건 등이 적합한가를 우선 판단하여 원서를 제출하기 ㉠ 바라며, 제출한 서류는 ㉡ 일절 반환하지 않습니다. 또한 기재 사항은 서류 제출 후에는 수정할 수 없습니다.
- 응시 원서나 각종 증명서의 기재 내용이 사실과 다르거나 시험에 관한 규정을 위반한 사람은 ㉢ 시험을 정지 또는 무효로 하며, 합격을 ㉣ 취소할 수 있습니다.
- 응시 원서 접수 결과 응시자가 선발 예정 인원수와 같거나 그에 미달하더라도 적격자가 없는 경우 선발하지 않을 수 있습니다.
- 이 채용 계획은 사정에 따라 변경될 수 있으며, 변경된 사항은 재공고 후 시행할 예정입니다.
- 기타 자세한 사항은 ○○교육지원청 교육지원센터(0XX-XXX-XXXX)로 문의하시기 바랍니다.

① ㉠: 바랍니다.
② ㉡: 일체
③ ㉢: 응시를 무효로 하며
④ ㉣: 취소합니다.

Day 13 하프모의고사 13회

01 밑줄 친 표현이 문맥상 ㉠의 의미와 가장 가까운 것은?

> 현재 우리나라의 조세부담률은 20%를 조금 넘는 수준이어서 선진국에 비하면 아직 낮은 편이다. 우리나라의 사회복지 정책이 아직도 걸음마 단계인 것을 생각하면 당연한 일이라고 생각할 수 있다. 그러나 일부에서는 우리 경제의 수준에서 이것도 너무 과도한 부담이기 때문에 세금 부담을 줄여줘야 한다고 주장하기도 한다. 이 문제는 이론적으로 답할 수 없는 것이기 때문에 사람마다 의견이 다를 수 있다. 그렇지만 사회복지 향상을 위해 정부가 활동 영역을 좀 더 넓혀야 할 부분이 아직 많이 ㉠남아 있고, 그렇다면 조세부담률이 어느 정도 높아지는 것은 불가피한 일로 보인다.

① 나는 역사에 이름이 <u>남는</u> 사람이 되고 싶다.
② 그는 용돈을 절약하여 <u>남은</u> 돈으로 필요한 물건을 샀다.
③ 너의 첫인상이 나에게 오래도록 <u>남아</u> 기억에서 사라지지 않았다.
④ 은수는 아직 공부해야 할 부분이 <u>남아</u> 있어서 다른 것을 할 수 없다.

02 <공공언어 바로 쓰기>에 따라 수정한 문장으로 적절하지 않은 것은?

> ─〈공공언어 바로 쓰기〉─
> 외국과의 접촉 및 교류가 잦아지면서 우리의 언어생활에 많은 변화가 생겼다. 원래 우리말에는 없었던 생소한 어법이 생겨난 것이다. 예를 들어, 외국어를 직역한 표현을 사용하는 경우, 불필요한 피동이나 이중 피동 표현을 사용하는 경우 등이 그것이다. 이러한 외국 어법과 관련된 표현은 우리말다운 표현으로 바꾸어야 한다.

① 책상의 서랍이 열려지지 않는데 어떻게 하죠?
   → 책상의 서랍이 열리지 않는데 어떻게 하죠?
② 팀원 모두 어제 야유회에서 유익한 시간을 가졌어요.
   → 팀원 모두 어제 야유회에서 유익한 시간을 보냈어요.
③ 서류를 작성함에 있어 유의 사항을 자세히 읽어야 합니다.
   → 서류를 작성할 때 유의 사항을 자세히 읽어야 합니다.
④ 우리나라가 교통사고 1위 국가로 알려진 것은 부끄러운 일이다.
   → 우리나라가 교통사고 1위 국가로 알린 것은 부끄러운 일이다.

03 <지침>에 따라 문구를 작성한 것으로 가장 적절한 것은?

―〈지 침〉―
○ 목적: ○○시에 '공공 자전거 활성화'를 촉구
○ <보기>의 신문 보도에 나타난 문제점과 관련된 해결 방안을 반영할 것.
○ 관용적 표현을 사용하여 <보기>의 신문 보도에 나타난 문제점을 드러낼 것.

―〈보 기〉―
□□시의 공공 자전거는 자전거 한 대당 1일 회전율이 평균 4회에 이를 정도로 이용률이 높은데, 그 이유는 자전거 거치대와 자전거 전용 도로를 확충하여 지속적으로 관리해 왔기 때문이다. ○○시의 경우도 몇 년 전부터 공공 자전거를 운용해 왔는데, 자전거를 빌린 곳에만 반납이 가능하고 자전거 거치대도 부족한 불편함 때문에 한 대당 1일 회전율이 0.6회 수준에 머무는 실정이다.

① 눈이 빠지게 기다린 공공 자전거가 우리 곁에 왔습니다. 공공 자전거를 통해 오염도 줄이고 교통 체증도 줄입시다.
② 공공 자전거들이 폐물처럼 길가에 방치되어 있습니다. 공공 자전거를 살리는 길은 시민 여러분의 관심과 사랑입니다.
③ 이제 공공 자전거는 선택이 아닌 필수입니다. 공공 자전거 이용을 활성화하여 환경과 경제를 살리는 대열에 동참합시다.
④ 빛 좋은 개살구가 된 공공 자전거가 안타깝습니다. 이용의 편의를 고려하여 실속 있는 운용 시스템을 갖추어야 합니다.

04 다음 빈칸에 들어갈 말로 가장 적절한 것은?

아들: 아빠, 무슨 책 읽고 있어요?
아빠: 음, 심리학책.
아들: 어, 그거 어려운 거 아니에요?
아빠: 아니야, 이건 일상생활의 사례를 통해 인간 심리를 설명한 책이야.
아들: 그래요? 뭐 재미있는 이야기가 있나요?
아빠: 어, 이게 좋겠다. '인식의 대조 효과'에 대해 말해줄게.
아들: 네, 좋아요.
아빠: 만약에 1kg짜리와 5kg짜리 아령이 있다고 하자. 처음부터 5kg짜리 아령을 들 때와, 처음엔 1kg짜리를 들고 나중엔 5kg짜리를 들 때, 어느 쪽이 더 무겁게 느껴질까?
아들: 당연히 뒤에 말씀하신 경우가 더 무겁게 느껴지겠죠.
아빠: 그렇지. 그러면 반대의 경우는 어떨까?
아들: 글쎄요, 그건 잘 모르겠는데요.
아빠: 무거운 걸 먼저 들다가 가벼운 걸 들면, 처음부터 가벼운 걸 들었을 때보다 훨씬 가볍게 느껴진단다. 이처럼 동일한 사물이라도 그 전에 어떤 사건이 발생했는지에 따라 그 사물에 대한 인식이 달라질 수 있단다. 이런 것을 인식의 대조 효과라 해.
아들: 와, 재밌네요. 대조 효과의 다른 경우는 없나요?
아빠: 또 뭐가 있냐 하면 _____

① 어떤 사람의 외모 때문에 그 사람의 성품까지도 좋게 평가하는 경우가 있지.
② 어떤 사람을 처음 만났을 때 싫지 않았지만 자주 볼수록 정이 드는 경우가 있지.
③ 동일한 상품인데도 가격을 높게 책정했을 때 오히려 매출이 늘어나는 경우가 있지.
④ 저가의 운동화를 본 후에 고가의 운동화를 보면 훨씬 비싸게 느껴지는 경우가 있지.

05 <지침>에 따라 <개요>를 완성할 때, 결론에 들어갈 내용으로 가장 적절한 것은? 1995학년도 대학수학능력시험 변형

〈지 침〉
○ 제목, 서론, 본론을 모두 충족하는 결론을 제시할 것.
○ 본론의 긍정적인 측면을 결론에서 강조할 것.

〈개 요〉
○ 제목: 소비 생활과 인격

[서론]
  ○ 소비 생활의 일상화
    가. 모든 생활인은 소비 주체이다.
    나. 소비 생활과 관련된 정보가 넘친다.
    다. 일상 속에서 소비의 공간과 시간이 많아지고 있다.

[본론]
  1. 소비 현상에 나타난 현대인의 모습
    가. 부정적 모습: 자아를 상실한 채 소비하는 모습
    나. 긍정적 모습: 자아를 확립하여 소비하는 모습
  2. 소비에 다스림을 당하는 인격
    가. 충동적 소유욕으로 인해 소비 통제를 못하는 사람
    나. 허영적 과시욕으로 인해 소비 통제를 못하는 사람
  3. 소비를 다스리는 인격
    가. 생산성 향상을 위해 소비를 능동적으로 추구하는 사람
    나. 절약을 위해 소비를 적극적으로 억제하는 사람

[결론]

① ○ 소비 습관의 교정
   가. 습관은 곧 인격이다.
   나. 잘못된 소비 습관이 중대한 문제이다.
② ○ 소비 생활의 편의성 추구
   가. 소비 생활도 첨단 기술에 의존한다.
   나. 새로운 소비 행동과 인격이 요구된다.
③ ○ 소비 억제와 과소비 추방
   가. 검약과 절제는 언제나 미덕이다.
   나. 미덕을 발휘하는 인간이 되자.
④ ○ 주체성 있는 소비 철학 확립
   가. 소비 생활 그 자체가 인격이다.
   나. 소비를 잘 다스려 건전한 인격을 갖추자.

06 다음 글에서 추론한 내용으로 적절하지 않은 것은?

> 문장에서 서술어는 그 성격에 따라 필요로 하는 문장 성분들의 개수가 다른데, 이를 '서술어의 자릿수'라고 한다. 주어 하나만을 필요로 하는 서술어를 한 자리 서술어라고 한다. 어떤 서술어는 주어 이외에 목적어나 보어, 또는 부사어 중 하나를 반드시 요구하기도 하는데, 이를 두 자리 서술어라고 한다. 그리고 어떤 서술어는 문장 성분을 세 개 요구하기도 하는데, 이를 세 자리 서술어라고 한다.

① '나는 엄마와 닮았다.'에서 '닮다'는 주어만을 필수적으로 요구하는 한 자리 서술어이다.
② '그는 과학자가 되었다.'에서 '되다'는 주어와 보어를 필수적으로 요구하는 두 자리 서술어이다.
③ '동생은 빙수를 맛있게 먹었다.'에서 '먹다'는 주어와 목적어를 필수적으로 요구하는 두 자리 서술어이다.
④ '그녀는 화가를 평생의 직업으로 삼았다.'에서 '삼다'는 주어와 목적어 그리고 부사어 모두를 필요로 하는 세 자리 서술어이다.

07 ㉠ ~ ㉢ 중 <지침>을 따르고 있는 것은?

<지 침>
> 겸양의 격률이란 자신에 대한 칭찬은 최소화하고 자신에 대한 비방을 극대화하라는 것이다. 우리의 언어문화 안에서는 상대방의 칭찬에 대해서 감사하면서 받아들이기보다는 상대방의 칭찬을 부정하고 자신을 낮추어 말하는 것이 보편적이다.

부　장: 김 대리, ㉠ <u>지금 시간 좀 낼 수 있을까?</u>
김 대리: 네, 물론입니다. 뭘 도와드릴까요?
부　장: (주변 공사장 소음 소리) 여기 있는 짐들을 사무실까지 함께 옮길 수 있을까?
김 대리: ㉡ <u>제가 잘 못 들어서 그러는데 죄송하지만 조금만 더 크게 말씀해 주시겠어요?</u>
부　장: (전보다 큰 소리로) 이 짐들을 사무실까지 함께 옮겨 주면 좋겠어.
김 대리: 아 네, 그럼요. 저기 큰 짐은 제가 들겠습니다.
부　장: 정말 고맙네. 오늘은 주말이라서 회사에 사람들도 거의 없네. 그나저나 김 대리는 언제나 열심히 하는군. 토요일도 없이 말이야.
김 대리: ㉢ <u>아닙니다. 제가 워낙 게을러 일을 제때 못해서 나온 것뿐입니다.</u>
부　장: (웃으며) 오히려 반대인 것 같은데? (사무실에 들어서며) 들고 온 짐은 거기 아무데나 놓게. 많이 힘들었지?
김 대리: 아닙니다. 오랜만에 운동 좀 했는걸요. 부장님, 사무실이 참 좋네요. ㉣ <u>구석구석 어쩌면 이렇게 정리정돈이 잘 되어 있는지. 실내 장식도 고급스러워 보입니다. 부장님은 역시 디자인에 대한 안목이 높으시군요.</u>

① ㉠　　　　② ㉡
③ ㉢　　　　④ ㉣

08 ㉠ ~ ㉣과 바꿔 쓸 수 있는 유사한 표현으로 적절하지 않은 것은?

　20세기 들어와 벌어진 위작 논란 가운데 가장 유명한 것은 네덜란드 미술관과 미술사가들을 감쪽같이 속여 넘겨 명작 평가를 받았던 반 메헤렌의 베르메르 위작 소동이다. 1930년대에 위조 전문가 메헤렌이 베르메르 화풍의 특징을 짜깁기해서 그렸던 예수의 성화와 여인 초상 등은 당시 ㉠고가에 미술관에 팔렸고, 평론가들의 극찬까지 받았다. 그러나 후일 나치스에 위작 그림을 팔아넘겼다가 들통이 난 메헤렌이 자신의 모작 사실을 아무도 믿으려 하지 않자 법정에서 직접 그림을 그리는 해프닝까지 벌어졌다. 그러나 그 탁월한 위조 실력을 인정받은 그의 그림들은 네덜란드 미술관과 연구소에 ㉡엄연히 명작으로 보관되어 있고, 이 논란은 이후 베르메르 작품의 진위를 가르는 하나의 기준이 된다.
　이런 맥락에서 고금의 미술사를 살펴보면 위작 논란은 마냥 부끄러워할 일만은 아니다. 오히려 논쟁이 잘 진행되면 긍정적인 효과도 적지 않다. 해당 작가나 작품의 미술사적 가치를 더욱 명확히 해 주고 더욱 확실한 진위 판정의 기준점을 마련해 주기 때문이다.
　실제로 외국에서는 위작 시비가 발생할 경우, 명백한 조작품으로 드러나지 않는 한, 수십 년 혹은 수년 간 학문적 논쟁을 ㉢촉발하면서 자연스럽게 진위의 판단이 이뤄지는 경우가 대부분이라고 한다. 논란 과정에서 숱한 논문과 조사 자료가 발표되고 전문가들이 소신 있게 자신의 견해를 밝혀나가는 것은 물론이다. 지금도 수십 년째 전문가들의 엇갈린 진위 논란이 벌어지고 있는 렘브란트 작품과, 수십여 편의 관련 논문을 ㉣양산하면서 박물관과 감정 연구소에 교과서적 사례로 소장된 반 메헤렌의 베르메르 위작들이 그런 예다. 렘브란트 작품의 경우 미술관이 소장하고 있는 작품과 같은 작품이 유통되면서 말썽이 일자 미술관의 해당 작품에는 위작 논란이 일고 있다는 안내문을 붙이기도 하였다.

① ㉠: 높은 가격에
② ㉡: 태연히
③ ㉢: 건드려 일으키면서
④ ㉣: 대량 생산하면서

09 다음 글의 ㉠ ~ ㉣ 중 어색한 곳을 찾아 가장 적절하게 수정한 것은?
2013년 국가직 9급 변형

　언젠가부터 우리 바닷속에 해파리나 불가사리와 같이 특정한 종들만이 크게 번창하고 있다는 우려의 말이 들린다. ㉠한마디로 다양성이 크게 줄었다는 이야기다. 척박한 환경에서는 몇몇 특별한 종들만이 득세한다는 점에서 자연 생태계와 우리 사회는 닮은 것 같다. 어떤 특정 집단이나 개인들에게 앞으로 어려워질 경제 상황은 새로운 기회가 될지도 모른다. 하지만 ㉡이는 사회 전체로 볼 때 그다지 바람직한 현상이 아니다. 왜냐하면 자원과 에너지 측면에서 보더라도 이들 몇몇 집단들만 존재하는 세계에서는 이들이 쓰다 남은 물자와 이용하지 못한 에너지는 고스란히 버려질 수밖에 없고 따라서 효율성이 극히 낮기 때문이다.
　다양성 확보는 사회 집단의 생존과도 무관하지 않다. 조류 독감이 발생할 때마다 해당 양계장은 물론 그 주변 양계장의 닭까지 모조리 폐사시켜야 하는 참혹한 현실을 본다. 단 한 마리 닭이 걸려도 그렇게 많은 닭들을 죽여야 하는 이유는 인공적인 교배로 인해 ㉢이들 모두가 각기 다른 유전자를 가졌기 때문이다. 따라서 다양한 유전 형질을 확보하는 길만이 재앙의 확산을 막고 피해를 줄이는 길이다.
　이처럼 다양성의 확보는 자원의 효율적 사용과 사회 안정에 중요하지만 많은 비용이 들기도 한다. 예를 들어 출산 휴가를 주고, 노약자를 배려하고, 장애인에게 보조 공학 기기와 접근성을 제공하는 것을 비롯해 다문화 가정, 외국인 노동자를 위한 행정 제도 개선 등은 결코 공짜가 아니다. ㉣그럼에도 불구하고 다양성 확보가 중요한 이유는 우리가 미처 깨닫고 있지 못하는 넓은 이해와 사랑에 대한 기회를 사회 구성원 모두에게 제공하기 때문이다.

① ㉠: 한마디로 종이 다양해졌다는 이야기다.
② ㉡: 이는 사회 전체로 볼 때 참으로 바람직한 현상이다.
③ ㉢: 모두가 똑같은 유전자를 가졌기 때문이다.
④ ㉣: 따라서

10 다음 대화를 분석한 내용으로 적절하지 않은 것은?

> 갑: 여수 해양 엑스포 개최에 맞춰 완공을 눈앞에 두고 있는 이순신대교 건설 현장입니다. 다리를 직접 보니 많은 사람들이 이 다리에 관심을 보이는 이유를 알 것 같습니다. 공사를 책임지고 계신 현장 소장님을 모시고 말씀을 듣도록 하겠습니다. 소장님, 이순신대교가 어떤 다리인지부터 소개해 주시죠.
> 을: 이순신대교는 국내 최초 순수 국산 기술로 시공되는 현수교입니다. 이순신 장군이 태어난 1545년을 기념해 주탑과 주탑 사이의 거리를 1545m로 했는데, 이 길이는 세계에서 네 번째로 긴 것입니다. 그리고 주탑의 높이가 270m로 세계에서 가장 높으며, 차가 지나다니는 상판이 해수면으로부터 최대 85m, 평균 71m 떠 있어 초대형 선박이 다리 밑을 지날 수 있습니다.
> 갑: 청취자들께서 현수교가 어떤 다리인지 궁금해 하실 것 같습니다. 이에 대한 설명도 부탁드립니다.
> 을: 바다 위를 가로지르는 다리는 큰 배가 지나다닐 수 있어야 합니다. 그러려면 기둥 사이의 거리가 길고 상판이 수면에서 높이 있어야 합니다. 이에 적합한 다리가 바로 현수교입니다. 현수교를 보면 높은 탑이 두 개 있는 데, 그게 바로 주탑입니다. 주탑 사이에는 포물선 모양으로 현수선이 늘어져 있고, 이 현수선에서 수직 방향으로 선이 내려와 다리 상판을 붙잡고 있습니다. 현수교에 주탑 이외의 기둥이 없고, 상판을 수면으로부터 높이 설치할 수 있는 것은 바로 이 때문입니다.
> 갑: 그렇군요. 제가 얼마 전에 우리나라에서 가장 긴 다리인 인천대교를 다녀왔는데요, 이순신대교처럼 주탑이 두 개 있었습니다. 그럼 인천대교도 현수교인가요?
> 을: 그렇지 않습니다. 인천대교는 사장교로 이순신대교와 다른 다리입니다. 사장교는 현수교와 마찬가지로 주탑이 두 개 있지만, 현수선이 없습니다. 사장교는 주탑에서 비스듬히 드리운 쇠줄이 다리의 상판을 붙잡는 구조로 되어 있습니다.
> 갑: 예, 그러고 보니, 인천대교는 이순신대교와 달리 주탑과 상판이 여러 개의 쇠줄로 직접 연결되어 있었던 것 같아요. 그런데 인천대교와 이순신대교를 왜 다른 방식으로 지은 거죠?
> 을: 주탑 사이의 거리가 1km보다 작을 때는 현수교보다 사장교의 건설 비용이 적게 듭니다. 인천대교는 주탑 사이의 거리가 800m인 반면, 이순신대교는 그 거리가 1km를 넘습니다. 그래서 인천대교는 사장교로, 이순신대교는 현수교로 지은 것입니다.

① 자신의 경험을 바탕으로 질문을 하는 사람이 있다.
② 대상의 변화 과정을 단계적으로 설명하는 사람이 있다.
③ 상대의 답변과 관련하여 보충 설명을 요구하는 사람이 있다.
④ 구체적 수치를 제시하여 정보에 대한 신뢰성을 높이는 사람이 있다.

Day 14 하프모의고사 14회

소요시간   분   초 (총 10문항 / 10분)

01 <공공언어 바로 쓰기 원칙>에 따라 <공문서>의 ㉠ ~ ㉢을 수정한 것으로 적절하지 않은 것은?

─────〈공공언어 바로 쓰기 원칙〉─────
○ 이중 피동 표현을 쓰지 않는다.
○ 어려운 한자어는 될 수 있으면 쉬운 말로 바꿔 쓴다.
○ 연월일을 나타내는 숫자 뒤에 찍는 마침표는 각각 '연, 월, 일'이라는 말을 대신한다.

─────〈공문서〉─────
국립국어원
수신자 수신자 참조
(경유)
제 목 신종 플루 대응 복무 지침 이행 철저 요청

1. 관련 근거: ○○○○부 ○○담당관-○○○○
   (㉠ 20○○.9.7)
                (중략)
3. 특히, 최근 전국적으로 신종 플루 감염 사망자가 40명을 넘어서고 있으며 항바이러스제 투약 건수 및 집단 발병 사례 등도 빠르게 증가하고 있어, 부내 감염 확산을 막기 위한 선제 조치가 필요합니다.
   ※ 최근 독감 의심 환자의 1/2가량은 신종 플루 감염으로 ㉡ 보여짐.
4. 이에 따라, 전 직원은 이미 알려 드린 우리 부 신종 플루 대응 복무 지침을 철저히 숙지하여 ㉢ 감염 확산 방지에 철저를 기하여 주시기 바라며, 각 부서에서는 소속 직원이 의심 증상을 보이거나 직원의 가족이 신종 플루에 감염되는 등 감염 확산의 우려가 있으면 감염 확산 방지를 위한 ㉣ 적의 조치를 취한 후 이를 곧바로 인사과로 알려 주시기 바랍니다. 끝.

① ㉠: 20○○.9.7.
② ㉡: 보임
③ ㉢: 감염이 확산되지 않도록 철저히 방지해 주시기 바라며
④ ㉣: 적의 방안을 취한 뒤

02 <지침>에 따라 <개요>를 작성할 때 ㉠ ~ ㉣에 들어갈 내용으로 적절하지 않은 것은?

─────〈지 침〉─────
○ 상위 항목을 하위 항목을 잘 포괄하도록 작성할 것.
○ Ⅱ와 Ⅲ의 하위 항목끼리 대응되도록 작성할 것.
○ Ⅳ는 글 전체의 내용을 감안한 결론을 제시할 것.

─────〈개 요〉─────
○ 주제: 우리 학교 수학여행의 문제점과 해결 방안
Ⅰ. ㉠
   1. 수학여행 장소가 많은 학생들이 이미 다녀온 적이 있는 곳임.
   2. 관람을 할 때에 많은 학생들이 동시에 몰려들어서 혼란스러움.
   3. 대부분의 활동이 별다른 즐거움 없이 따분함.
Ⅱ. 문제점의 원인
   1. ㉡ 로 수학여행 장소가 결정됨.
   2. 학년 전체가 같은 장소로 수학여행을 감으로써 행사 참여 인원이 대규모임.
   3. 대부분의 활동이 단순한 관광 위주의 활동으로 치우쳐 있음.
Ⅲ. 문제점에 대한 해결 방안
   1. 학생들의 의견을 반영하여 수학여행 장소를 결정함.
   2. 학급별로 수학여행 장소를 다양화하여 행사 참여 인원이 소규모가 될 수 있도록 분산함.
   3. ㉢
Ⅳ. ㉣

① ㉠: 수학여행 활동의 문제점
② ㉡: 학생들의 의견이 거의 반영되지 않은 상태
③ ㉢: 직접 체험해 볼 수 있는 프로그램을 마련함.
④ ㉣: 학생들의 의견을 반영한 수학여행 장소의 선정

03 다음 대화를 분석한 내용으로 가장 적절한 것은?

> 갑: 블랙컨슈머가 어떤 사람을 가리키는지 말씀해 주시겠습니까?
> 을: 블랙컨슈머란 기업을 상대로 자신이 구매한 제품에 대하여 나쁜 의도를 가지고 문제 제기를 하는 소비자를 말합니다.
> 갑: 소비자의 평판을 중요하게 여기는 기업 입장에서는 눈엣가시 같은 존재가 되겠군요.
> 을: 그래서 유통 및 식품업체처럼 책임 소재를 명확히 파악하기 어려운 경우는 대부분 블랙컨슈머의 요구를 수용한다고 합니다.
> 갑: 기업 입장에서는 '울며 겨자 먹기'의 상황이로군요. 블랙컨슈머에도 여러 유형이 있다던데요?
> 을: 무리하게 환불과 반품을 요구하는 유형, 생떼를 쓰면서 보상금을 요구하는 유형, 다짜고짜 소송을 제기하는 유형, 뜬소문을 유포하거나 사건을 조작하는 유형 등이 있습니다.
> 갑: 최근 들어 블랙컨슈머의 숫자가 늘어나고 수법 또한 교묘해지고 있다는 게 업계의 공통된 견해인 것 같습니다. 적절한 대책이 없을까요?
> 을: 기업에서 블랙컨슈머의 주장에 맞서는 논리를 제시할 태세를 갖추어야 합니다. 그리고 문제가 발생했을 때의 보상 기준을 미리 소비자에게 알려서 불만을 누그러뜨려야 합니다. 하지만 근본적으로 제품의 질을 향상시키고 고객 서비스를 강화해 고객의 만족도를 높이는 것이 필요하겠죠.
> 갑: 정부 차원의 대책으로는 무엇이 있을까요?
> 을: 한국소비자보호원이나 식품의약품안전청 등의 정부 기관이 진상을 조사하고 보상을 결정하는 시스템을 마련할 필요가 있습니다. 그리고 상습적인 블랙컨슈머에 대해서는 사법 처리를 강화하는 방안도 고려해야 할 것입니다.

① 비유법을 통해 전달 효과를 높이는 사람이 있다.
② 수치를 들며 피해의 심각성을 제시하는 사람이 있다.
③ 법조문을 인용하며 사법적 처리를 요구하는 사람이 있다.
④ 기업·정부의 역할을 비교하며 정부의 문제 해결을 촉구하는 사람이 있다.

04 다음 글에서 추론한 내용으로 적절한 것은?

> '부엌' 뒤에 모음으로 시작되는 형식 형태소가 올 때는 마지막 받침 'ㅋ'을 제 음가대로 뒤 음절의 첫소리로 옮겨 발음한다. 반면, '부엌 안'처럼 받침이 있는 말 뒤에 모음 'ㅏ, ㅓ, ㅗ, ㅜ, ㅟ'들로 시작되는 실질 형태소가 오게 되면 그 받침을 대표음으로 바꾸어서 뒤 음절의 첫소리로 옮겨 발음한다. 그래서 '부엌을'은 [부어클]로, '부엌 안'은 [부어간]으로 발음한다.

① '꽃이'와 '꽃 위'의 'ㅊ'은 모두 제 음가대로 뒤 음절의 첫소리로 옮겨 발음한다.
② '새벽녘에'와 '새벽녘이다'의 'ㅋ'은 모두 그 받침을 대표음으로 바꾸어서 뒤 음절의 첫소리로 옮겨 발음한다.
③ '숲 안'은 제 음가대로 뒤 음절의 첫소리로 옮겨 발음하고, '숲에서'는 그 받침을 대표음으로 바꾸어서 뒤 음절의 첫소리로 옮겨 발음한다.
④ '무릎이'는 제 음가대로 뒤 음절의 첫소리로 옮겨 발음하고, '무릎 아래'는 그 받침을 대표음으로 바꾸어서 뒤 음절의 첫소리로 옮겨 발음한다.

05 문맥상 ㉠의 의미와 가장 가까운 것은?

> 옹고집은 불효자일 뿐만 아니라 인색하고 심술이 사나워 고을사람들의 원망을 ㉠산다. 인근 절에 사는 도사가 학대사를 시켜 옹고집을 징계하라고 하였으나 오히려 매를 맞고 돌아온다. 화가 난 도사는 도술을 사용하여 지푸라기 인형으로 가짜 옹고집을 만든 후 진짜 옹고집에게 보낸다. 진짜 옹고집과 가짜 옹고집은 진위를 다투지만 결론이 나지 않자 관가에서 송사를 한다. 송사 결과 진짜 옹고집이 도리어 가짜로 판명된다. 집에서 쫓겨난 진짜 옹고집은 온갖 고생을 하며 과거에 자신이 행한 일에 대해 참회하게 된다. 이에 도사는 진짜 옹고집에게 부적을 주어 가짜 옹고집을 다시 지푸라기 인형으로 만든다.

① 공로를 높이 <u>사다</u>.
② 헌책방에서 싼값으로 책을 <u>샀다</u>.
③ 가만히 있으면 되는데 왜 <u>사서</u> 일을 만들까요?
④ 그에게 호감을 <u>사기</u> 위해 그녀는 별의별 노력을 다 했다.

06 다음 글의 ㉠~㉣의 사례로 적절하지 않은 것은?

> 우리말에서 높임말은 특정한 어휘를 사용해 대상을 높일 때 쓴다. 그러한 어휘에는 높임의 대상을 직간접적으로 높이는 어휘도 있고, 자신을 낮춤으로써 높임의 대상을 상대적으로 높이는 어휘도 있다. 구체적으로 ㉠ 높임의 대상을 직접 높이는 어휘, ㉡ 높임의 대상과 관련되는 사물을 높이는 어휘, ㉢ 높임 대상의 행동이나 처지를 높이는 어휘, ㉣ 화자 자신을 낮추는 어휘, 화자와 관련된 대상을 낮추는 어휘 등이 있다.

① ㉠: 아까 전에 댁으로 우편물을 보내드렸습니다.
② ㉡: 약주를 너무 자주 드시면 건강에 해롭습니다.
③ ㉢: 할머니께서 편찮으시니 병원을 알아봐야겠습니다.
④ ㉣: 바쁘시더라도 저희가 잠깐 찾아뵈어도 괜찮을까요?

07 <보기>를 고려할 때, ㉠에 들어갈 말로 가장 적절한 것은?

> 〈보 기〉
> 대화를 통해 갈등을 해결하고자 할 때, 어떤 표현 방식을 선택하느냐에 따라 대화의 성패가 좌우되기도 한다. 이와 관련하여 상대방에 대한 비방을 최소화하고 자신에 대한 비방을 극대화하면, 대화의 목적을 달성하는 데 큰 도움이 될 수 있다.

갑: (얼굴 표정을 보니) 혹시 회식 자리에서 뭐 안 좋은 일이라도 있었니?
을: 다이어트를 하고 있는 철수가 나 때문에 화가 났거든.
갑: 네가 말실수를 해서 철수가 화가 난 거니?
을: 실은 철수가 다이어트를 한다고 말한 것이 생각나서 철수에게 "그만 좀 먹지 그래."라고 말했더니 철수가 화를 냈어. 철수의 다이어트를 도와주고 싶어서 한 말인데, 철수는 나에게 화를 냈어.
갑: 철수가 네 마음을 몰라줘서 속이 많이 상했겠구나. 나도 그런 경험을 해 봐서 그 마음 잘 알아. 그런데 철수가 왜 화를 냈는지는 아니?
을: 철수가 그러는데, 친구들 앞에서 내가 그런 말을 해서 창피했대. 자기에게 창피를 주려고 일부러 그런 말을 한 것은 아닌지 의심스럽대.
갑: 오해 때문에 생긴 문제이니, 철수에게 네 맘을 솔직하게 표현해 보면 어떨까?
을: 철수가 또 화를 내면 어쩌지? 어떻게 이야기를 하면 문제를 해결할 수 있을까?
갑: ㉠

① "철수야, 네가 내 말을 듣고 화를 내는 것은 당연한 일이야. 내가 표현을 제대로 하지 못해서 네가 오해를 하게 만들었으니 정말 미안해."라고 말해 봐.
② "철수야, 내가 상황을 고려하지 않고 그렇게 말한 것은 미안해. 하지만 너도 지나치게 자기 방어적인 태도로 내 말을 받아들인 것은 문제야."라고 말해 봐.
③ "철수야, 넌 잘못한 것이 없어. 그런 상황이라면 누구나 그렇게 반응할 거야. 하지만 나도 좋은 의도에서 말한 것이라는 사실을 알아주었으면 해."라고 말해 봐.
④ "철수야, 나는 단지 너의 다이어트를 돕기 위해서 그 말을 한 거야. 내 말의 의도를 오해해서 문제가 생긴 것이니까 네가 오해를 풀었으면 좋겠어."라고 말해 봐.

08 ㉠ ~ ㉣ 중 문맥상 (가)에 해당하는 의미로 사용되지 않은 것은?

> 현대 사진은 현실적 사물을 그대로 기호로 쓰기 때문에 어디까지가 사물이고 어디에서부터 기호인지 구별이 되지 않는다. 사진의 재현 능력이 워낙 정밀하고 정확해서 그 현실적 사물의 존재는 작가의 사상이나 감정, 곧 주제 의식으로 수용자가 진입하는 것을 가로막는다. 예를 들어 사과의 맛을 나타낼 경우, 일단 사과를 직접 찍지 않으면 안 된다. 그러나 그렇게 해서 찍어 놓은 사과 사진은 정밀한 묘사력에 방해를 받아 그 맛이 아니라 사과 자체의 외형적 존재감만이 더 강하게 느껴지게 된다. 그러기에 창조적 사진을 위해서 필요한 것은 자유로운 눈이다. 인습과 상식, 그리고 고정 관념에서 벗어나 작가의 자유로운 의식이 이끄는 대로 보고 느끼는 눈, 형식과 틀에서 벗어나 표현하고자 하는 내용을 위해 가능한 모든 방법을 강구해 낼 수 있는 자유로운 눈이 필요하다. 이는 작가에게만 한정된 요구가 아니다. 수용자에게도 요구되는 사항이다. 발신자와 수신자 사이에 암호가 설정되기 위해서는 수신자 쪽에서도 암호를 해독할 수 있는 바탕이 마련되어 있어야 한다. 작가나 수용자나 고정 관념과 인습에서 벗어날 때 현실과 영상 사이에 벌어진 커다란 틈이 보이게 된다. 그리고 그 때 비로소 사진은 자기의 비밀을 (가) 드러내기 시작한다. 현대 사진의 첫 관문은 이렇게 해서 통과할 수가 있다.

① 그들은 자신들의 문제를 ㉠ 터놓고 의논했다.
② 사랑을 ㉡ 고백하는 그녀의 볼이 발그레해졌다.
③ 그는 드디어 자신이 품은 생각을 ㉢ 말하기 시작했다.
④ 한국 영화의 나아갈 길을 ㉣ 조명하는 책이 발간되었다.

09 다음 글의 ㉠ ~ ㉣ 중 어색한 곳을 찾아 가장 적절하게 수정한 것은?

> 흔히 지방은 비만의 주범으로 지목된다. 대부분의 영양학자들은 지방이 단백질이나 탄수화물보다 단위 질량당 더 많은 칼로리를 내기 때문에 과체중을 유발하는 것으로 보았다. ㉠ 그래서 저지방 식단이 비만을 막는 것으로 여겨지기도 했다. 하지만 저지방 식단의 다이어트 효과는 오래 가지 않는 것으로 밝혀졌다. 최근의 연구에 따르면 비만을 피하는 최선의 방법은 ㉡ 섭취하는 지방의 양을 제한하는 것이 아니라 섭취하는 총열량을 제한하는 것이다.
> 또한 '지방' 하면 여러 질병의 원인으로서 인체에 해로운 것으로 인식되기도 한다. 문제가 되는 것은 '전이지방'이다. 전이지방은 천연 상태의 기름에 수소를 첨가하여 경화시키는 특수한 물리 · 화학적 처리에 따라 생성되는 것으로서, 몸에 해로운 포화지방의 비율이 자연 상태의 기름보다 높다. 전이지방을 섭취하면 동맥경화, 협심증, 심근경색 등 심혈관계 질환이나 유방암 등이 발병할 수 있다. 이러한 전이지방이 지방을 대표하는 것으로 여겨지면서 지방이 심장 질환을 비롯한 ㉢ 여러 질병의 원인으로 지목됐던 것이다.
> 그렇다면 지방의 누명을 어떻게 벗겨줄 것인가? 중요한 것은 지방이라고 모두 같은 지방은 아니라는 사실을 일깨우는 것이다. 지방은 인체에서 비타민이나 미네랄만큼 유익한 작용을 많이 한다. 견과류와 채소기름, 생선 등에서 얻는 필수 지방산은 면역계와 피부, 신경 섬유 등에 이로운 구실을 하고 정신 건강을 유지시켜 준다. 불포화지방의 섭취는 오히려 ㉣ 각종 질병의 위험을 증가시키며, 체내의 지방 세포는 장수에 악영향을 주기도 한다. 그렇다고 해서 불포화지방을 무턱대고 많이 섭취하라는 것은 아니다. 인체의 필수 영양소가 균형을 이루는 선에서 섭취하는 것이 바람직하다.

① ㉠: 그럼에도 저지방 식단이 비만을 유발하는 것으로 여겨지기도 했다.
② ㉡: 섭취하는 총열량을 제한하는 것이 아니라 섭취하는 지방의 양을 제한하는 것이다.
③ ㉢: 여러 질병의 원인이라는 누명에서 벗어날 수 있었다.
④ ㉣: 각종 질병의 위험을 감소시키며, 체내의 지방 세포는 장수에 도움을 주기도 한다.

10 ㉠ ~ ㉣ 중 문맥상 (가)에 해당하는 의미로 사용된 것은?
1997학년도 대학수학능력시험 변형

생명의 진화 과정에서 중요한 사건 중의 하나는 생물이 바다에서 나와 육상으로 진출한 것이다. 그러나 최초로 육상에 진출한 생물은 중력이라는 한계에 직면하게 되었다. 물속에서는 부력 때문에 덜했지만, 지상에서는 중력 때문에 무거운 몸을 움직이기 힘들었던 것이다. 이 때부터 육상동물은 ㉠ 중력과의 투쟁을 시작했다. 육상 동물은 다리가 어정쩡한 상태로 기어 다니던 양서류에서 완전히 수상생활과 결별한 파충류를 거쳐 좀 더 긴 다리와 튼튼한 근육을 가진 포유류로 진화하는 과정을 거치면서, 지면에서 점차 몸통을 높이 일으킬 수 있게 된 것이다. 한편, 조류는 몸의 무게를 줄이고 모양을 유선형으로 만들어 하늘을 날 수 있게 되었다. 인간은 또 다른 방식으로 중력에 저항한 경우에 속한다. 인간은 두 발로 서게 됨에 따라 다른 포유류보다 지표면에서 멀리 몸통을 일으켜 세울 수 있었고, 더불어 두 손의 자유를 얻게 된 것이다.

스포츠와 ㉡ 춤이 추구하는 목표도 동일한 테두리 안에 있음을 알 수 있다. 빨리 뛰기, 멀리뛰기, 높이뛰기 등의 모든 육상 경기는 중력의 한계에 대한 도전에서 비롯된다. 중력의 한계에 도전하는 운동 경기는 포환이나 창을 던지는 행위, 역기를 드는 행위처럼, 대상물의 중력을 도전의 수단으로 삼은 경우에까지 진전된다. 춤의 경우는 또 어떠한가. 중력의 한계에서 자유롭고자 하는 ㉢ 인간의 꿈이 반영된 대부분의 춤은 신체의 무거움을 극복하여 가벼워진 상태를 지향한다. 춤에서는 중력의 한계를 극복한 것처럼 보이게 하려고 여러 가지 방법을 사용하는데, 예를 들어 발레에서는 빠르고 가볍게 움직이는 동작을 통해 새의 모습을 표현한다.

우리는 모두 인습적인 형태와 색채만이 옳은 것이라고 생각하는 경향이 있다. 대체로 어린이들은 별이 모두 별표 모양을 하고 있다고 생각하지만, 실제로 별을 관찰해 본 사람은 다양한 별의 모습을 발견하게 된다. 그림 속의 하늘은 푸른색이어야 하고 풀은 초록색이어야 한다고 주장하는 사람들은 이 어린이들과 별로 다를 바가 없다. 그들은 그림에서 그들에게 ㉣ 익숙한 물상이 낯선 형태와 색채로 표현되어 있는 것을 모두 버리고, 우주 탐험 여행차 지구에 갓 도착하여 지구상의 사물을 처음 대하는 우주인의 관점에서 본다면, 우리는 사물들이 엄청나게 놀라운 또 다른 형상과 색채들을 지니고 있다는 것을 새삼 깨닫게 될 것이다. 화가들은 그러한 우주 탐험 여행을 하고 있는 사람에 비유될 수 있다. 그들은 세계를 새롭게 보기를 원하고 있으며, 사람의 피부는 분홍색이고 사과는 둥글다는 (가) 기존의 관념과 편견을 버리려고 노력하고 있다.

① ㉠
② ㉡
③ ㉢
④ ㉣

공무원 시험 전문 해커스공무원

gosi.Hackers.com

Day 15 하프모의고사 15회

01 <공공언어 바로 쓰기 원칙>에 따라 <공문서>의 ㉠ ~ ㉣을 수정한 것으로 적절하지 않은 것은?

─── 〈공공언어 바로 쓰기 원칙〉 ───
○ 명사를 나열한 문장을 피할 것.
○ 적절한 서술어를 넣을 것.
○ 어려운 한자어는 쉬운 말로 다듬을 것.
○ 외국어나 외래어는 될 수 있으면 우리말로 바꿀 것.

─── 〈공문서〉 ───
(전략)

○ 군계획위원회 주요 의견
 - 하수처리 오염 침전물, 분뇨처리 오염 침전물, 가축분뇨 오염 침전물, 유기성 오염 침전물 등 ㉠ 지렁이 먹이가 지렁이 사육보다는 폐기물 처리 목적 우려
 - ㉡ 악취 발생 우려 및 집중 호우 시 침출수 지하 토양 오염 우려
 - 폐기물 처리 절차의 투명성을 확보해야 하며 예탁금 관련 조례 또는 규정을 마련해야 함.
 - 들여오는 ㉢ 슬럿지가 지렁이 먹이로 적절하지 않을 경우 ㉣ 처리 방안 부재
 - 폐기물 처리 시설 또는 폐기물 재활용 시설의 관리 방안을 마련해야 함.
 - 시설이 집단화되어 경관 훼손이 우려됨. 끝.

① ㉠: 지렁이 먹이로 사용되기보다 폐기물로 전락할 우려가 있음.
② ㉡: 악취가 발생할 수 있고 집중 호우 시 지하 토양이 침출수로 오염될 수 있음.
③ ㉢: 슬러지
④ ㉣: 처리 방안이 없음.

02 다음 글의 ㉠의 사례가 포함되어 있지 않은 것은?

㉠ 잉여적 표현이란 한 단어, 어절 또는 문장의 앞이나 뒤에 붙어 있는 의미상 불필요한 말을 가리킨다. 일종의 의미의 중복, 의미의 중첩이다. 한자어가 약 52%를 넘는 우리나라의 어휘 특성이 잉여적 표현을 만들어 내는 한 가지 이유가 되고 있다. 무심코 한자어에 같은 의미의 고유어를 다시 첨가하기 때문이다. '과반수 이상'이란 표현이 잉여적 표현의 대표적인 예이다. '과반수(過半數)'라는 단어에 '넘는다', 즉 '이상(以上)'이라는 의미가 포함되어 있다. 따라서 '반수 이상' 또는 '과반수'로 고쳐야 한다.

① 이 토지는 둘로 양분할 수 없습니다.
② 근거 없는 낭설은 퍼뜨리지 말아 주세요.
③ 불필요한 부분은 삭제하여 빼도록 합시다.
④ 우리는 인내하면서 어려운 시기를 이겨냈다.

03 <지침>에 따라 만든 노래의 가사로 가장 적절한 것은?

―〈지 침〉―
○ 대구의 형식으로 표현할 것.
○ 가사에는 환경 파괴의 심각성을 반영할 것.
○ 환경 파괴가 인간에게 미치는 영향을 우회적으로 표현할 것.

① 당신이 내뿜는 매연 때문에
　오늘도 지구가 아파하고 있어요.
　자동차를 이제 그만 멈추어 주세요.
　당신도 지구처럼 아파지기 전에.

② 무심코 사용하는 종이컵 때문에
　수많은 숲들이 사라지고 있어요.
　숲속 주인인 새들이 갈 곳을 찾고 있어요.
　이제 다시 새들의 보금자리를 돌려줘야 해요.

③ 난 네가 쉴 수 있는 푸른 숲이야.
　하늘을 날다 지치면 내 품으로 돌아오렴.
　편안한 잠 들 때까지 밤새 널 지켜 줄 거야.
　달콤한 꿈 꿀 때까지 밤새 널 안아 줄 거야.

④ 버려진 쓰레기로 지구가 몸살을 앓고 있어요.
　오염된 물로 지구가 신음을 하고 있어요.
　지구가 쓰레기와 오염된 물로 뒤덮이면
　우리는 지구를 떠나 다른 별로 이사를 가야 해요.

04 문맥상 ㉠의 의미와 가장 가까운 것은?

2007년 국가직 9급 변형

　일찍이 어느 민족 내에서나 혹은 종교로, 혹은 학설로, 혹은 경제적·정치적 이해의 충돌로 하여 두 파, 세 파로 ㉠ 갈려서 피로써 싸운 일이 없는 민족이 없거니와, 지내 놓고 보면 그것은 바람과 같이 지나가는 일시적인 것이요, 민족은 필경 바람 잔 뒤에 초목 모양으로 뿌리와 가지를 서로 걸고 한 수풀을 이루어 살고 있다. 오늘날 소위 좌우익(左右翼)이란 것도 결국 영원한 혈통의 바다에 일어나는 일시적인 풍파(風波)에 불과하다는 것을 잊어서는 아니 된다. 이 모양으로 모든 사상도 가고 신앙(信仰)도 변한다. 그러나 혈통적인 민족만은 영원히 흥망성쇠(興亡盛衰)의 공동 운명의 인연에 얽힌 한 몸으로 이 땅 위에 사는 것이다.

① 길이 양쪽으로 갈리다.
② 날이 가물어서 밭이 잘 안 갈린다.
③ 지저분한 수건이 새 수건으로 갈려 있다.
④ 임원들이 신임 사장의 측근 인사로 모두 갈렸다.

05 다음 글의 ㉠~㉢의 사례를 적절하게 나열한 것은?

> '반의 관계'는 의미상으로 대립되는 단어를 가리킨다. 반의 관계는 '정도 반의어', '상보 반의어', '방향 반의어'의 세 가지 유형으로 구별된다. ㉠ 정도 반의어는 정도나 등급에 있어서 대립되는 단어 쌍으로서 '크다/작다'와 같은 어휘가 여기에 해당한다. ㉡ 상보 반의어는 반의 관계에 있는 의미 영역을 상호 배타적인 두 구역으로 철저히 양분하는 단어 쌍으로서 '남성/여성'이 여기에 해당한다. ㉢ 방향 반의어는 맞선 방향을 전제로 하여 관계나 이동의 측면에서 대립을 이루는 단어 쌍으로서 '앞/뒤'가 여기에 해당한다.

	㉠	㉡	㉢
①	쉽다 – 어렵다	참 – 거짓	오른쪽 – 왼쪽
②	길다 – 짧다	사다 – 팔다	승리 – 패배
③	남편 – 아내	삶 – 죽음	위 – 아래
④	굵다 – 가늘다	밝다 – 어둡다	출석 – 결석

06 <지침>에 따라 <개요>를 작성할 때 ㉠~㉣에 들어갈 내용으로 적절하지 않은 것은?

― <지 침> ―
○ 주제문은 글의 목적이 드러나도록 작성할 것.
○ 상위 항목과 하위 항목의 관계를 고려하여 작성할 것.
○ 글의 완결성과 일관성을 고려하여 작성할 것.

― <개 요> ―
○ 주제문: ㉠
Ⅰ. 서론: 학교 휴식 공간의 실태와 문제점
Ⅱ. 본론
  1. 조성의 필요성
    가. ㉡
    나. 자연 친화적 성격의 공간 요구
  2. 조성의 ㉢
    가. 학교 휴식 공간에 대한 사회적 무관심
    나. 재원 확보의 어려움
    다. 학교 옥외 공간의 활용 방안 부재
  3. 해결 방안
    가. ㉣
    나. 지역 공동체와의 협력을 통한 재원 확보
    다. 자연 친화적 공간 활용 계획 수립
Ⅲ. 결론: 정서적·환경적 가치가 높은 학교 옥외 쉼터의 조성 제안

① ㉠: 학교에 옥외 쉼터를 조성하자.
② ㉡: 휴식 및 친교 기능의 공간 요구
③ ㉢: 장애 요인
④ ㉣: 낙후된 교실 환경에 대한 사회적 관심 촉구

07 다음 글의 'ⓒ : ⓒ'과 관계가 가장 유사한 것은?

1995학년도 대학수학능력시험 변형

이론에 모순된 관찰 결과들이 증가하면 패러다임은 위기를 맞게 된다. 그렇게 되면 그런 관찰 결과들을 해석하기 위한 ⓒ 새로운 이론들이 쏟아져 나와 서로 경합하는 혼돈(混沌)의 시기로 접어들게 한다. 이 때에도 과학자들은 하나의 이론이 승리하여 ⓒ 새로운 패러다임으로 확립되기까지 기존의 패러다임을 포기하지 않는다. 물론 어떤 사람들은 이론에 모순되는 관찰들, 다시 말해서 이론이 옳지 않다는 것을 보여 주는 반례(反例)들을 앞에 놓고서도 기존의 과학 이론을 포기하지 않는 과학자들의 태도는 도저히 합리적이라고 볼 수 없다고 생각한다. 그러나 이러한 과학자들의 태도가 불합리하다고 말할 수만은 없다. 과학적 이론이란 세계를 보는 도구이며, 도구 없이 세계를 본다는 것은 불가능하기 때문이다.

① 참 : 거짓
② 장미 : 꽃
③ 악어새 : 악어
④ 후보자 : 당선자

08 다음 글의 ⓒ ~ ⓔ 중 어색한 곳을 찾아 가장 적절하게 수정한 것은?

2017년 국가직 9급 변형

우리는 우리가 생각한 것을 말로 나타낸다. 또 다른 사람의 말을 듣고, 그 사람이 무슨 생각을 가지고 있는가를 짐작한다. 그러므로 ⓒ 생각과 말은 서로 떨어질 수 없는 깊은 관계를 가지고 있다.
그러면 말과 생각이 얼마만큼 깊은 관계를 가지고 있을까? 이 문제를 놓고 사람들은 오랫동안 여러 가지 생각을 하였다. ⓒ 그 가운데 가장 두드러진 것이 두 가지 있다. 그 하나는 말과 생각이 서로 꼭 달라붙은 쌍둥이인데 한 놈은 생각이 되어 속에 감추어져 있고 다른 한 놈은 말이 되어 사람 귀에 들리는 것이라는 생각이다. 다른 하나는 생각이 큰 그릇이고 말은 생각 속에 들어가는 작은 그릇이어서 생각에는 말 이외에도 다른 것이 더 있다는 생각이다.
이 두 가지 생각 가운데서 ⓒ 앞의 것은 조금만 깊이 생각해 보면 틀렸다는 것을 즉시 깨달을 수 있다. 우리가 생각한 것은 거의 대부분 말로 나타낼 수 있지만, 누구든지 가슴 속에 응어리진 어떤 생각이 분명히 있기는 한데 그것을 어떻게 말로 표현해야 할지 애태운 경험을 가지고 있을 것이다. 이것 한 가지만 보더라도 말과 생각이 서로 안팎을 이루는 쌍둥이가 아님은 쉽게 판명된다.
인간의 생각이라는 것은 매우 넓고 큰 것이며 말이란 결국 생각의 일부분을 주워 담는 작은 그릇에 지나지 않는다. 그러나 아무리 인간의 생각이 말보다 범위가 넓고 큰 것이라고 하여도 그것을 가능한 한 말로 바꾸어 놓지 않으면 그 생각의 위대함이나 오묘함이 다른 사람에게 전달되지 않기 때문에 생각이 형님이요, 말이 동생이라고 할지라도 생각은 동생의 신세를 지지 않을 수가 없게 되어 있다. ⓔ 그러니 말을 통하지 않고도 생각을 전달할 수가 있는 것이다.

① ⓒ: 생각과 말은 완벽히 분리할 수 있는 관계
② ⓒ: 그 가운데 가장 두드러진 것이 세 가지 있다.
③ ⓒ: 앞의 것만 옳다는 것을 즉시 깨달을 수 있다.
④ ⓔ: 그러니 말을 통하지 않고는 생각을 전달할 수가 없는 것이다.

09 ㉠ ~ ㉣과 바꿔 쓸 수 있는 유사한 표현으로 적절하지 않은 것은?

'사단'이란 중국 전국 시대의 유가 사상가인 맹자의 저서에 처음 사용된 말로, 본성의 선함을 알 수 있는 네 가지 단서가 되는 마음을 뜻한다. 맹자는 인간의 본성이 선하다고 주장하고 그 선한 본성을 인·의·예·지(仁義禮智)라고 하였다. 조선의 성리학자들은 맹자의 견해를 그대로 받아들여, 사단이 인의예지에서 우러나오는 '정(情)'이며, 도덕적으로 순수한 성질을 지닌다고 보았다. '칠정'은 중국 유가의 경전인 『예기(禮記)』에 등장하는 개념으로 기쁨(喜), 노여움(怒), 슬픔(哀), 두려움(懼), 아낌(愛), 미워함(惡), 원함(欲) 등의 감정을 가리킨다. 인간이 ㉠ 표출하는 감정을 총칭하는 칠정은 발생할 당시에는 선악의 가치를 띠고 있지 않은 것인데, 그것을 조절하지 못하고 ㉡ 방치하게 되면 중용을 잃게 되어 악으로 흐를 위험이 농후한 것이라고 간주된다. 여기서 '정(情)'의 선악을 가리키는 기준은 다음과 같다. 정이 선하다는 것은 정이 발출되어 나온 결과가 당연한 이치 또는 예절에 ㉢ 부합하는 상태를 말한다. 이 상태는 당연한 이치 또는 예절에 꼭 들어맞는다는 의미에서 '중(中)'이라고 한다. 그리고 중을 통해 다른 존재들과의 '화(和)', 즉 조화가 가능하다고 생각했다. 따라서 정의 선악을 따지는 기준은 '중'과 '화'에 있다고 할 수 있다.

칠정과 사단의 개념은 중국에서 정립되었지만, 둘의 상호 관계에 대해서는 조선의 성리학자들에 의해서 ㉣ 해명되기 시작하였다고 할 수 있다. 특히 동시대에 활동했던 퇴계 이황과 고봉 기대승은 편지로 칠정과 사단에 대한 자신의 견해를 밝혔고, 상대방의 주장을 논박했으며, 간혹 상대방의 주장이 타당하다고 생각되면 일부 자신의 견해를 수정하기도 하였다. 이황은 사단은 만물 생성의 근원이 되는 정신적 실재인 이(理)에서 근원하고, 또 칠정을 만물을 구성하는 요소인 기(氣)에서 근원한다고 보았다. 즉 사단은 그 자체가 순수한 선의 성질을 지니고 있는 정이지만, 칠정은 발생할 때는 선악이 정해져 있지 않은 상태이지만 중(中)과 화(和)를 얻기가 어려워서 쉽사리 악으로 흐를 수 있는 정이라는 차이가 있다는 것이다. 그러나 기대승은 사단과 칠정은 모두 기(氣)에서 근원한 것으로 본질적으로 다른 것이 아니라고 주장했다. 원래 칠정에는 선한 정과 악한 정이 공존하며, 그 가운데 당연한 이치 또는 예절에 부합하는 선한 정만을 구별하여 사단이라는 것이다. 그는 이처럼 기(氣) 속에 이(理)가 포함되어 있다고 보았다.

① ㉠: 겉으로 나타내는
② ㉡: 내버려 두게
③ ㉢: 꼭 들어맞는
④ ㉣: 드러나기

10 갑과 을을 분석한 내용으로 적절한 것만을 <보기>에서 모두 고르면?

> 면접관: 먼저, 저희 ○○신문사에 지원한 동기를 알고 싶군요.
> 갑: 예, 저는 대학에서부터 대학 신문을 만드는 작업을 하면서 미래의 신문 기자를 꿈꿔 왔습니다.
> 을: 저는 잠깐이지만 타 신문사에서 시민 기자로 실제 기사 취재와 작성을 체험하며 기자의 꿈을 키워 왔습니다.
> 면접관: 다음 질문입니다. 앞으로 ○○신문사 기자가 되면 어떤 기사를 쓰고 싶습니까?
> 갑: 지금 당장 쓰고 싶은 기사는 없습니다만, 저는 어떤 사건이든 열심히 취재할 생각입니다.
> 을: 저는 현재 우리 사회의 다양한 분야에서 활동하고 있는 전문가들을 만나 그들이 현재의 위치에 오기까지의 과정을 취재한 기사를 쓰고 싶습니다.
> 면접관: 만약, '범죄와의 전쟁'이라는 특집 기사를 맡았다면 여러분은 어떻게 할 건가요?
> 갑: 일단 경찰이나 범죄자를 찾아가 인터뷰를 하겠습니다. 손이 아닌 발로 쓰는 기사를 쓰겠습니다.
> 면접관: 어떤 사건과 관련된 경찰이나 범죄자를 찾아간다는 거죠?
> 갑: 음……, 그냥 요즘 사회적으로 문제가 되는 범죄와 관련된 사람들을 찾아간다는 겁니다.
> 을: 저는 범죄가 발생하게 된 사회적 배경을 파악하기 위해 전문가를 찾아가 인터뷰를 하겠습니다.
> 면접관: 어떤 분야의 전문가를 찾아가 어떤 내용의 질문을 하겠다는 거죠?
> 을: 범죄 심리나 사회 병리적 현상을 연구하는 학자를 찾아가 요즘의 범죄가 가진 특징, 범죄가 발생하는 사회적 원인 등에 대해 질문을 하겠습니다.
> 면접관: 마지막 질문입니다. 여러분이 나중에 기사의 최종 편집 권한을 가진 책임자가 됐는데 일선 기자와 편집 방향에서 의견 충돌이 있다면 어떻게 하시겠습니까?
> 갑: 저는 각자의 의견을 모두 존중해야 한다고 생각하기에 시간이 걸리더라도 그 기자와 토론을 하여 최대한 합리적인 방향으로 해결하도록 노력하겠습니다.
> 을: 최종 편집 권한을 가진다는 것은 편집에 따른 결과물에 대한 책임 역시 가진다는 것을 의미한다고 생각합니다. 기사를 쓰는 것은 일선 기자의 몫이지만 그 기사를 어떤 방향으로 편집하느냐는 그 권한을 가진 편집자의 몫이기에 저는 제 주장을 끝까지 관철해 나가겠습니다.

― <보 기> ―

ㄱ. 갑은 상대적으로 의욕적이고 체계적이다.
ㄴ. 을은 신문사에 들어와 하고 싶은 일이 상대적으로 구체적이다.
ㄷ. 갑과 을 모두 신문사에 입사하고 싶은 의사를 가지고 있다.

① ㄱ ② ㄴ
③ ㄱ, ㄷ ④ ㄴ, ㄷ

Day 16 하프모의고사 16회

소요시간   분   초 (총 10문항 / 10분)

01 <지침>에 따라 ㉠ ~ ㉣을 수정한 것으로 적절하지 않은 것은?

〈지 침〉
(가) 글의 흐름을 고려할 것.
(나) 의미가 중복된 표현을 피할 것.
(다) 맥락에 어울리는 접속 부사를 사용할 것.
(라) 문장 성분 간 호응을 바르게 할 것.

　나발은 기다란 나팔처럼 생긴 한국의 전통 관악기이다. 한국의 전통 관악기로는 유일하게 쇠붙이로 만들어진 것으로 그 길이가 무려 115㎝ 정도나 된다. ㉠입으로 부는 구멍 쪽은 가늘고 반대쪽은 갈수록 굵어지면서 끝이 나팔꽃처럼 벌어진 원뿔형의 모습을 하고 있다. 이처럼 긴 관은 하나로 이루어진 것이 아니고 두 도막 또는 세 도막의 짧은 관들을 ㉡끼워서 연결하여 만든다.
　나발은 다른 관악기와는 달리 관 중간 중간에 구멍이 없기 때문에 손가락으로 구멍을 여닫으며 음을 조절할 수 없다. ㉢그러나 오직 입구에 댄 입술로만 음의 강약이나 높낮이를 조절하여 간단한 몇 가지 소리를 낼 수 있을 뿐이다. ㉣비록 다양한 가락을 연주할 수는 없다면 힘차게 울려 퍼지는 나발의 소리는 많은 사람들을 한곳으로 모으고 분위기를 향상시키는 역할을 훌륭히 해 낸다.

① (가)에 따라 ㉠은 앞문장과 위치를 바꾼다.
② (나)에 따라 ㉡에서 '끼워서'를 삭제한다.
③ (다)에 따라 ㉢을 '그래서'로 교체한다.
④ (라)에 따라 ㉣을 '비록 다양한 가락을 연주할 수 없지만'으로 고친다.

02 '기부 문화에 나타난 문제점과 활성화 방안'에 대한 글을 쓰기 위해 <개요>를 작성하였다. <개요> 수정 및 자료 제시 방안으로 적절하지 않은 것은?

〈개 요〉
Ⅰ. 처음
　1. 기부의 개념
　2. 기부의 의의 ················· ㉠
Ⅱ. 중간
　1. 기부 현황
　　가. 기부한 분야 및 액수
　　나. 기부 단체 활동의 향후 전망 ········ ㉡
　2. 기부 문화 활성화의 걸림돌
　　가. 기부 단체의 기부금 관리에 대한 신뢰 부족
　　나. 홍보를 위한 기업 중심의 일회성 기부
　　다. 기부 단체에 대한 지원 및 관리 시스템 미비
　3. 기부 문화의 활성화 방안
　　가. 기부 단체 간 유기적 교류 체계 마련
　　　················· ㉢
　　나. 개인 중심의 상시적인 기부 문화 조성
　　다. ㉣
Ⅲ. 끝
　기부 문화를 활성화하기 위한 적극적인 노력 당부

① ㉠: 기부가 우리 사회에 끼치는 긍정적인 효과를 자료로 제시한다.
② ㉡: 상위 항목과의 연관성이 떨어지므로 삭제한다.
③ ㉢: 'Ⅱ-2-가'를 고려하여 '기부에 대한 체계적인 교육 프로그램 마련'으로 수정한다.
④ ㉣: 글의 완결성을 고려하여 '기부 단체에 대한 종합적인 지원 시스템의 구축'이라는 항목을 추가한다.

03 다음 글의 ⊙의 사례가 포함된 것은?

> 사동법을 형성하는 두 번째 방법은 통사적 구성에 의한 방법이다. 이는 서술어의 주동 형태에 '-게 하다'를 붙여 사동법을 실현하는 방법이다. 이를 통사적 사동법이라 한다. 사동문의 길이 차이에 의거하여 통사적 사동법을 장형 사동, 파생적 사동법을 단형 사동이라고 하기도 한다. ⊙ <u>이 경우 파생적 사동 표현과 통사적 사동 표현의 의미가 다를 수도 있다.</u> 파생적 사동법에 의한 사동문은 그 뜻이 중의적인 경우가 많기 때문이다.

① ┌ 나는 난롯가에서 언 손을 녹였다.
　└ 나는 난롯가에서 언 손을 녹게 했다.

② ┌ 어머니께서 동생에게 밥을 먹이셨다.
　└ 어머니께서 동생에게 밥을 먹게 하셨다.

③ ┌ 선생님께서 철수에게 일을 맡기신다.
　└ 선생님께서 철수에게 일을 맡게 하신다.

④ ┌ 콜럼버스는 달걀을 평평한 곳에 세웠다.
　└ 콜럼버스는 달걀을 평평한 곳에 서게 했다.

04 다음 글의 ⊙ ~ ⓔ 중 어색한 곳을 찾아 가장 적절하게 수정한 것은?　　2017년 사회복지직 9급 변형

> 억양은 ⊙ <u>소리의 길이</u>의 이어짐으로 이루어지는 일정한 유형이라고 할 수 있다. 동일한 문장이라도 억양을 상승 조로 하느냐 하강 조로 하느냐에 따라 의문문도 되고 평서문도 된다. 이 경우 억양은 ⓒ <u>문장의 유형</u>을 결정하는 문법적 기능을 담당한다. 또 억양은 이러한 문법적 기능 이외에 ⓒ <u>화자의 태도</u>와 의미를 드러내기도 한다. 하강 억양은 완결의 뜻을, 상승 억양은 비판의 뜻을 나타낸다. 억양에는 이처럼 발화 태도와 의미가 드러나 있기 때문에, ⓔ <u>이를 잘 이해해야 정확한 뜻을 전달할 수 있다.</u>

① ⊙: 소리의 높낮이
② ⓒ: 단어의 뜻
③ ⓒ: 청자의 태도
④ ⓔ: 이를 잘 이해해도 정확한 뜻을 전달하기 어렵다.

05 ⊙ ~ ⓔ과 바꿔 쓸 수 있는 유사한 표현으로 적절하지 않은 것은?

> 우리가 어떤 사건으로 인한 정서에 대해 과대평가하는 이유는 무엇일까? 여기에는 몇 가지 정신적인 메커니즘이 작용한다. 첫째, 사람들은 사건에 관여하는 여러 요소 중 한 가지 요소에만 ⊙ <u>치우쳐</u> 해석하는 경향이 있다. 둘째, 사람들의 예측은 동기의 왜곡으로부터 영향을 받는다. 예를 들어 게으름뱅이는 일하지 않고 빈둥거리는 자신을 합리화하기 위해 일하면서 받을지도 모르는 스트레스를 부풀려 인식할 수 있다. 셋째, 다른 사건은 모두 배제하고 오직 한 가지 사건에만 집중했기 때문일 수도 있다.
> 　그런데 실험을 통해 알게 된 사실은 정서의 종류에 따라서 그 차이가 다르게 나타난다는 것이다. 승자의 집단에 속한 사람들이 실제로 경험한 행복의 정도는 예상치보다 근소한 차이로 낮았을 뿐이다. 하지만 패자의 집단에 속한 사람들이 예상한 슬픔의 정도는 실제 슬픔의 정도보다 훨씬 컸다. 이는 정서의 정도에 대한 편견이 부정적인 정서의 예측에서 심하게 나타난다는 것을 말해 준다. 또한 불행과 같은 부정적인 정서의 지속 시간은 예상보다 훨씬 짧았다.
> 　그렇다면 정서에 대한 편견이 부정적인 정서에서 더 크게 ⓒ <u>일어나는</u> 이유는 무엇일까? 학자들은 불행한 정서가 오래 지속되면 삶에 대한 좌절감에서 벗어나기 어렵기 때문이라고 설명한다. 마치 바이러스가 인체에 침입하면 그것을 ⓒ <u>물리쳐</u> 신체를 보호하는 신체적 면역 체계가 작동하는 것과 마찬가지로 불행한 정서에서 벗어나기 위해 심리적 면역 체계가 작동한다는 것이다. 이 같은 사실은 실험에 참여한 사람들의 의견 변화에 대한 분석을 통해서도 뒷받침된다. 당선한 후보에 대한 승자의 집단의 의견은 일관적이었다. 그들은 선거 전이나 후나 후보에 대해 좋은 인상을 ⓔ <u>가지고</u> 있었다. 반면에 당선한 후보에 대한 패자의 집단의 의견은 바뀌었다. 그들은 선거 전에 비해 당선된 후보에 대해 좋은 인상을 갖게 되었다. 이는 패자의 집단에 속한 사람들이 당선된 후보에 대한 인식의 변화를 통해 그의 승리를 합리화하여 불행한 정서에서 벗어나고 있음을 암시하는 것이다.

① ⊙: 편중(偏重)되어
② ⓒ: 촉발(觸發)되는
③ ⓒ: 퇴치(退治)하여
④ ⓔ: 소유(所有)하고

06 <지침>에 따라 글을 완성할 때, ㉠에 들어갈 내용으로 가장 적절한 것은?

─〈지 침〉─
○ '나'를 소개하는 데 초점을 맞출 것.
○ 비유적인 표현을 사용할 것.
○ 깨달음의 내용을 구체화하면서 글의 전체 흐름을 살릴 것.

〈자기 소개서—성장 과정과 가정환경〉

부모님은 자식들이 자기 일을 스스로 개척해 나가야 한다는 것을 가정교육의 원칙으로 삼고 계십니다. 막내인 제게도 별다른 간섭을 하지 않으시고 무슨 일이든 제가 알아서 하도록 내버려두십니다. 그러나 자신이 선택한 일에 대한 결과에 대해서는 엄격히 책임을 물으십니다. 그 교육의 의미를 제대로 이해한 것은 중학교 2학년 여름방학 때 아버지와 함께 보름가량 전국 일주를 했을 때입니다. 그 여행을 하는 동안 저는 아버지와 많은 대화를 했습니다. 그때 저는 아버님께서 젊은 시절에 어려운 환경 속에서 크고 작은 많은 실패를 겪으셨지만, 자신에 대한 믿음이 있었기에 포기하지 않고 노력하셨고, 결국 목표를 달성하시게 되었다는 것을 알았습니다. 그 여행 이후, ㉠

① 저는 이 세상에 불가능한 일은 없다는 것을 깨달았습니다. 불가능이란 나약한 사람들의 머릿속에 들어 있는 말일 뿐입니다. 나는 아버지의 아들입니다. 이 세상 그 어떤 것과도 겨루어 이길 자신이 있습니다.

② 저는 어려운 처지를 내색하지 않고 묵묵하게 일해 오신 아버지에게 무한한 애정을 가지게 되었습니다. 가족을 위해 자신의 모든 것을 바치며 수고해 오신 아버지야말로 가장 소중한 존재라는 것을 새삼 깨달았습니다.

③ 저는 성실히 노력하면 하늘이 돕는다는 격언이 바로 아버지에게 적용되는 말임을 깨달았습니다. 아버지께서도 인간은 최선을 다한 뒤에 결과를 하늘에 맡겨야 한다고 하셨습니다. 최선의 노력과 겸허함이 아버지의 삶을 받치는 두 개의 기둥이었습니다.

④ 저는 제 자신을 믿고 목표를 향해 한발 두발 내딛으면 언젠가는 원하는 바를 이룰 수 있다는 생각을 하게 되었습니다. 그리고 쓰러져도 다시 일어나는 오뚝이처럼 스스로의 힘으로 원하는 일을 개척하고 그 결과에 책임지는 아버지와 같은 사람이 되겠다고 다짐하게 되었습니다.

07 다음 중 수정한 문장이 바르지 않은 것은?

① 신은 인간을 사랑하지만 시련의 고통을 주기도 한다.
→ 신은 인간을 사랑하지만 인간에게 시련의 고통을 주기도 한다.

② 본격적인 공사가 언제 시작되고, 언제 개통될지 모른다.
→ 본격적인 공사가 언제 시작되는지 모르고, 언제 개통될지 모른다.

③ 내가 그곳에 가기 싫어한 이유는 그곳에는 자유가 없었다는 것이다.
→ 내가 그곳에 가기 싫어한 이유는 그곳에는 자유가 없었기 때문이다.

④ 가장 큰 문제는 원래 계획했던 일들을 충실히 수행하지 못했다.
→ 가장 큰 문제는 원래 계획했던 일들을 충실히 수행하지 못했다는 점이다.

08 밑줄 친 부분 중 ㉠~㉣을 활용하여 만든 문장으로 적절하지 않은 것은?

현재 실학은 대체로 '성리학의 이념 논쟁을 극복하고 근대 사회를 지향했던 조선 후기의 진보적 사상'이라고 이해된다. 그런데 이런 상식적 정의의 ㉠이면에는 다른 문제가 포함되어 있다. 사람들이 실학이라는 이름으로 끌어내고자 하는 무언가가 있었기 때문이다. 근·현대 학자들이 조선 후기의 학풍을 실학이라고 정의하고 주목했던 데에는 실학에서 '우리 스스로 근대화할 수 있는 힘'을 찾으려는 의도가 깔려 있다. 어떤 학자들은 실학을 봉건 지형을 뚫고 올라온 근대적인 사상이라고 파악하고 외세의 침략 같은 다른 외적인 ㉡요인들이 아니었다면 실학을 통해 우리 스스로가 근대화를 이룰 수 있었을 것이라고 생각했다. 이런 생각이 크게 잘못된 것은 아니다. 그러나 이런 측면을 지나치게 부각할 경우 문제가 생길 수 있다.

먼저 지적할 것은 지나치게 이전 학문과의 불연속을 강조하면 문제가 일어날 수 있다는 점이다. 이전의 학문이란 성리학 ㉢내지는 유학을 말한다. 물론 조선 후기의 사상적 흐름은 기존의 조선 성리학과는 다른 것이었다. 조선 성리학이 지나치게 이론적 ㉣공박을 펼치느라 현실의 문제를 등한시했고 이에 따른 반동으로 실학이 나타났다는 평가도 크게 틀리지 않다. 그러나 이들이 모두 과거의 학문을 극복해야 할 '적'으로 생각했다는 것은 옳은 평가가 아니다. 성리학적 논쟁에 빠져서 사회 변화에 대처하지 못하는 풍토에 대해서는 경계하고 비판했지만 이들이 자기가 성장한 토양을 완전히 부정하고 새로운 사상을 시도했다고 볼 수는 없다.

① ㉠: 그는 왜소함 이면에 굳센 의지를 지니고 있다.
② ㉡: 그는 전에도 정부의 요인들과 대면한 적이 있다.
③ ㉢: 이것은 산 내지 들에서만 자라는 식물이다.
④ ㉣: 모두들 그가 우유부단하다고 호된 공박이었다.

09 문맥상 ㉠~㉣ 중 지시 대상이 같은 것만으로 묶인 것은?

2007년 국가직 7급 변형

천문학적인 돈을 기부한 빌 게이츠와 워렌 버핏의 선행이 세상의 주목을 받고 있다. 부자가 된 뒤 부를 사회에 내놓는 것만도 대단한 일이다. 그러나 천문학적인 돈을 만지면서도 애초부터 그 돈이 "내 것이 아니다"라고 못 박았던 사람이 있었다. 부도 직위도 자신이 잠시 맡고 있다고 여기며 조금도 집착하지 않았던 유한양행의 설립자 ㉠유일한 선생(1894~1971)이었다.

서울시 동작구 대방동엔 유한킴벌리와 한국얀센 등 작지만 큰 기업들의 모체가 된 붉은 벽돌의 옛 유한양행 사옥이 그대로 남아있다. 선생이 그 곳을 내려다보며 깊은 묵상에 잠겨 있다가 영면에 든 언덕 위의 집터에 지금의 신사옥이 들어섰다. 빌딩에 들어서니 무엇보다도 먼저 유일한의 흉상이 반긴다.

유한양행 사장을 지낸 ㉡연만희 고문(77)은 1963년 이 회사에 입사해 총무부장 등으로 유일한을 가까이에서 보좌했다. ㉢그는 69년 ㉣선생이 부사장으로 근무하던 외아들과 조카에게 회사를 그만두게 했을 때 '특별한 잘못이 없는데 그렇게까지 해야 하느냐'고 물었다. 그러자 유일한 선생은 "내가 죽고 나면 그들로 인해 파벌이 조성되고, 그렇게 되면 공정하게 회사가 운영되기 어려울 것"이라고 말했다 한다.

① ㉠, ㉢
② ㉡, ㉢
③ ㉠, ㉢, ㉣
④ ㉡, ㉢, ㉣

10 다음 대화를 분석한 내용으로 가장 적절하지 않은 것은?

> 갑: 오늘은 수업이 일찍 끝나서 철수랑 영화 보러 가기로 했는데 너도 같이 갈 수 있지?
> 을: 내일 국어 시간에 과제 발표를 해야 하는데, 준비를 제대로 못했어.
> 갑: (고개를 끄덕이며) 그렇구나. 그런데 얼굴이 안 좋아 보여. 발표 준비 때문에 그래?
> 을: 응. 발표 내용은 다 완성했는데, 정작 수업 시간에 발표를 잘 해낼 자신이 없어.
> 갑: 왜? 혹시 발표할 때 실수할까 봐 그래?
> 을: 응. 이렇게 둘이서 대화할 때는 문제가 없는데, 여러 사람들 앞에만 서면 가슴이 콩닥거리고 말이 제대로 안 나와.
> 갑: 나도 그런 적이 있었어. 너, 발표할 때 여러 생각이 들어서 집중하지 못하는 경우도 있지?
> 을: 맞아. 내가 발표 내용을 제대로 전달하고 있는지, 혹시 청중들이 나를 비웃고 있는 것은 아닌지 하는 걱정 때문에 발표하는 데 집중할 수가 없어.
> 갑: 그렇구나. 그럴 때 내가 썼던 방법이 있는데 알려 줄까?
> 을: 어떤 방법이 있어? 나에게도 좀 알려 줘.
> 갑: 좋아. 그런데 넌 지금까지 어떻게 발표 준비를 했니?
> 을: 발표 때 내용을 잊어버릴까 봐 원고를 완벽하게 암기했지.
> 갑: 그렇구나. 그런데 그게 문제일 수도 있어. 내용을 암기해서 발표하면 암기한 것을 잊지 말아야지 하는 생각 때문에 더 불안해질 수도 있고, 청중과의 자연스러운 교감도 어려워져. 그럴 때는 발표 내용을 순서에 따라 간단하게 정리한 노트를 보면서 발표하는 것이 좋아. 그리고 너 발표 연습은 어떻게 하니?
> 을: 다른 사람들이 내 발표를 듣는 게 창피하잖아. 그래서 이불을 뒤집어쓰고 암기한 내용을 조용히 말해 봐.
> 갑: 그런 방법보다는 청중들이 바로 앞에 있다고 생각하면서 연습해 봐. 가족들이나 친한 친구들 앞에서 미리 연습해 보는 것도 좋아. 실전처럼 연습하면서 목소리 크기도 조절하고, 표정과 몸짓을 섞어 가면서 하다 보면 분명 잘 할 수 있을 거야.
> 을: 그렇구나. 고마워. 오늘 당장 시도해 봐야겠어.
> 갑: 고맙기는. 참, 발표하기 전에 심호흡을 크게 하는 것도 마음의 안정을 찾는 데 도움이 되니까 참고해 둬.

① 상대방 말의 타당성을 평가한 뒤에, 자신에게 맞는 조언만 받아들이고 있는 사람이 있다.
② 상대방이 겪고 있는 어려움을 해결하기 위해 주도적으로 대화를 이끌어 나가는 사람이 있다.
③ 상대방의 말에 관심을 표명하면서 상대가 이야기를 이어 갈 수 있도록 유도하는 사람이 있다.
④ 일대일 대화가 아닌 일대다 관계의 대중 화법을 구사하는 경우에 어려움을 겪고 있는 사람이 있다.

공무원 시험 전문 해커스공무원

gosi.Hackers.com

2026 대비 최신개정판

해커스공무원
혜원국어 화법과 작문
적중 하프모의고사

개정 3판 1쇄 발행 2025년 8월 25일

지은이	고혜원
펴낸곳	해커스패스
펴낸이	해커스공무원 출판팀
주소	서울특별시 강남구 강남대로 428 해커스공무원
고객센터	1588-4055
교재 관련 문의	gosi@hackerspass.com
	해커스공무원 사이트(gosi.Hackers.com) 교재 Q&A 게시판
	카카오톡 채널 [해커스공무원 노량진캠퍼스]
학원 강의 및 동영상강의	gosi.Hackers.com
ISBN	979-11-7404-372-6 (13710)
Serial Number	03-01-01

저작권자 ⓒ 2025, 고혜원

이 책의 모든 내용, 이미지, 디자인, 편집 형태는 저작권법에 의해 보호받고 있습니다.
서면에 의한 저자와 출판사의 허락 없이 내용의 일부 혹은 전부를 인용, 발췌하거나 복제, 배포할 수 없습니다.

공무원 교육 1위,
해커스공무원 gosi.Hackers.com

해커스공무원

- 해커스공무원 학원 및 인강(교재 내 인강 할인쿠폰 수록)
- 정확한 성적 분석으로 약점 극복이 가능한 **합격예측 온라인 모의고사**(교재 내 응시권 및 해설강의 수강권 수록)
- 해커스 스타강사의 **공무원 국어 무료 특강**
- 필수 어휘와 사자성어를 편리하게 학습할 수 있는 **해커스 매일국어 어플**

한경비즈니스 2024 한국품질만족도 교육(온·오프라인 공무원학원) 1위

해커스공무원 단기 합격생이 말하는
공무원 합격의 비밀!

해커스공무원과 함께라면
다음 합격의 주인공은 바로 여러분입니다.

대학교 재학 중,
7개월 만에 국가직 합격!

김*석 합격생

영어 단어 암기를 하프모의고사로!

하프모의고사의 도움을 많이 얻었습니다. **모의고사의 5일 치 단어를 일주일에 한 번씩 외웠고**, 영어 단어 **100개씩은 하루에** 외우려고 노력했습니다.

가산점 없이
6개월 만에 지방직 합격!

김*영 합격생

국어 고득점 비법은 기출과 오답노트!

이론 강의를 두 달간 들으면서 **이론을 제대로 잡고 바로 기출문제로** 들어갔습니다. 문제를 풀어보고 기출강의를 들으며 **틀렸던 부분을 필기하며 머리에 새겼습니다.**

직렬 관련학과 전공,
6개월 만에 서울시 합격!

최*숙 합격생

한국사 공부법은 기출문제 통한 복습!

한국사는 휘발성이 큰 과목이기 때문에 **반복 복습이 중요하다고 생각**했습니다. 선생님의 강의를 듣고 나서 바로 **내용에 해당되는 기출문제를 풀면서 복습**했습니다.

해커스공무원 gosi.Hackers.com

더 많은 합격수기가 궁금하다면? ▶

해커스공무원

혜원국어 화법과 작문

적중 하프모의고사

2026 대비 최신개정판

약점 보완 해설집

해커스공무원

해커스공무원
혜원국어 화법과 작문
적중 하프모의고사

약점 보완 해설집

해커스

Day 01 하프모의고사 1회 정답·해설

p.10

01	02	03	04	05
②	④	④	③	③
06	07	08	09	10
①	②	④	②	②

01 어색한 문장 수정   정답 ②

정답 체크

'공중전화'와 '휴대 전화' 중 '정지'해 있는 것은 '공중전화'이고, '이동'하는 것은 '휴대 전화'이다. 따라서 이어지는 문장 "우리는 정지하기보다 이동하고자 한다."와 자연스럽게 연결되기 위해서는 ⓒ을 '공중전화보다 휴대 전화를 좋아하듯'으로 수정한 것은 적절하다.

02 공공언어 바로 쓰기   정답 ④

정답 체크

<공공언어 바로 쓰기 원칙>에서 맥락에 어울리는 '접속 부사'를 사용하라고 하였다. '1문단과 2문단'에 제시된 이유 때문에, 3문단에서 동남아 지역을 여행하는 관광객과 현지 교민들이 불이익을 겪지 않도록 주의를 기울이라고 하였다. 따라서 '1문단과 2문단'과 '3문단'은 인과 관계이다. 그러므로 ⓔ을 역접의 '그러나'로 수정한 것은 적절하지 않다.

오답 분석

① 한자어 '상기(上記: 위 상, 기록할 기)'를 '어려운 말을 쉬운 말로 바꿀 것'에 따라 '위의'로 수정한 것은 옳다.
② '대상'을 '적절한 조사를 넣을 것'에 따라 부사격 조사 '으로'를 추가하여 '대상으로'로 수정한 것은 옳다.
③ '기간'과 '동안'의 뜻이 중복되므로 둘 중 하나를 생략하여 '기간' 또는 '동안'으로 써야 한다. 따라서 '동안'으로 수정한 것은 옳다.

03 문법 추론   정답 ④

정답 체크

㉠에서 "실질적인 의미를 갖는 어근들끼리 만나 새말을 만들기도 하지만"이라고 하였다. '접사'는 '실질적인 의미를 갖는 말'이 아니다. '강마르다'의 '강-'은 '심하게'의 뜻을 더하는 접사이므로, ㉠의 사례로 적절하지 않다.

04 개요 작성   정답 ③

정답 체크

'지역 주민들의 건전한 여가 생활을 위한 공간 활용'은 '지역 문화 예술 센터의 활성화 방안'에 어울리지 않는 내용이다. 또한 '지역 문화 예술 센터 운영의 문제점'과도 관련성이 없다. 따라서 ⓒ에 들어갈 내용으로 적절하지 않다.

오답 분석

① 'Ⅱ-2-가'의 내용인 '지역의 특성을 살린 다양한 프로그램 개발'을 고려할 때, 문제점으로 '지역의 특성과 관련된 프로그램의 부족'이 들어가는 것은 옳다.
② 하위 항목의 내용은 '문제점'에 대응되는 '해결 방안'이다. 따라서 '활성화 방안'이 들어가는 것은 옳다.
④ 결론에 주제인 '지역 문화 예술 센터 활성화'와 향후 과제인 '적극적 관심과 실천 촉구'를 함께 제시한 것은 옳다.

05 작문   정답 ③

정답 체크

주제	부제를 통해 '악성 댓글의 폐해'를 드러내고 있다.
대조법	'짧은 댓글', '긴 흉터'라는 대조의 표현을 활용하였다.
비유법	악성 댓글을 쓰는 행위를 '돌팔매질'에 비유하였다.
설의법	'당신에게 돌팔매질해도 되겠습니까?'라고 하면서, 물음의 형식을 통해 듣는 사람으로 하여금 스스로 답을 하도록 설의법을 사용하였다.

오답 분석

①, ④ 대조의 방법을 활용하지 않았다.
② 설의법이 쓰이지 않았다.

06 문맥적 의미(끌다)   정답 ①

정답 체크

목적어가 '관심을'인 것을 볼 때, ㉠의 '끌다'는 '남의 관심 따위를 쏠리게 하다.'라는 의미이다. 이와 의미가 유사한 것은 ①의 '끌다'이다.

오답 분석

② '시간이나 일을 늦추거나 미루다.'라는 의미이다.
③ '어느 곳에서 원하는 곳에 이르도록 전선 따위를 늘리다.'라는 의미이다.

④ '바닥에 댄 채로 잡아당기다.'라는 의미이다.

> **어휘**
>
> 끌다 〔동〕
>
> Ⅰ 【…을】
>
> 「1」 바닥에 댄 채로 잡아당기다. 예 신을 끌다.
>
> 「2」 바퀴 달린 것을 움직이게 하다. 예 수레를 끌다.
>
> 「3」 짐승을 부리다. 예 강아지를 끌어 집으로 돌려보냈다.
>
> 「4」 남의 관심 따위를 쏠리게 하다. 예 인기를 끌다.
>
> 「5」 시간이나 일을 늦추거나 미루다.
> 예 나는 어떤 일이든지 미적미적 끄는 것은 질색이다.
>
> 「6」 길게 빼어 늘이다. 예 소리를 끌다.
>
> 「7」 목적하는 곳으로 바로 가도록 같이 가면서 따라오게 하다.
> 예 아이 팔을 끌고 병원에 갔다.
>
> Ⅱ 【…에서 …을】
>
> 「1」 어떤 사실이나 글을 옮겨 오거나 옮겨 가다.
> 예 발표자는 인터넷에서 사회적 이슈에 대한 내용을 끌고 와 청중의 호기심을 자극했다.
>
> 「2」 어느 곳에서 원하는 곳에 이르도록 전선 따위를 늘이다.
> 예 옆집에서 전기를 끌어 쓰다.

07 동일한 지시 대상   정답 ②

정답 체크

㉠과 ㉣은 김정호가 만든 '대동여지도'를 의미한다.

오답 분석

㉡은 '대동여지도' 이전의 국가적 차원에서 18세기에 만든 상세한 지도를 의미한다. ㉢은 '대동여지도'를 만드는 과정에서 검토하고 종합한 '지도들'을 의미한다.

08 바꿔 쓰기   정답 ④

정답 체크

'구성(構成: 얽을 구, 이룰 성)'은 '여러 중소도시가 수도권 안에서 하나의 도시망을 구성하고 있다'와 같이 '몇 가지 부분이나 요소 들을 모아서 일정한 전체를 짜 이루다'의 의미를 지닌 단어이다. 따라서 '구성하는'은 ㉣의 문맥에 어울리지 않으며, 여기에 어울리는 단어는 '전환(轉換: 구를 전, 바꿀 환)하는'이다.

오답 분석

① '부합(符合: 붙을 부, 합할 합)하다'는 '사물이나 현상이 서로 꼭 들어맞다'의 의미로 문맥에 어울린다.

② '정착(定着: 정할 정, 붙을 착)하다'는 '일정한 곳에 자리를 잡아 붙박이로 있거나 머물러 살다'의 의미로 문맥에 어울린다.

③ '봉쇄(封鎖: 봉할 봉, 쇠사슬 쇄)하다'는 '굳게 막아버리거나 잠그다'의 의미로 문맥에 어울린다.

09 화법(대화 분석)   정답 ②

정답 체크

ㄱ. '쌀을 사다'라는 말에 대해 이모는 '쌀을 내다팔다'의 의미로, 조카는 '쌀을 구매하다'의 의미로 사용하고 있다.

ㄴ. "쌀을 사서 우리 조카 맛있는 거 해 줘야지."라는 이모의 말을 조카는 쌀이 많은데 돈을 주고 또 마련하느냐는 의미로 해석하여, "이모, 쌀이 이렇게 많은데 또 사요?"라고 반응하고 있다.

오답 분석

ㄷ. "도시에서 쌀을 산다고 할 때와는 뜻이 정반대네요."라는 조카의 말을 볼 때, 이모의 설명을 듣기 전까지는 이모가 '쌀을 사다.'라고 말한 의미를 대부분의 도시 사람들은 이해할 수 없을 것이다.

10 주장의 강화   정답 ②

정답 체크

'갑'과 '을'은 '댐 건설'을 두고 의견의 대립을 보이고 있다. '갑'과 '을'의 주장과 근거를 간단히 정리하면 다음과 같다.

> 갑: 우리나라는 물 부족 국가이다. 댐을 늘려야 한다.
> 을: 우리나라는 물 부족 국가로 분류되어 있지만, 실상은 아니다. 댐을 많이 건설하면 수질이 악화되어 용수 공급에 차질이 생길 수 있다.
> 갑: 댐은 홍수 피해도 방지해 준다.
> 을: 댐으로 인해 홍수 피해가 커질 수 있다. 댐으로 환경 파괴, 유적지 손실 등의 사회적 비용이 든다. 물을 낭비해도 된다는 인식이 문제다.
> 갑: 댐 건설로 누릴 수 있는 이익이 있다. 농업용수나 공업용수의 수요가 계속해서 증가하고 있다.
> 을: 수자원 손실의 억제와 물 절약을 생활화해야 한다.

ㄱ. '을'의 첫 번째 발화를 볼 때, 물 부족 국가로 분류된 나라의 국민들이 실제로 물 부족을 겪지 않고 있다는 것은 '을'의 주장을 강화할 것이다.

ㄷ. '갑'은 세 번째 발화에서 농업용수나 공업용수의 수요가 계속해서 증가하고 있다고 하였다. 우리나라 산업의 변화로 '공업용수'를 필요하지 않게 된다면, '갑'의 주장은 '약화'될 것이고, 결국은 '을'의 주장은 강화될 것이다.

오답 분석

ㄴ. '을'은 우리나라가 물 부족 국가가 아니라는 입장이다. 따라서 2025년에 물이 부족하게 될 것이라는 연구 결과는 '을'의 주장을 강화할 수 없다.

Day 02 하프모의고사 2회 정답·해설

01	02	03	04	05
③	①	④	③	①
06	07	08	09	10
②	④	③	④	①

01 공공언어 바로 쓰기   정답 ③

정답 체크
"정부는 노인 복지 종합 계획을 수립, 올 하반기부터 시행하기로 하였다."는 접미사 '-하다'가 생략되어 있다. 그런데 수정한 문장 "정부는 노인 복지 종합 계획 수립하여, 올 하반기부터 시행하기로 하였다."은 '수립하여'의 수정은 옳지만, '계획 수립하여'로 목적격 조사 '을'이 생략되어 있다. ⓒ에 따라 수정한 바른 문장은 "정부는 노인 복지 종합 계획을 수립하여, 올 하반기부터 시행하기로 하였다."이다.

오답 분석
① '~에 의해 ~되었다.'는 영어 번역 투 표현이다. 따라서 건국의 주체를 밝혀 "조선은 태조 이성계가 건국했다."로 수정한 것은 적절하다.
② 주어가 '이 설문조사 결과는'이다. 이를 ⓒ에 따라 "청소년 언어 개선책을 시급히 마련해야 한다는 점을 이 설문조사 결과에서 알 수 있다."로 수정한 것은 적절하다.
④ 하나의 문장 안에 개최 일시, 개최 목적, 참가 응모 방법 등 다양한 정보를 담고 있다. 따라서 여러 가지 정보를 담고 있는 문장을 여러 문장으로 나누어 작성하는 수정 방안은 적절하다.

02 문법 추론   정답 ①

정답 체크
'코+날'의 결합에서 사이시옷이 결합하여 '콧날'이 된 것이다. 제시된 글에서 "2. 사이시옷 뒤에 'ㄴ, ㅁ'이 결합되는 경우에는 [ㄴ]으로 발음한다."라고 하였다. 사이시옷 뒤에 'ㄴ'이 결합되는 경우이므로, [ㄴ]으로 발음한다. 따라서 '콧날'은 [곧날]이 아닌 [콘날]로 발음하여야 한다.

03 문맥적 의미(되다)   정답 ④

정답 체크
㉠의 '되다'는 '어떤 형태나 구조로 이루어지다.'라는 의미로 쓰였다. 이와 의미가 유사한 것은 ④이다.

오답 분석
① '어떤 재료나 성분으로 이루어지다.'라는 의미로 쓰였다.
② '어떤 상황이나 사태에 이르다.'라는 의미로 쓰였다.
③ '다른 것으로 바뀌거나 변하다.'라는 의미로 쓰였다.

어휘
되다 동
Ⅰ
「1」【…으로】 다른 상태나 성질로 바뀌거나 변하다.
　예 얼음이 물이 되다.
「2」 새로운 신분이나 지위에 이르다.
　예 커서 의사가 되고 싶다.
「3」 어떤 시기나 시점에 이르다.
　예 학교 갈 나이가 다 된 조카.
「4」 일정한 수량에 차거나 이르다.
　예 이 안에 찬성하는 사람이 50명이 되었다.
「5」 어떤 대상의 수량, 요금 따위가 얼마이거나 장소가 어디이다.
　예 요금이 만 원이 되겠습니다.
「6」 사람으로서의 품격과 덕이 갖추어지다.
　예 그는 제대로 된 사람이다.
「7」 어떠한 심리적 상태에 놓이다.
　예 마음속으로 무척 걱정이 되었다.
「8」 어떤 행위나 일이 일어나거나 행하여지다.
　예 원하던 학교에 합격이 되어 기뻤다.
「9」 어떤 특별한 뜻을 가지는 상태에 놓이다.
　예 그런 행동은 우리에게 해가 된다.
「10」 시간이나 공간 따위가 비거나 여유가 생기다.
　예 월요일에 시간이 되세요?
「11」【…에게 …이】【(…과) …이】 (('…과'가 나타나지 않을 때는 여럿임을 뜻하는 말이 주어로 온다)) 어떤 사람이 다른 사람과 어떤 관계로 맺어져 있다.
　예 이 아이는 제게 조카가 됩니다.

②【…으로】
「1」어떤 재료나 성분으로 이루어지다.
　예 나무로 된 책상.
「2」어떤 형태나 구조로 이루어지다.
　예 타원형으로 된 탁자.
「3」어떤 사람이나 조직의 이름으로 만들어지다.
　예 전 시민의 이름으로 된 청원서.

③
「1」어떤 때가 오다.
　예 봄이 되니 날씨가 따뜻하다.
「2」어떤 사물이 모습을 갖추어 만들어지다.
　예 밥이 맛있게 되다.
「3」일이 이루어지다.
　예 일이 깔끔하게 되다.
「4」어떤 일이 가능하거나 받아들여지다.
　예 지금 식사 되나요?
「5」((주로 '다 되다' 구성으로 쓰여)) 어떤 사물의 기능이 없어지거나 수명이 끝나다.
　예 배터리가 다 되다.
「6」((과거형으로만 쓰여)) 어떤 것이 충분하거나 더 필요하지 않은 상태임을 나타내는 말. 주로 거절하는 뜻으로 쓴다.
　예 미안하다는 말은 됐고, 밥이나 먹자.
「7」【-도록】【-기로】어떤 일이 그렇게 정하여지다.
　예 통조림은 내용물의 품종, 제조 공장 및 제조 연월일 등을 뚜껑 중앙에 표시하도록 되어 있다.

04 개요 작성　　정답 ③

[정답 체크]
상위 항목 '학교 홈페이지 활성화의 필요성'을 고려할 때, 하위 항목에 '대외적인 학교 홍보의 필요성'이 오는 것은 적절하다.

[오답 분석]
① '학교 홈페이지를 활성화하자.'라는 주제문은 너무 추상적이다. <지침>에서 추상적으로 제시하지 말라고 하였다. 결론을 고려하여 구체적으로 제시하면, 적절한 주제문은 '학교 홈페이지에 대한 관심 유도 및 개선을 위해 노력하자.'가 되어야 한다.
② '학교 인터넷 환경 현황'은 제시된 글의 논제와 관련이 없다. 본론과 주제문을 고려할 때, '학교 홈페이지의 현황'이 되어야 한다.
④ '학생들의 의사소통 활성화를 위한 토론 수업 강화'는 <개요>의 주제와 관련이 없을뿐더러, 'Ⅱ-2'에서 제시한 장애 요인과의 관련성도 떨어진다. 따라서 ⓔ에 들어갈 내용으로 적절하지 않다.

05 바꿔 쓰기　　정답 ①

[정답 체크]
㉠은 '부작용을 낳을 수 있다.', ㉡은 '감소를 가져올 수 있다.'라는 문맥에 쓰이고 있다. '낳다'와 '가져오다'는 모두 목적어에 오는 결과를 가져오게 한다는 의미로 쓰이고 있다. 따라서 ㉠, ㉡과 공통적으로 바꿔 쓸 수 있는 말은 '일의 결과로서 어떤 현상을 생겨나게 하다.'라는 의미를 가진 '초래하다'이다.
※ 초래(招來: 부를 초, 올 래)

[오답 분석]
② 배출(排出: 물리칠 배, 날 출): 안에서 밖으로 밀어 내보냄.
③ 생산(生産: 날 생, 낳을 산): 인간이 생활하는 데 필요한 각종 물건을 만들어 냄.
④ 유도(誘導: 꾈 유, 이를 도): 사람이나 물건을 목적한 장소나 방향으로 이끎.

06 화법(대화 분석)　　정답 ②

[정답 체크]
ㄷ. '을'은 자신의 의도와 다르게 친구를 비난하듯이 말을 해서 친구와 다툰 상태이다. '갑'을 '을'에게 자신의 의도가 잘 전달될 수 있도록 "성적이 떨어져서 많이 속상하지? 하지만 넌 실력이 있으니까 조금만 더 노력하면 다음에는 반드시 좋은 점수를 얻을 수 있을 거야."라고 말하기를 권유하고 있다. 이것은 상대방의 힘든 처지에 공감하며, 다음 시험을 잘 볼 수 있도록 긍정적 동기를 유발하는 의사 전달 전략을 구사하라는 의미이다.

[오답 분석]
ㄱ. '을'이 '갑'에게 자신이 겪는 어려움을 토로하는 상황이다. '갑'은 둘의 의견 차이를 최소화할 수 있는 의사 전달 전략을 구사하고 있지 않다.
　※ '둘의 의견 차이를 최소화할 수 있는 의사 전달 전략'을 '동의의 격률'이라고도 부른다.
ㄴ. '공감'을 활용하라고 말하고 있다고 볼 수는 있다. 그러나 공감할 수 있는 사례를 활용하라고 말하고 있다고 보기는 어렵다.

07 문맥적 의미(빠지다)   정답 ④

정답 체크
'심연에 빠지다'는 맥락상 '심연에 젖다' 정도의 의미이다. 이러한 맥락을 고려할 때, ㉠의 '빠지다'는 '무엇에 정신이 아주 쏠리어 헤어나지 못하다.'라는 의미이다. 이와 의미가 가장 유사한 것은 ④이다.

오답 분석
① '일정한 곳에서 다른 데로 벗어나다.'라는 의미이다.
② '그럴듯한 말이나 꾐에 속아 넘어가다.'라는 의미이다.
③ '정신이나 기운이 줄거나 없어지다.'라는 의미이다.

어휘

빠지다¹ 동

① 【…에서】
「1」 박힌 물건이 제자리에서 나오다.
   예 책상 다리에서 못이 <u>빠지다</u>.
「2」 어느 정도 이익이 남다.
   예 아무래도 이렇게 장사가 되지 않으면 본전도 <u>빠지지</u> 않겠다.
「3」 원래 있어야 할 것에서 모자라다.
   예 구백 원만 있다면 천 원에서 백 원이 <u>빠지는</u> 셈이구나.

② 【…에】【…에서】
「1」 속에 있는 액체나 기체 또는 냄새 따위가 밖으로 새어 나가거나 흘러 나가다.
   예 방에 냄새가 <u>빠지다</u>.
「2」 때, 빛깔 따위가 씻기거나 없어지다.
   예 옷에 때가 쑥 <u>빠지다</u>.
「3」 차례를 거르거나 일정하게 들어 있어야 할 곳에 들어 있지 아니하다.
   예 이 책에는 중요한 내용이 <u>빠져</u> 있다.
「4」 정신이나 기운이 줄거나 없어지다.
   예 그 말을 들으니 다리에 기운이 <u>빠져서</u> 서 있을 수가 없었다.
「5」 어떤 일이나 모임에 참여하지 아니하다.
   예 동창회에 <u>빠지다</u>.

③
「1」 그릇이나 신발 따위의 밑바닥이 떨어져 나가다.
   예 구두가 밑창이 <u>빠지다</u>.
「2」 살이 여위다.
   예 며칠 밤을 새웠더니 눈이 쑥 들어가고 얼굴의 살이 쪽 <u>빠졌다</u>.

④ 【…으로】 일정한 곳에서 다른 데로 벗어나다.
   예 샛길로 <u>빠지다</u>.

⑤ 【-게】 생김새가 미끈하게 균형이 잡히다.
   예 잘 <u>빠진</u> 몸매.

⑥ 【…에/에게】 남이나 다른 것에 비해 뒤떨어지거나 모자라다.
   예 그의 실력은 절대로 다른 경쟁자들에게 <u>빠지지</u> 않는다.

빠지다² 동

[I] 동
① 【…에】
「1」 물이나 구덩이 따위 속으로 떨어져 잠기거나 잠겨 들어가다.
   예 개울에 <u>빠지다</u>.
「2」 곤란한 처지에 놓이다.
   예 궁지에 <u>빠지다</u>.
「3」 그럴듯한 말이나 꾐에 속아 넘어가다.
   예 유혹에 <u>빠지다</u>.
「4」 잠이나 혼수상태에 들게 되다.
   예 그는 너무나 깊은 잠에 <u>빠져서</u> 일어날 줄을 모른다.

② 【…에/에게】 무엇에 정신이 아주 쏠리어 헤어나지 못하다.
   예 사랑에 <u>빠지다</u>.

[II] 보동
(일부 동사나 형용사 뒤에서 '-어 빠지다' 구성으로 쓰여) 앞말이 뜻하는 성질이나 상태가 아주 심한 것을 못마땅하게 여김을 나타내는 말.
   예 그 녀석은 정신 상태가 썩어 <u>빠졌어</u>.

08 문법 추론   정답 ③

정답 체크
'가을꽃'은 '가을'이라는 어근과 '꽃'이라는 어근이 결합하여 형성된 합성어이다. 따라서 어근에 접사가 결합한 복합어 ㉠, 즉 '파생어'의 사례로 적절하지 않다.

오답 분석
① '맨주먹'은 '주먹'이라는 명사 어근에 '맨-'이라는 접사가 붙어 형성된 파생어이다.
② '지우개'는 동사 '지우다'의 어간 '지우-'를 어근으로 하고, 여기에 '-개'라는 명사 파생 접사가 붙어 형성된 파생어이다.
④ '휘돌다'는 '돌다'라는 동사의 어간 '돌-'이 어근이 되고 여기에 '휘-'라는 접사가 붙어 형성된 파생어이다.

09 작문 정답 ④

정답 체크

지침 1	'청년 창업이 활성화되면~경제 발전의 토대가 될 것이다.'에서 청년 창업이 활성화되었을 때의 기대 효과를 언급하고 있다.
지침 2	'청년 실업은 줄어들고 청년 일자리는 늘어나서'에서 대구법을, '노력이 열매를 맺어'와 '경제 발전의 토대'에서 비유법을 사용하였다.

오답 분석

① '청년들의 뜨거운 열정과 노력이 결실을 맺을 수 있는 토양'에서 비유법을 사용하였으나, 청년 창업이 활성화되었을 때의 기대 효과가 언급되지 않았고, 대구법이 사용되지 않았으므로 적절하지 않다.

② '더욱 역동적이고 혁신적인 사회를 만들 수 있을 것이다.'에서 청년 창업이 활성화되었을 때의 기대 효과가 언급되었고, '청년들의 꿈과 창의적 아이디어가 꽃핀다면'에서 비유법이 사용되었으나, 대구법이 사용되지 않았으므로 적절하지 않다.

③ '청년 창업이 활성화되어 취업 걱정은 사라질 것이다.'에서 청년 창업이 활성화되었을 때의 기대 효과가 언급되었고, '창업 역량을 높이고 자금 부담을 낮춘다면'에서 대구법이 사용되었으나, 비유법이 사용되지 않았으므로 적절하지 않다.

10 어색한 문장 수정 정답 ①

정답 체크

㉠에서 '그 시간'이 지칭하는 것은 바로 앞의 문장인 '선풍기의 바람을 기다리는 시간'이다. 따라서 ㉠을 바로 앞의 문장과 순서를 바꾸면 '그 시간'이 지칭하는 내용이 없어 자연스럽게 연결되지 않는다.

오답 분석

② ㉡의 앞부분에는 회전하는 선풍기의 끝자락이 지닌 장점을 제시하고 있는데다, 뒷부분에서는 글쓴이는 그런 장점을 지닌 끝자락을 좋아한다는 내용이 제시되어 있다. 따라서 역접을 나타내는 '그러나'보다 이유와 결과를 나타내는 '그래서'라는 접속 부사를 사용하는 것이 적절하다.

③ 제시된 글은 '기다림의 가치'를 주제로 하고 있다. 그러나 ㉢은 현대 사회에서 성공하는 방법을 제시하고 있으므로, 글의 주제에 맞지 않는다.

④ '지금 나는 길고 더운 끝자락에서 바람을 기다리고 있다.'라는 문장으로 볼 때, '이 기다림의 시간'은 현재를 가리킨다. 따라서 '이 기다림의 시간이 지나면'과 어울리는 시제는 미래 시제이므로, '줄 거라는'으로 고치는 것이 적절하다.

Day 03 하프모의고사 3회 정답·해설

p.22

01	02	03	04	05
②	④	①	②	②
06	07	08	09	10
③	④	②	④	①

01 공공언어 바로 쓰기   정답 ②

정답 체크

'더욱 큰 문제는 온라인 게임으로 인한 게임 중독 때문이다.'는 '문제는'과 호응하는 적절한 서술어가 없고 '때문이다'와 호응하는 이유를 나타내는 말이 없으므로 어법에 어긋난다. 그런데 수정한 문장 역시 주어와 서술어가 호응하지 않는다. ⓒ에 따라 '더욱 큰 문제는 온라인 게임으로 인한 게임 중독이 심각해지고 있다는 사실이다.' 정도로 고쳐야 자연스러운 문장이 된다.

오답 분석

① '형극(荊棘: 광대싸리 형, 가시나무 극)'이 '나무의 온갖 가시'란 뜻이므로, ㉠에 따라 중복된 표현을 삭제한 것은 옳다.

③ 유정 명사 뒤에는 '에게'가 붙고, 무정물 뒤에는 '에'가 붙는다. 따라서 유정 명사인 '개인' 뒤에 오는 조사를 '에게'로 수정한 것은 옳다.

④ 어떤 일의 실현 가능성에 대한 의문을 나타내는 말은 '-는지'이다. '-ㄹ런지'는 존재하지 않는 형태이다. 따라서 '생각할는지'로 수정한 것은 옳다.

02 문법 추론   정답 ④

정답 체크

④의 '타다'는 '불씨나 높은 열로 불이 붙어 번지거나 불꽃이 일어나다.'라는 구체적인 의미를 지니기 때문에 기본적 의미에 해당된다. 따라서 ㉠의 사례로 적절하지 않다.

오답 분석

① '먹다'의 기본적 의미는 '음식 따위를 입을 통하여 배 속에 들여보내다.'이다. 제시된 문장에서는 '어떤 마음이나 감정을 품다.'라는 확장된 의미로 쓰였다.

② '파다'의 기본적 의미는 '구멍이나 구덩이를 만든다.'이다. 제시된 문장에서는 '전력을 기울이다.'라는 확장된 의미로 쓰였다.

③ '덜다'의 기본적 의미는 '일정한 수량이나 정도에서 얼마를 떼어 줄이거나 적게 하다.'이다. 제시된 문장에서는 '그러한 행위나 상태를 적게 하다.'라는 확장된 의미로 쓰였다.

어휘

먹다 동

「1」 음식 따위를 입을 통하여 배 속에 들여보내다.
  예 밥을 먹다.
「2」 담배나 아편 따위를 피우다.
  예 담배를 먹다.
「3」 연기나 가스 따위를 들이마시다.
  예 연탄가스를 먹다.
「4」 어떤 마음이나 감정을 품다.
  예 앙심을 먹고 투서를 하다.

파다 동

1 【…을】【…에 …을】
「1」 구멍이나 구덩이를 만들다.
  예 땅을 파다.
「2」 그림이나 글씨를 새기다.
  예 그는 도장을 파는 것이 직업이다.

2 【…을】
「1」 천이나 종이 따위의 한 부분을 도려내다.
  예 목둘레선을 깊이 파서 목 부분이 허전하다.
「2」 어떤 것을 알아내거나 밝히기 위하여 몹시 노력하다.
  예 사건의 진상을 파다.
「3」 드러나 있지 아니한 것을 긁어 떼어 내다.
  예 한가하게 앉아서 손톱 밑이나 파고 있으면 되느냐?
「4」 전력을 기울이다.
  예 책만 파던 사람이 세상 물정을 알겠니?

덜다 동

「1」【…에서 …을】 일정한 수량이나 정도에서 얼마를 떼어 줄이거나 적게 하다. 예 짐칸에서 짐을 덜다.
「2」【…을】((주로 행위나 상태를 나타내는 명사와 함께 쓰여)) 그러한 행위나 상태를 적게 하다. 예 걱정을 덜다.

타다 동
「1」 불씨나 높은 열로 불이 붙어 번지거나 불꽃이 일어나다.
  예 담배가 <u>타다</u>.
「2」 피부가 햇볕을 오래 쬐어 검은색으로 변하다.
  예 땡볕에 얼굴이 새까맣게 <u>탔다</u>.
「3」 뜨거운 열을 받아 검은색으로 변할 정도로 지나치게 익다.
  예 고기가 <u>타다</u>.
「4」 마음이 몹시 달다.
  예 속이 <u>타다</u>.
「5」 물기가 없어 바싹 마르다.
  예 긴장이 되어 입술이 바짝바짝 탄다.

03 동일한 지시 대상 정답 ①

정답 체크

'땅의 여신'이라는 수식어를 볼 때, ㉠은 땅, 즉 자연 세계를 의미한다. "발이 땅에서 떨어진 안타이오스는 제대로 힘도 쓰지 못한 채 죽을 수밖에 없었다."를 볼 때, '힘의 원천'은 '땅', 즉 자연 세계이다. 따라서 문맥상 ㉠과 ㉡은 땅, 즉 자연 세계를 의미한다.

오답 분석

㉢은 수학자를, ㉣은 자연 세계를 떠난 추상적인 상태를 의미한다.

04 화법(대화 분석) 정답 ②

정답 체크

'갑, 을, 병' 세 사람은 '선행학습'에 대한 의견을 나누고 있다. '갑'과 '병'은 선행학습이 바람직하지 않다고 주장하고 있는 반면, '을'은 선행학습이 필요하다고 주장하고 있다. 따라서 <보기> 중 적절한 분석은 ㄷ뿐이다.

05 화법(대화 분석) 정답 ②

정답 체크

ㄷ. '을'은 학문이란 인격 수양보다는 실질적인 이익을 위한 수단이 되어야 한다며 학문의 실용성을 강조하고 있다. 반면에 '갑'은 도덕이 땅에 떨어진 오늘날의 현실을 들어 학문의 목적을 인격 수양에 두어야 한다고 역설하고 있다. 이렇듯 둘의 의견 대립은 학문의 목적을 실용성에 두느냐, 윤리성에 두느냐를 놓고 벌어지고 있다. 따라서 학문의 목적에 대한 생각 차이가 두 사람이 의견 대립을 보이는 이유이다.

오답 분석

ㄱ. '갑'과 '을' 모두 자신의 입장을 고수하고 있다.
ㄴ. '갑'과 '을' 어느 누구도 권위자의 주장을 끌어들이고 있지는 않다.

06 문법 추론 정답 ③

정답 체크

'-너라'는 특정한 어간 '오-'와만 결합한다. 따라서 '-너라'는 ㉠의 사례로 적절하다.

오답 분석

①, ④ 음운론적 이형태의 사례이다.
② '완전히 동일한 의미를 가지고 있으면서 형태를 달리하는 것'이 '이형태'이다. 그런데 주격 조사 '가'와 보조사 '는'은 완전히 동일한 의미가 아니다. 따라서 '이형태'의 사례로 적절하지 않다.
※ '이/가', '은/는'은 각각의 음운론적 이형태이다.

07 작문 정답 ④

정답 체크

지침 1	<자료>에 제시된 견해는 "교복에는 반드시 이름표를 박아 넣어야 한다."이다. ④는 이에 대한 문제점으로 교복에 이름표를 박아 넣으면 학생들의 신상 정보가 외부로 공개될 수 있다는 것을 지적하고 있다.
지침 2	구체적인 해결책으로 탈착이 가능한 명찰의 도입을 제시하고 있다.
지침 3	어떤 것 또는 어떤 사람의 결점이나 흠을 고치려다 그 정도가 지나쳐서 도리어 그 사물이나 사람을 망치는 경우를 비유적으로 이르는 '쇠뿔 잡다가 소 죽인다.'라는 속담을 상황에 적절하게 활용하고 있다.

오답 분석

① 개인 정보 유출이라는 문제점을 지적하며 속담을 적절하게 활용하고 있지만, 문제의 해결책이 구체적이지 않다.
② 교복에 이름표를 다는 것의 문제점을 지적하며 상황에 맞는 속담을 적절하게 활용하고 있지만, 문제의 해결책을 제시하고 있지 않다.
③ 자료에 제시된 견해의 문제점을 지적하고 있지 않다. 또한 학교 안에서 이름표를 부착하는 규정을 강화하는 것은 문제 상황에 대한 해결책으로 보기 어렵다.

08 어색한 문장 수정 정답 ②

정답 체크

첫 번째 문단 뒷부분에 "이때부터 반달은 더 나은 미래를 기원하는 뜻으로 쓰이며"를 볼 때, '반달'이 긍정적인 의미로 쓰였음을 짐작할 수 있다. 따라서 '반달'을 상징하는 '신라'가 쇠퇴할 징표라는 진술은 글의 내용과 어울리지 않는다. 따라서 ㉡을 '백제는 만월이라서 다음 날부터 쇠퇴하고 신라는 앞으로 크게 발전할 징표'로 수정한 것은 적절하다.

09 바꿔 쓰기   정답 ④

정답 체크

㉣의 '나타나다'는 '어떤 새로운 현상이나 사물이 발생하거나 생겨나다.'라는 의미로 쓰인 말이다. 따라서 '나타나거나 또는 나타나서 보이다.'라는 의미를 가진 '출현(出現: 날 출, 나타날 현)하다'와 바꿔 쓸 수 있다.

오답 분석

① 분실했을 → 상실했을: '분실(紛失: 어지러울 분, 잃을 실)하다'는 '자기도 모르는 사이에 물건 따위를 잃어버리다.'라는 의미이다. 목적어가 '기억을'인 것을 볼 때, '어떤 것을 아주 잃거나 사라지게 하다.'라는 의미를 가진 '상실(喪失: 죽을 상, 잃을 실)하다'와 바꿔 쓰는 것이 적절하다.

② 연명할 → 연장할: '연명(延命: 끌 연, 목숨 명)하다'는 '목숨을 겨우 이어 살아가다.'라는 의미이다. 따라서 '죽은 후'라는 문맥을 고려할 때, '연명하다'의 쓰임은 적절하지 않다. '죽은 후 이어가다'라는 문맥을 고려할 때, '어떤 일을 계속하다. 또는 하나로 잇다.'라는 의미를 가진 '연장(延長: 끌 연, 길 장)하다'와 바꿔 쓰는 것이 적절하다.

③ 낙후(落後)된 → 부족(不足)한: '낙후(落後: 떨어질 낙, 뒤 후)되다'는 '기술이나 문화, 생활 따위의 수준이 일정한 기준에 미치지 못하고 뒤떨어지게 되다.'라는 의미이다. 주어가 '능력'인 것을 볼 때, '필요한 양이나 기준에 미치지 못해 충분하지 아니하다.'라는 의미를 가진 '부족(不足: 아닐 부, 만족할 족)하다'와 바꿔 쓰는 것이 적절하다.

10 문맥적 의미(어렵다)   정답 ①

정답 체크

㉠의 '표현하기 어려운'은 '표현하기가 까다로워 힘에 겨운'의 의미로 쓰였다. 의미가 ㉠과 가까운 것은 ①이다. ①의 '어려워서'도 '시험이 까다로워 힘에 겨워서'의 의미로 사용되었다.

오답 분석

② '겪게 되는 곤란이나 시련이 많다.'는 의미이다.
③ '상대가 되는 사람이 거리감이 있어 행동하기가 조심스럽고 거북하다.'는 의미이다.
④ '가난하여 살아가기가 고생스럽다.'는 의미이다.

어휘

어렵다 「형」

①

「1」 하기가 까다로워 힘에 겹다.
　　예 어려운 수술.
　　「반대말」 쉽다

「2」 겪게 되는 곤란이나 시련이 많다.
　　예 그는 어려서 부모를 잃고 청소년기를 어렵게 지냈다.

「3」 말이나 글이 이해하기에 까다롭다.
　　예 선생님의 소설은 모두들 어렵다고 합니다.

「4」 가난하여 살아가기가 고생스럽다.
　　예 어려운 살림.

「5」 성미가 맞추기 힘들 만큼 까다롭다.
　　예 그녀는 성미가 어려워 친구들과 어울리지 못한다.

「6」 ((주로 '-기가 어렵다' 구성으로 쓰여)) 가능성이 거의 없다.
　　예 시험을 너무 못 봐서 합격하기는 어려울 것 같다.
　　「반대말」 쉽다

② 【…이】【 -기가】
상대가 되는 사람이 거리감이 있어 행동하기가 조심스럽고 거북하다.
　예 나는 선생님이 너무 어려워서, 그 앞에서는 말도 제대로 못 한다.

Day 04 하프모의고사 4회 정답·해설

01	02	03	04	05
③	③	②	④	②
06	07	08	09	10
①	③	④	④	④

01 어색한 문장 수정 정답 ③

정답 체크
특정인의 외모와 자신의 외모를 비교하여 판단한 아름다움은 상대적인 것인데도, 그것이 자신의 개성을 드러내는 행동이라고 생각한다는 내용이다. 따라서 인과 관계를 나타낼 때 쓰는 '그래서'의 쓰임이 적절하지 않다. 문맥상 '역접'의 관계이므로 '그런데도'로 수정한 것은 적절하다.

02 바꿔 쓰기 정답 ③

정답 체크
'도발(挑發: 돋을 도, 필 발)하다'는 '남을 집적거려 일이 일어나게 하다.'라는 뜻이다. 그런데 ⓒ이 포함된 문장은 '세슘은 각종 문제를 일어나게 할 수 있다.'는 내용이다. 따라서 ⓒ을 '도발할'과 바꿔 쓰기에 적절하지 않다. 문맥상 '어떤 것이 다른 일을 일어나게 하다.'라는 의미를 가진 '유발(誘發: 꾈 유, 필 발)하다'와 바꿔 쓰는 것이 적절하다.

오답 분석
① 구성(構成: 얽을 구, 이룰 성)되다: 몇 가지 부분이나 요소들을 모아서 일정한 전체를 짜 이루어지다.
② 변화(變化: 바꿀 변, 될 화)하다: 사물의 성질, 모양, 상태 따위가 바뀌어 달라지다.
④ 확산(擴散: 넓힐 확, 흩을 산)되다: 흩어져 널리 퍼지게 되다.

03 공공언어 바로 쓰기 정답 ②

정답 체크
'태풍이 육지에 상륙하여 열대성 고기압으로 약화되어졌다.'에서 '약화되어지다'의 '-되다'와 '-어지다'는 모두 피동 표현이다. 따라서 피동 표현이 남용된 경우이다. ⓒ에서 피동 표현을 남용하지 말라고 하였지, 아예 사용하지 말라고 하지는 않았다. 그런데 수정된 문장은 피동 표현이 아니다. 따라서 ⓒ에 따른 적절한 수정 방안은 '약화되어졌다'가 '약해졌다.' 또는 '약화되었다'로 바뀌는 것이다.

오답 분석
① '문제는'이라는 주어와 서술어의 호응을 고려하여 서술어를 '모른다는 것이다.'로 바꾸는 것은 적절하다.
③ 수식 범위가 명확하지 않아 민국이가 성실하다는 의미와 민국이의 동생이 성실하다는 의미 두 가지로 해석이 된다. 이런 경우에는 어순을 교체하거나 쉼표, 보조사 등을 활용하여 중의성을 해소해 주어야 한다. 따라서 어순을 교체하여 수식 범위를 한정해야 한 것은 옳다.
④ '기간'이라는 말에 '어느 때부터 다른 어느 때까지의 동안'이라는 의미가 포함되어 있기 때문에 '기간'과 '동안' 중 하나의 단어만 사용해야 의미의 중복을 피한 것은 옳다.

04 작문 정답 ④

정답 체크

지침 1	'남긴 음식물로 오염된 환경에서 살아가시겠습니까?'라며 '음식을 남기지 말자'는 주제를 완곡하게 표현하고 있다.
지침 2	'오염된 물은 물고기를 병들게 하고, 맑은 물은 물고기를 건강하게 합니다.'에서 대조의 표현이며, 이를 통해 '깨끗한 환경이 우리를 건강하게 합니다.'를 유추하고 있다.

05 개요 정답 ②

정답 체크
'인터넷과 디지털 통신 기기의 발달로 인한 저작물 유통 방식의 변화'는 'Ⅱ-3'의 문제 해결 방안에 들어갈 내용이 아니다. 원인 분석에서 '파일 공유 사이트를 통한 저작물의 복제 및 전송이 용이함'과 관련된 내용이다.

오답 분석
① '청소년에 의한 저작권 침해 사례의 급증'이나 '파일 공유 사이트를 통한 저작물의 불법 복제 및 전송의 증가'는 '청소년 저작권 침해의 문제점'이 아닌 '청소년에 의한 저작권 침해의 현황'에 해당하는 내용으로 보는 것이 적절하다.
③ '음악과 영화에 집중된 저작권의 침해'는 청소년 저작권 침해의 원인에 해당하는 내용으로 볼 수 없으므로 삭제하는 것이 적절하다.
④ 'Ⅱ-2-나'에서 파일 공유 사이트를 통한 저작물의 복제 및 전송이 쉽다는 것을 원인으로 들고 있으므로, 이에 대한 해결책으로 '파일 공유 사이트에 대한 철저한 감독'을 제시하는 것은 적절하다.

06 화법(내용 이해)   정답 ①

정답 체크

'정오(正午)'는 '낮 12시'이다. 두 번째 '을'의 발화 "시침과 12시 방향과의 각도를 2등분하는데, 그것이 남쪽을 가리킵니다."를 볼 때, 정오에는 시침의 방향이 '북쪽'이 아니라 '남쪽'을 가리킬 것이다.

오답 분석

② '을'의 마지막 발화를 볼 때, 막대기의 그림자를 이용하여 방향을 살필 수 있다.

③ '을'이 알려준 두 가지 방법은 모두 '해'가 필요하다. 따라서 해가 진 '밤'에는 활용하기 어려울 것이다.

④ '을'의 설명에 따르면, 서머타임 때에는 본래의 시간으로 되돌려놓은 뒤에 방향을 살펴야 하므로 주의를 기울여야 한다.

07 문맥적 의미(가까이)   정답 ③

정답 체크

문맥상 약 30종 '정도'가 된다는 의미로, '일정한 때를 기준으로 그때에 약간 못 미치는 상태'의 뜻으로 쓰였다. ③번도 보름 '정도' 머물렀다는 의미이므로 이와 의미가 가장 유사한 것은 ③이다.

오답 분석

① '사람과 사람의 사이가 친밀한 상태로'라는 의미이다.

② '한 지점에서 거리가 조금 떨어져 있는 상태로'라는 의미이다.

④ '가까운 곳'이라는 의미이다.

> **어휘**
>
> 가까이 〔형〕
>
> [I] 〔부〕
>
> 「1」 한 지점에서 거리가 조금 떨어져 있는 상태로.
>   〔예〕 이쪽으로 가까이 오너라.
>
> 「2」 일정한 때를 기준으로 그때에 약간 못 미치는 상태로.
>   〔예〕 그를 두 시간 가까이 기다렸지만 만나지 못했다.
>
> 「3」 사람과 사람의 사이가 친밀한 상태로.
>   〔예〕 그와 나는 가까이 지내는 사이다.
>
> [II] 〔명〕
>
> 가까운 곳.
>   〔예〕 나는 회사 가까이로 이사를 했다.

08 화법(사례 추론)   정답 ④

정답 체크

'의례적인 말하기'는 상대방의 입장과 심정을 배려하는, 예의를 갖추어 말하는 말하기 방식으로, 자신의 생각을 사실과는 다르게 말하는 방식을 가리킨다. 많은 음식을 차리고도 '차린 것이 별로 없다'는 인사는 상대방의 입장과 심정을 배려하여 예의상 말하는, 의례적인 말하기의 사례에 해당한다.

09 화법(대화 분석)   정답 ④

정답 체크

ㄴ. 캘리그래피가 사용되는 생활 분야를 묻는 기자의 질문에 교수는 "영화나 공연 포스터의 타이틀, 또는 책의 제목 등에 쓰인 붓글씨가 캘리그래피의 대표적인 경우입니다."라고 말하면서 구체적인 사례를 들어 기자의 이해를 돕고 있다.

ㄷ. 교수는 기자의 질문에 주로 캘리그래피에 대한 객관적인 정보를 전달하는 방식으로 충실하게 답변을 제시하고 있다.

오답 분석

ㄱ. 기자가 자신의 배경지식과 비교해서 정리하고 있지는 않다.

10 문법 추론   정답 ④

정답 체크

제시된 글에서 "서술어 자리에 '되다'나 '아니다'가 오면 그 앞에 쓰이는 '이/가'는 주격 조사가 아니라 보격 조사이다."라고 하였다. 따라서 '아니다' 앞에 온 '사람이'의 '이'는 주격 조사가 아니라 보격 조사이다. 따라서 '주어 자격'이 아닌 '보어 자격'을 부여하는 기능을 가진다.

오답 분석

① '배'와 '사과'를 이어 주는 역할을 한다는 점에서 접속 조사이다.

② 보조사는 체언, 부사, 활용 어미 따위에 붙어서 어떤 특별한 의미를 더해 주는데, '조차'는 앞말에 '이미 어떤 것이 포함되고 그 위에 더함'의 뜻을 더하여 주는 구실을 하고 있으므로, 보조사이다.

③ 원래 문장은 '백화점을 돌아다녔다.'였을 것이다. 그런데 보조사 '만'과 결합하면서 목적격 조사 '을'이 생략된 경우이므로 보조사가 격조사가 올 자리에 놓인 문장이다.

Day 05 하프모의고사 5회 정답·해설

p.34

01	02	03	04	05
①	②	①	④	①
06	07	08	09	10
②	①	①	④	③

01 공공언어 바로 쓰기   정답 ①

정답 체크

"우리 공장에서는 기계를 하루 종일 가동시키고 있습니다."를 "우리 공장에서는 기계를 하루 종일 가동하고 있습니다."로 수정한 것은 적절하다. 단, 그 근거가 ㉠이 아니다. 제시된 문장은 '사동 표현'을 남용한 경우이다. 즉 주어인 '우리 공장'이 기계를 가동한 것인데, 불필요하게 사동 표현인 '가동시키다'를 써서 어색한 문장이 되었다.

오답 분석

② "나는 어제 택시를 타지 않았다."에서 부정하는 대상에 따라 의미가 다양하게 해석된다. '어제'를 부정한다는 의미를 명확히 하기 위해 "나는 어제 택시를 타지 않고 오늘 탔다."로 수정한 것은 적절하다.

③ "아버지는 웃으면서 들어오는 아들을 안아주었다."는 웃으면서 들어오는 대상이 '아버지'인지 '아들'인지 모호하다. 쉼표를 사용하여 웃는 대상이 '아들'임을 명확히 하고 있다.

④ "평화 수호와 인권을 보장하는 것"은 <'평화 수호' + '인권을 보장하는 것'>을 결합한 구조이다. ㉣에서 '-고', '와/과' 등으로 접속될 때에는 대등한 관계를 사용한다고 하였기 때문에 "평화를 수호하고 인권을 보장하는 것"으로 수정한 것은 적절하다.

02 바꿔 쓰기   정답 ②

정답 체크

'살피다'가 "이들에 대한 설명은 결국 개인의 행동과 의식을 살펴야 가능하다는 것이다."라는 문장에 쓰였다. '설명'을 위해서는 개인의 행동과 의식을 살필 필요가 있다는 의미이다. 따라서 '사물의 본질, 원인 따위를 깊이 연구하여 밝히다.'라는 의미를 가진 '구명(究明: 궁구할 구, 밝힐 명)하다'와 바꿔 쓰는 것이 적절하다.

오답 분석

① 가정(假定: 거짓 가, 정할 정)하다: 사실이 아니거나 또는 사실인지 아닌지 분명하지 않은 것을 임시로 인정하다.

③ 성찰(省察: 살필 성, 살필 찰)하다: 자기의 마음을 반성하고 살피다.

④ 반영(反映: 돌이킬 반, 비출 영)하다

「1」【…에】 빛이 반사하여 비치다.

「2」【…을】【…을 …에】 다른 것에 영향을 받아 어떤 현상을 나타내다.

03 어색한 문장 수정   정답 ①

정답 체크

㉠의 바로 다음 문장인 "어떤 사실을 사진 없이 글로만 전할 때와 사진을 곁들여 전하는 경우에"를 볼 때, 기사에서 '글'이 주된 수단이고 '사진'은 곁든 존재인 '보조 수단'이다. 따라서 '주된 수단'을 '보조 수단'으로 수정한 것은 적절하다.

04 문맥적 의미(부르다)   정답 ④

정답 체크

㉠의 '부르다'는 '무엇이라고 가리켜 말하거나 이름을 붙이다.'라는 의미이고 이와 같은 의미로 사용된 것은 ④이다.

오답 분석

① '어떤 행동이나 말이 관련된 다른 일이나 상황을 초래하다.'라는 의미로 쓰였다.

② '말이나 행동 따위로 다른 사람의 주의를 끌거나 오라고 하다.'라는 의미로 쓰였다.

③ '값이나 액수 따위를 얼마라고 말하다.'라는 의미로 쓰였다.

어휘

부르다 동

Ⅰ

「1」 말이나 행동 따위로 다른 사람의 주의를 끌거나 오라고 하다.

　　예 지나가는 친구를 큰 소리로 불렀다.

「2」 이름이나 명단을 소리 내어 읽으며 대상을 확인하다.

　　예 이름을 부르다.

「3」 남이 자신의 말을 받아 적을 수 있게 또박또박 읽다.

　　예 내가 부르는 대로 받아 적어라.

「4」 곡조에 맞추어 노래의 가사를 소리 내다.

　　예 가곡을 부르다.

「5」 값이나 액수 따위를 얼마라고 말하다.

　　예 그 가게에서는 값을 비싸게 불렀다.

「6」 구호나 만세 따위를 소리 내어 외치다.
　　　예 만세를 <u>부르다</u>.
「7」 어떤 방향으로 따라오거나 동참하도록 유도하다.
　　　예 조국이 우리를 <u>부른다</u>.
「8」 어떤 행동이나 말이 관련된 다른 일이나 상황을 초래하다.
　　　예 화는 또 다른 화를 <u>부른다</u>.

② 【…을 …에】【…을 …으로】
청하여 오게 하다.
　예 의사를 집에 <u>부르다</u>.

③ 【…을 …으로】【…을 -고】
무엇이라고 가리켜 말하거나 이름을 붙이다.
　예 앞으로 우리는 그를 형님으로 <u>부르면서</u> 깍듯이 대접할 것이다.

05 개요 작성　　　　　정답 ①

정답 체크
'원칙'은 어떤 행동이나 이론 따위에서 일관되게 지켜야 하는 기본적인 규칙이나 법칙을 말한다. ㉠의 하위 항목은 '가족의 유지와 계승', '국가와 사회의 미래를 책임지는 후속 세대의 양성'으로 육아의 중요성과 연관된 내용이므로 ㉠에 '육아의 원칙'이 들어가는 것은 적절하지 않다. 하위 항목을 고려할 때, ㉠에는 '육아의 중요성'이 들어가는 것이 적절하다.

오답 분석
② <지침>에서 본론에서 'Ⅱ-2'와 'Ⅱ-3'은 각 장의 하위 항목끼리 대응하도록 작성하라고 하였다. 'Ⅱ-3-다'의 '사회적 단절을 경험하는 주부들의 소통 공간 제공'을 고려할 때, ㉡에 '출산과 동시에 사회적 관계에서 멀어지는 주부들의 고립감 심화'가 들어가는 것은 적절하다.
③ <지침>에서 본론에서 'Ⅱ-2'와 'Ⅱ-3'은 각 장의 하위 항목끼리 대응하도록 작성하라고 하였다. 'Ⅱ-2-라'의 '저출산으로 인한 자녀들의 사회성과 배려심 부족'을 고려할 때, ㉢에 '자녀들의 사회성과 공동체 의식 함양'이 들어가는 것은 적절하다.
④ <지침>에서 결론에 글쓴이의 제안 내용이 드러나도록 하라고 하였다. 따라서 본론에서 '품앗이 육아 공동체의 필요성'을 다루고 있기 때문에 ㉣에 '품앗이 육아 공동체'가 들어가는 것은 적절하다.

06 화법(대화 분석)　　　　　정답 ②

정답 체크
ㄴ. 아파트 내 대형 애완견을 키우는 것을 두고 '갑'은 찬성하는 입장이고, '을'과 '병'은 반대하는 입장이다. 따라서 을의 주장과 병의 주장은 대립하지 않는다는 분석은 적절하다.

오답 분석
ㄱ. 아파트 내 대형 애완견을 키우는 것을 두고 '갑'은 찬성하는 입장이고, '병'은 반대하는 입장이다. 따라서 갑의 주장과 병의 주장은 대립하지 않는다는 분석은 적절하지 않다.
ㄷ. 대형 애완견을 키우면 심리적 안정감을 얻을 수 있음을 인정하고 있는 사람은 '갑'과 '병' 두 사람뿐이다.

07 동일한 지시 대상　　　　　정답 ①

정답 체크
㉠의 '임금'은 ㉢의 '효종'을 이른다. 또 ㉡과 ㉤의 '그'는 모두 '윤선도'를 의미한다. ㉣의 '서인'과 지시 대상이 동일한 것은 없다.

08 문법 추론　　　　　정답 ①

정답 체크
ㄱ. 혼자 다 할 '능력'이 있는지 의심하고 있는 상황이다. 따라서 '-겠-'은 화자의 '능력'을 나타낸다.
ㄴ. 고향의 상황을 '추측'하고 있는 상황이다. 따라서 '-겠-'은 화자의 '추측'을 나타낸다.

오답 분석
ㄷ. 두 시간 정도 걸릴 것 같다고 '추측'하고 있는 상황이다. 따라서 '-겠-'은 화자의 '추측'을 나타낸다.

09 화법(빈칸 추론)　　　　　정답 ④

정답 체크
'을'의 네 번째 말 "소비자들이 양질의 제품을 골라 쓰는 합리적인 소비를 해야 기업들이 제품의 질을 높이기 위해 노력할 것이고"와 다섯 번째 말 "거대 시장에서 국제 경쟁력을 갖추지 못한 나라나 기업은 도태당할 수밖에 없겠지."에 '을'의 생각이 드러난다. '을'의 생각을 고려할 때, 빈칸에 들어갈 말은 '소비자들이 합리적인 선택을 해야 우리 기업의 경쟁력을 높일 수 있다고 생각해.'이다.

10 고쳐 쓰기 방안 정답 ③

정답 체크

ⓒ의 '확보'는 '확실히 보증하거나 가지고 있음.'의 의미를 지닌다. 그런데 앞 문단에서 디지털 경제가 사회 전역에 걸쳐 널리 퍼져 있음을 언급하고 있으므로 문맥상 적절하지 않다. 또한 수정한 '확충'도 쓰임이 적절하지 않다. 따라서 문맥을 고려해 ⓒ은 '확산으로'나 '확대로'로 고치는 것이 적절하다.

오답 분석

① ㉠의 앞 문장은 과거의 데이터 기록을, ㉠이 포함된 문장은 현재의 데이터 기록을 설명함으로써 과거와 현재의 데이터 기록의 차이점을 부각하고 있다. 따라서 나열의 '그리고'가 아닌 역접의 '하지만'으로 연결하는 것이 적절하다.

② ㉡의 '뿐'과 '만'은 조사이므로 앞말에 붙여 쓰는 것이 적절하다.

④ ㉣이 포함된 문장의 주어가 '아마존은'이므로 이와 호응하는 서술어인 '도서 추천 시스템을 개발하였다'로 고치는 것이 적절하다.

Day 06 하프모의고사 6회 정답·해설

p.40

01	02	03	04	05
③	②	①	①	①
06	07	08	09	10
③	④	④	②	④

01 공공언어 바로 쓰기   정답 ③

정답 체크

(다)의 주어인 '가장 중요한 점은'과 호응하도록 서술어를 바꿔야 하는 것은 맞다. 그러나 수정한 서술어 '안 된다고 했다' 역시 주어와 호응하지 않는다. '가장 중요한 점은'과 호응하는 서술어는 '안 된다는 것이다.'이다.

오답 분석

① '소개시키다'는 '소개하게 하다'라는 뜻으로 '누군가로 하여금 누군가에게 누구를 소개하게 하다'라는 의미를 가진다. 사동 표현이 반복되어 '소개하게 해 줄게'라는 의미로 되므로 '소개시켜'를 '소개해'로 수정하는 것이 적절하다.

② '노고를 격려하셨다.'라는 의미는 '수고하고 애쓰기를 북돋워 준다.'는 의미가 되므로 어색한 표현이다. '수고하고 애쓰기를 칭찬하셨다.'라는 의미를 가지는 것이 적절하다. '치하'는 '남이 한 일에 대하여 고마움과 칭찬의 뜻을 표시함'의 의미를 가지고 있으므로 '수고하고 애쓴 것을 치하하셨다'로 바꾸는 것이 적절하다.

④ '못'은 부사로 주로 동사 앞에 쓰여 동작을 할 수 없다거나 상태가 이루어지지 않았다는 부정의 뜻을 나타내는 말이다. '못쓰다'는 '옳지 않다, 바람직하지 않다'라는 의미이고, '못 쓰다'는 사용할 수 있는 일정한 수준에 못 미쳤다는 의미이다. 그러므로 만년필을 사용할 수 없다는 의미로는 '못 쓰다'가 적절하다.

02 문맥적 의미(깨다)   정답 ②

정답 체크

제시된 글의 '깨다'는 일이나 상태 따위를 중간에서 어그러뜨린다는 의미이다. 이와 의미가 유사한 것은 ②이다. ②도 약속을 '어그러뜨렸다'는 의미이므로, ㉠의 '깨다'와 의미가 유사하다.

오답 분석

① '단단한 물체를 쳐서 조각이 나게 했다'는 의미로 사용되었다.

③ '기록 따위를 넘다'는 의미로 사용되었다.

④ '생각 따위가 사리를 가릴 수 있는 상태가 되게 한다'는 의미로 사용되었다.

어휘

깨다¹ 〖동〗

「1」【…에서】【…이】 술기운 따위가 사라지고 온전한 정신 상태로 돌아오다.
　예 마취에서 깨다.

「2」【…이】 생각이나 지혜 따위가 사리를 가릴 수 있게 되다.
　예 늘 의식이 깬 사람이 되어야 한다.

「3」【…에서】【(…을)】 잠, 꿈 따위에서 벗어나다. 또는 벗어나게 하다.
　예 잠을 너무 오래 자면 잠에서 깨는 시간도 오래 걸린다.

깨다² 〖동〗

【…을】

「1」 단단한 물체를 쳐서 조각이 나게 하다.
　예 그릇을 깨다.

「2」 일이나 상태 따위를 중간에서 어그러뜨리다.
　예 약속을 깨다.

「3」 머리나 무릎 따위를 부딪치거나 맞거나 하여 상처가 나게 하다.
　예 계단에서 굴러 무릎을 깨다.

「4」 어려운 장벽이나 기록 따위를 넘다.
　예 세계 기록을 깨다.

03 문법 추론   정답 ①

정답 체크

2문단에서 '묻다'를 예로 들어서 기본형이 같은 용언이더라도 활용할 때 어간이나 어미의 기본 형태가 달라지는 경우가 있고, 그렇지 않은 경우가 있음을 설명하였다. 따라서 용언의 기본형이 같다면 의미가 다르더라도 활용 양상이 동일하다는 추론은 적절하지 않다.

오답 분석

② 1문단에서 용언은 문장 속에서 담당하고 있는 다양한 문법적 기능에 따라서 형태가 달라진다고 하였다.

③ 1문단에서 기본형은 모든 활용형을 대표하여 표제어로 사전에 오른다고 하였다.

④ 3문단에서 어말 어미는 반드시 있어야 하지만, 선어말 어미는 경우에 따라 있을 수도 없을 수도 있다고 하였다.

04 어색한 문장 수정   정답 ①

정답 체크

㉠ 뒤에 이어지는 "우리가 소비를 덜 할수록 우리 사회의 민주주의적 토대도 허물어진다."를 볼 때, '소비의 위기'가 '민주주의의 계기'를 마련한다고 보기 어렵다. 따라서 ㉠은 '소비의 위기는 민주주의의 위기를 수반한다.'로 고친 것은 적절하다.

05 바꿔 쓰기   정답 ①

정답 체크

'추이(推移: 옮길 추, 옮길 이)'는 일이나 형편이 시간의 경과에 따라 변하여 나감. 또는 그런 경향을 이르는 말이다.

㉠	'사회 변동의 추이'라는 문장 속에 '추이'가 쓰였다. '변동(變動: 변할 변, 움직일 동)', 즉 '바뀌어 달라짐'이라는 의미를 고려할 때, 문맥상 '추이'는 '어떤 현상이 일정한 방향으로 나아가는 경향'이라는 뜻의 '추세(趨勢: 달아날 추, 형세 세)'와 바꿔 쓸 수 있다.
㉡	'현대 사회의 추이를 되돌아보면'이라는 문장 속에 '추이'가 쓰였다. 현대 사회의 변화 과정에서 일어날 수 있는 문제점과 결합될 수 있는 '추이'는 현대의 역동적인 모습을 의미하는 단어가 적절하다. 따라서 '움직이거나 변하는 모습'을 의미하는 '동태(動態: 움직일 동, 몸 태)'와 바꿔 쓸 수 있다.

오답 분석

② • 이행(移行: 옮길 이, 다닐 행): 다른 상태로 옮아감.
　• 궤도(軌道: 바퀴자국 궤, 길 도): 일이 발전하는 본격적인 방향과 단계.
③ • 상황(狀況: 형상 상, 상황 황): 일이 되어 가는 과정이나 형편.
　• 여건(與件: 더불 여, 사건 건): 주어진 조건.
④ • 위세(威勢: 위엄 위, 기세 세)
　「1」 사람을 두렵게 하여 복종하게 하는 힘.
　「2」 위엄이 있거나 맹렬한 기세.
　• 위상(位相: 자리 위, 서로 상): 어떤 사물이 다른 사물과의 관계 속에서 가지는 위치나 상태.

06 개요 작성   정답 ③

정답 체크

'공정한 선거 정착을 위한 노력'은 'Ⅱ-1-라'의 과다한 선거 비용과는 관련이 없는 내용이다. 따라서 ㉢에 들어갈 내용으로 적절하지 않다. 'Ⅱ-1-라'를 고려하여 '선거 비용 지출의 투명성 강화'가 들어가는 것이 적절하다.

오답 분석

① 본론의 내용 '1. 선거 문화의 문제점'과 '2. 바람직한 선거 문화 정착을 위한 방안'을 고려할 때, 제목으로 '선거 문화의 문제점과 해결 방안'은 적절하다.

② 'Ⅱ-2-나'의 '정책 중심의 선거 문화 정착'을 고려할 때, 대응하는 문제점으로 '공약의 남발과 정책의 실종'은 적절하다.

④ 결론에 '기대 효과'가 들어가야 한다. 따라서 기대 효과로 '올바른 선거 문화 정착을 통한 정치 발전의 실현'은 적절하다.

07 작문   정답 ④

정답 체크

'망양보뢰(亡羊補牢: 망할 망, 양 양, 기울 보, 우리 뢰)'라는 관용적 표현을 활용하고 있다. 또한 자연재해에 대해 관심을 가지고 이를 대비하자고 하는 것은 자연재해를 일부 사람들의 문제로만 여기고 있는 사람들에게 인식 개선을 촉구하는 내용으로, 앞 문장과 자연스럽게 연결할 수 있다.

오답 분석

① '공든 탑이 무너지랴.'라는 관용적 표현을 활용하고 있다. 그러나 앞 문장과의 관계를 고려하였을 때, 자연재해 예방을 위한 국가 시스템 마련을 하자는 내용이 들어가는 것은 적절하지 않다.

② 맥락상 정책 마련에 대해 강조하는 것도 적절하지 않다. 또한 관용적 표현도 활용하고 있지 않다.

③ '천 리 길도 한 걸음부터'라는 관용적 표현을 활용하고 있다. 그러나 제시된 글에서는 자연재해에 대한 사후적 처리를 강조하는 것이 아니라, 그에 대한 예방과 대비를 강조하고 있다. 따라서 자연재해 피해 복구의 지원 활동에 대해 서술하는 것은 적절하지 않다.

08 작문(고쳐 쓰기)   정답 ④

정답 체크

'도랑 치고 가재 잡다'는 일의 순서가 바뀌었기 때문에 애쓴 보람이 나타나지 않음을 비유적으로 이르거나, 한 가지 일로 두 가지 이익을 봄을 비유적으로 이르는 말이므로 문맥에 맞지 않다. 그런데 수정 방안으로 제시한 '칼로 물 베듯'도 부적절하다. '칼로 물 베듯'은 다투었다가도 시간이 조금 지나 곧 사이가 다시 좋아지는 경우를 비유적으로 이르는 말이기 때문이다.

오답 분석

① ㉠은 '드라마에서 기억 상실증을 자주 사용하는 것은'의 이유이므로 '크기 때문이다'와 같이 고치는 것이 적절하다.

② ㉡은 비슷한 어구가 반복되어 어색하므로 중복된 부분을 제거하는 것이 자연스럽다.

③ ㉢에는 앞 문장의 내용을 정리하는 기능을 하는 접속어 '따라서'가 적절하다.

09 동일한 지시 대상   정답 ②

정답 체크

연극의 존재 이유에 핵심적 요인을 부여하는 것은 관객이다. 'ㄱ, ㄷ, ㄹ'은 관객과 밀접하게 결부된 연극을 의미한다. 그러나 ㄴ은 관객과 유리된 연극을 말하고 있다.

10 화법(내용 이해)   정답 ④

정답 체크

제시된 대화에서 문제 삼고 있는 것은 '광고 언어의 문법 파괴 현상'이다. 그런데 '광고 언어의 과장된 표현'은 중심 화제에서 벗어난 내용이므로, 적절하지 않은 이해이다.

오답 분석

① '을'은 첫 번째 발언 "소비자가 기대에 어긋난 이런 문법 파괴 시도를 창의적이고 참신한 것으로 인식하게 되면서 해당 상품에 대해 관심을 가지게 된다고 합니다."라고 한 부분을 볼 때, 적절한 이해이다.

② '갑'의 첫 번째 발언 "그런데 이런 광고 언어가 문법적으로 파괴되어 있다면 많은 사람들의 언어생활 또한 파괴될 거란 말이죠."라고 한 부분을 볼 때, 적절한 이해이다.

③ '을'의 두 번째 발언 "의도적인 문법 파괴가 일시적으로 소비자의 관심을 끌 수는 있겠지만, 과연 그러한 행동이 얼마나 소비자들의 신뢰와 공감을 얻을 수 있을지에 대해서 광고를 만드는 사람들은 심사숙고해야 할 것입니다."라고 한 부분을 볼 때, 적절한 이해이다.

Day 07 하프모의고사 7회 정답·해설

p.46

01	02	03	04	05
②	②	②	④	④
06	07	08	09	10
④	④	①	③	③

01 개요 작성 정답 ②

정답 체크

제시된 개요의 '본론 1'에서는 '포장재 쓰레기가 늘고 있는 원인'을, '본론 2'에서는 '포장재 쓰레기의 양을 줄이기 위한 방안'을 각각 기업과 소비자의 차원으로 나누어 다루고 있다. 그러므로 ㉠에는 '본론 1-(2)'에서 제시한 원인과 연계 지어, 소비자의 차원에서 포장재 쓰레기의 양을 줄이기 위한 방안을 제시하는 내용이 들어가야 한다. 따라서 호화로운 포장보다는 실속을 중시하는 합리적인 소비 생활을 해야 한다는 ②의 내용이 들어가는 것이 가장 적절하다.

02 문법 추론 정답 ②

정답 체크

역행적 유음화는 뒤에 있는 'ㄹ'이 앞으로 영향을 주는 것이므로 'ㄴ-ㄹ'이 'ㄹ-ㄹ'로 바뀌는 것이다. 그런데 '말년[말련]'은 'ㄹ'이 앞에 있고, 이것이 뒤로 영향을 주어 'ㄹ-ㄴ'이 'ㄹ-ㄹ'로 바뀌었다. 따라서 ㉠의 사례로 보기 어렵다. '말년'은 '순행적 유음화'의 사례이다.

03 어색한 문장 수정 정답 ②

정답 체크

2문단에서 "이러한 사용자의 성별 특징으로 인하여 종래 '언간'은 '내간'으로 일컬어지기도 하였다. 그러나 이러한 명칭 때문에 내간이 부녀자만을 상대로 하거나"라고 하였다. 이를 볼 때, '양쪽이 반드시 남성'이라는 ㉡은 글의 흐름상 적절하지 않다. 따라서 ㉡을 '어느 한쪽으로 반드시 여성'으로 수정한 것은 옳다.

04 화법(대화 분석) 정답 ④

정답 체크

"경은 반드시 고질적인 폐단을 없애는 정사(政事)를 유념(留念)하여 시행하시오."라고 왕이 명령을 내리자, 신하는 겸손한 자세로 자신을 낮추고 완곡하게 거절의 뜻을 밝히고 있다. 따라서 상황과 관계없이 왕명을 기쁘게 받았다는 분석을 적절하지 않다.

오답 분석

①, ③ 왕의 부탁에 대해 "신의 기량이 너무 모자라서 그동안 역임한 직책 가운데 어느 것 하나 제대로 수행한 것이 없었습니다. 더욱이 이번 직책은 신에게 합당한 것이 아닙니다."라고 말한 부분에서 신하의 겸손한 태도와 왕에 대한 예의를 엿볼 수 있다.

② 지방 관직으로 나가는 신하에게 '왕'은 "경은 이번에 지방 관직으로 나가면 잠깐의 휴가를 얻는 격이겠지만 내 마음은 매우 서운하오."라고 하며, 직접적으로 서운함을 표하고 있다.

05 공공언어 바로 쓰기 정답 ④

정답 체크

높임의 대상은 '선생님'이다. 따라서 ㉢에 따라 '데리다' 대신 높임의 특수 어휘 '모시다'로 수정한 것은 옳다. 한편, 수정한 문장에서 주체 높임의 선어말 어미 '-시-'를 사용하여 주체인 '나'를 높이고 있다. 높임의 대상은 '선생님'이기 때문에 ㉣을 근거로 할 때 적절하지 않은 수정이다.

오답 분석

① 높임의 대상은 '교수님'이다. 따라서 ㉠에 따라 주격 조사 '이' 대신 '께서'로 수정한 것은 옳다.

② 높임의 대상은 '아버지'이다. 따라서 ㉠에 따라 주격 조사 '가' 대신 '께서'로 수정한 것은 옳다. 또 ㉡에 따라 '밥'과 '먹다'를 높임의 특수 어휘 '진지'와 '잡수시다'로 수정한 것은 옳다.

③ 높임의 대상은 '말씀'인데, '말씀'을 높임으로써 '선생님'을 간접적으로 높이고 있다. 따라서 ㉢에 따라 '있다'의 직접 높임말 '계시다'를 '있으시다'로 수정한 것은 옳다.

06 문맥적 의미(미치다)   정답 ④

정답 체크

'태종에게 미치지도 못하는 후세의 군주가'라는 문맥으로 볼 때, '미치다'는 '일정한 기준 혹은 수준에 도달하다'는 의미로 쓰였다. ④에서도 '어머니의 솜씨'라는 기준에 '도달하지 못했다는 의미로 쓰이고 있다.

오답 분석

① '(영향을) 끼치다'는 의미로 쓰이고 있다.
② '말이나 생각이 어떤 대상에까지 이르다.'는 의미로 쓰이고 있다.
③ '어떤 대상에게 힘이나 작용이 가 닿다.'는 의미로 쓰이고 있다.

어휘

미치다¹ 동

Ⅰ
「1」 정신에 이상이 생겨 말과 행동이 보통 사람과 다르게 되다.
  예 그녀는 전쟁 통에 어린 자식을 잃고는 끝내 미치고 말았다.
「2」 (낮잡는 뜻으로) 상식에서 벗어나는 행동을 하다.
  예 태풍이 오는데 바다에서 낚시를 하는 건 미친 짓이야.
「3」 정신이 나갈 정도로 매우 괴로워하다.
  예 지겨워 미치겠다.

Ⅱ 【…에/에게】 ((주로 '-에'의 뒤에 쓰여))
어떤 일에 지나칠 정도로 열중하다.
  예 그녀가 노래에 미친 것은 작년부터였다.

미치다² 동

「1」 【…에/에게】【…으로】 공간적 거리나 수준 따위가 일정한 선에 닿다.
  예 우리 편 선수는 결승점에 못 미쳐서 넘어지고 말았다.
「2」 【…에/에게 (…을)】 영향이나 작용 따위가 대상에 가하여지다. 또는 그것을 가하다.
  예 사퇴를 하라는 압력이 그에게 미쳤다.

07 바꿔 쓰기   정답 ④

정답 체크

'궁리(窮理: 다할 궁, 다스릴 리)하다'는 '사물의 이치를 깊이 연구하다.', '마음속으로 이리저리 따져 깊이 생각하다.'라는 의미이다. 따라서 '겪다'와 바꿔 쓸 표현으로 적절하지 않다. 맥락을 고려할 때, '자신이 실제로 해 보거나 겪어 보다.'라는 의미를 가진 '경험(經驗: 경서 경, 시험 험)하다' 정도와 바꿔 쓰는 것이 자연스럽다.

오답 분석

① '호대(浩大: 넓을 호, 큰 대)하다'는 주로 '기세', '세력', '은혜' 따위의 뜻을 가진 명사와 함께 쓰여 '매우 넓고 크다.'라는 의미이므로, ㉠과 바꿔 쓰기에 적절하다.
② '투입(投入: 던질 투, 들 입)하다'는 '던져져 넣어지다.', '사람이나 물자, 자본 따위가 필요한 곳에 넣어지다.'라는 의미이므로, ㉡과 바꿔 쓰기에 적절하다.
③ '횡사(橫死: 가로 횡, 죽을 사)하다'는 '뜻밖의 재앙으로 죽다.'라는 의미이므로, ㉢과 바꿔 쓰기에 적절하다.

08 작문   정답 ①

정답 체크

(가)와 같이 초고속 인터넷의 보급률이 높음에도 불구하고 (나), (다)와 같은 문제 상황이 일어나고 있음을 지적하고 있는 ①이 설문 조사 자료를 가장 적절하게 해석한 것이다.

오답 분석

② (다)는 학생들의 인터넷 이용이 다양화되었음을 알려 주는 자료가 아니라, 인터넷을 학습에 제대로 활용하지 못하고 있음을 알려 주는 자료이다.
③ 초고속 인터넷 보급률은 거의 100%에 가깝기 때문에 초고속 인터넷 보급률을 더욱 높여야 한다는 대책은 적절하지 않다.
④ 학생들이 인터넷을 학습에 제대로 활용하지 못하고 있는 원인으로 초고속 인터넷 보급률이 지나치게 높다는 점을 드는 것은 적절하지 않다. 초고속 인터넷이 보급되어야 인터넷 활용 학습과 수업이 가능해지므로 인터넷 보급률은 높을수록 좋은 것이다.

09 바꿔 쓰기(반대되는 표현)   정답 ③

정답 체크

제시된 글의 문맥으로 따져 보면 '실질적으로 사용하는 컴퓨터'란 현재 '실제로 사용하고 있는 컴퓨터'의 의미이다. 그런데 '구체적'은 '사물이 직접 경험하거나 지각할 수 있도록 일정한 형태와 성질을 갖추고 있는 것', '실제적이고 세밀한 부분까지 담고 있는 것'이라는 의미이다. 따라서 '실질적으로'의 반대되는 표현으로 '구체적으로'는 적절하지 않다.

오답 분석

① '전반에'는 '통틀어서 모두'의 의미이므로 반대되는 표현으로 '일부에'는 적절하다.
② '진화하다'는 '일이나 사물 따위가 점점 발달하여 가다.'라는 의미이다. 따라서 반대되는 표현으로 '진보 이전의 상태로 되돌아가다.'라는 의미를 가진 '퇴화하다'은 적절하다.

④ '완벽하다'는 '결함이 없이 완전하다.'라는 의미이다. 따라서 반대되는 표현으로 '아직 다 갖추지 못한 상태에 있다.'라는 의미를 가진 '미비하다'는 적절하다.

10 동일한 지시 대상   정답 ③

정답 체크

㉠, ㉡, ㉢은 국어 순화의 대상이 되는 '외래어'의 의미로 쓰였다. 한편, ㉣은 순화 대상을 구별 짓는 '체'의 역할을 하는 '우리말'의 뜻이다. 따라서 지시 대상이 같은 것만으로 묶인 것은 ③의 '㉠, ㉡, ㉢'이다.

Day 08 하프모의고사 8회 정답·해설

p.52

01	02	03	04	05
③	④	③	②	④
06	07	08	09	10
④	②	②	②	④

01 개요 작성

정답 ③

정답 체크

로비 활동에 대한 제도적 장치를 마련하기 위해서는 여러 가지 구체적인 방법이 있겠지만, 그 중 불법 로비 활동 신고 센터를 설치하는 것도 하나의 방법이 될 수 있다. 따라서 ③은 수정 방안은 타당하다.

오답 분석

① '이익 집단 구성 과정'은 '이익 집단의 불법 로비 활동의 영향'의 하위 항목의 내용으로 적절하지 않다.

② '정치권에 대한 신뢰도가 하락됨'은 '비자금 조성으로 정치 부패의 주범이 됨'과 중복되는 내용이 아니므로, 중복되는 내용이기 때문에 생략해야 한다는 수정 방안은 적절하지 않다.

④ <보기>의 주제는 '이익 집단의 불법 로비 활동 방지'이므로 '법제화를 통해 로비 활동 합법화'는 주제에서 벗어난 내용이 아니다. 따라서 주제에서 벗어난 내용이기 때문에 내용을 바꿔야 한다는 수정 방안은 적절하지 않다.

02 문법 추론

정답 ④

정답 체크

'금성'과 '샛별'은 대상을 지칭할 뿐만 아니라 대체의 제약도 거의 없으므로 동의어로 볼 수 있다.

오답 분석

① '맘마'와 '밥'은 경우에 따라 완벽한 대체가 이루어지지 않을 수 있다. 따라서 '맘마'는 '밥'의 유의어이다.

② '계란'은 '달걀'과 동의어 관계에 있지만, '알'에 대해서는 하위어에 해당한다.

③ 대부분 같이 쓸 수 있지만 '얼굴이 길다'와 같은 경우에 '낯'으로 대체할 수 없기 때문에 동의어가 아니다.

03 어색한 문장 수정

정답 ③

정답 체크

ⓒ의 상황일 경우 "시간이 많이 걸려 효율성도 떨어지고, 설령 그렇게 결정한다고 해도 다수를 만족시킬 뿐이지 모두를 만족시키는 것은 아니다."라고 하였다. 결과에 해당하는 내용을 볼 때, 이는 '국민 일부'가 아닌 '국민 전체'가 참여했을 때의 상황이다. 따라서 ⓒ을 '국민 전체가 참여하자면'으로 수정한 것은 적절하다.

04 작문

정답 ②

정답 체크

<지침>에서 제시한 조건은 비유적 표현을 사용하라는 것과 대상의 부정적 측면을 밝히라는 것이다. ②의 경우, '구르는 눈 덩이처럼'이라는 비유적 표현을 사용하였고, 신뢰성이 떨어지는 내용을 담고 거짓과 오해를 부풀린다는 소문의 부정적 측면을 밝히면서 경각심을 일깨우고 있다.

오답 분석

① 대상의 부정적 측면만이 아니라 양면성을 밝히고 있으며, 비유적 표현도 사용되지 않았다.

③ 비유적 표현이 쓰이지 않았다.

④ '옹기'라는 대상의 부정적 측면이 제시되지 않았다.

05 문맥적 의미(떨어지다)

정답 ④

정답 체크

㉠의 '떨어지다'는 문맥상 효율이 '좋지 않다'의 의미로, '다른 것보다 수준이 처지거나 못하다'의 뜻으로 쓰였다. ④의 품질이 '떨어지다'도 이와 같은 맥락으로 쓰였다.

오답 분석

① '위에서 아래로 내려지다.'라는 의미이다.

② '정이 없어지거나 멀어지다.'라는 의미이다.

③ '일정한 거리를 두고 있다.'라는 의미이다.

> **어휘** 떨어지다
>
> 떨어지다 [동]
>
> Ⅰ 【…에】【…으로】
>
> 「1」 위에서 아래로 내려지다.
> ㉮ 굵은 빗방울이 머리에 한두 방울씩 떨어지기 시작했다.

「2」 어떤 상태나 처지에 빠지다.
　　예 깊은 잠에 떨어지다.
「3」 진지나 성 따위가 적에게 넘어가게 되다.
　　예 그 성이 적의 손에 떨어졌다는 전갈이 왔다.

② 【…에/에게】
「1」 정이 없어지거나 멀어지다.
　　예 이미 그 일에 정이 떨어진 지 꽤 되었다.
「2」 급한 일이나 임무가 맡겨지다.
　　예 곧 너에게 중요한 임무가 떨어질 것이다.
「3」 명령이나 허락 따위가 내려지다.
　　예 드디어 우리에게도 출동 명령이 떨어졌다.
「4」 다른 것보다 수준이 처지거나 못하다.
　　예 그는 인물이 비교적 남에게 떨어진다.

③ 【…에】【…에서】시험, 선거, 선발 따위에 응하여 뽑히지 못하다.
　예 아들이 입학시험에 떨어졌다.

④ 【…에서/에게서】
「1」 함께 하거나 따르지 않고 뒤에 처지다.
　　예 여행 갔다 오는 길에 나 혼자만 대열에서 떨어져 삼촌 댁에 갔다.
「2」 달렸거나 붙었던 것이 갈라지거나 떼어지다.
　　예 소매에서 단추가 떨어졌다.
「3」 지녔던 것이 흘러서 빠지다.
　　예 주머니에서 동전이 떨어졌다.

⑤ 【(…과)】
「1」 관계가 끊어지거나 헤어지다.
　　예 아이가 부모와 떨어져 지내는 것은 힘든 일이다.
「2」 일정한 거리를 두고 있다.
　　예 식당은 본관과 조금 떨어져 있는 별관에 있다.

⑥
「1」 값, 기온, 수준, 형세 따위가 낮아지거나 내려가다.
　　예 갈수록 성적이 떨어져서 큰일이다.
「2」 병이나 습관 따위가 없어지다.
　　예 감기가 떨어지지 않아 큰 고생을 하였다.
「3」 해, 달이 서쪽으로 지다.
　　예 해가 떨어지기 전에 이 일을 마치도록 하여라.

「4」 이익이 남다.
　　예 과자 한 봉지를 팔면 10원이 떨어진다.
「5」 뒤를 대지 못하여 남아 있는 것이 없게 되다.
　　예 쌀이 떨어져 두 끼를 라면으로 때웠다.
「6」 입맛이 없어지다.
　　예 피곤해서 그런지 입맛이 떨어졌다.
「7」 일이 끝나다.
　　예 그 일이 언제 다 떨어질지 모르겠다.
「8」 옷이나 신발 따위가 해어져서 못 쓰게 되다.
　　예 신발이 떨어지다.
「9」 숨이 끊어지다.
　　예 숨이 막 떨어졌다.
「10」 밴 아이가 유산이 되다.
　　예 임신 초기엔 아이가 떨어질 위험이 있으니 조심하시오.
「11」 나눗셈에서 나머지가 없이 나뉘다.
　　예 1과 자기 자신 외의 어떤 수로 나누어도 떨어지지 않는 수를 소수라 한다.
「12」 셈에서 다 치르지 못하고 얼마가 남게 되다.
　　예 지난번 물건을 사고 돈이 부족해서 떨어진 천 원을 아직도 갚지 못하였다.
「13」 말이 입 밖으로 나오다.
　　예 선생님의 호령이 떨어지다.
「14」 지정된 신호 따위가 나타나다.
　　예 파란불 신호가 떨어지자 사람들이 건널목을 건너기 시작했다.

06 사전적 의미　　　　　정답 ④

정답 체크
㉣의 '변질(變質: 변할 변, 바탕 질)'은 '성질이 달라지거나 물질의 질이 변함. 또는 그런 성질이나 물질'이라는 뜻을 가진 단어이다. 따라서 '성분이나 특성이 고루 같음.'이라는 뜻풀이는 적절하지 않다. '성분이나 특성이 고루 같음.'은 '균질(均質: 고를 균, 바탕 질)'의 뜻풀이이다.

오답 분석
① 유인(誘因: 꾈 유, 인할 인): 어떤 일 또는 현상을 일으키는 원인
② 둔화(鈍化: 무딜 둔, 될 화): 느리고 무디어짐.
③ 심화(深化: 깊을 심, 될 화): 정도나 경지가 점점 깊어짐. 또는 깊어지게 함.

07 동일한 지시 대상   정답 ②

정답 체크
ⓒ은 대상을 그대로 표현하는 것이 아니고 대상의 이미지를 변형시켜 드러내는 것이다.

오답 분석
㉠, ㉢, ㉣은 대상을 그대로 표현하는 극사실주의 회화 기법이다.

08 화법(대화 분석)   정답 ②

정답 체크
ⓒ의 "수업 시간을 제외하고 스스로 공부에 집중하는 시간은 그다지 많지 않지?"는, 상대방의 성향에 대해 언급하면서 의문 형식을 통해 동의를 구하는 양상으로 이해할 수 있다. 따라서 명령의 의미를 담아 생각의 전환을 요구하고 있다는 ②의 분석은 적절하지 않다.

오답 분석
① ㉠의 바로 앞에서, 철수의 말에 대응하여 공부에 집중하지 못하는 것과 성적이 떨어지는 것에 대해 언급했다. 그런 다음 ㉠에서 시간 관리가 중요하다는 말을 들어 봤느냐고 질문하여, 약간 다른 방향에서 화제에 접근하면서 관심을 유도하고 있다.
③ 철수는 처음에는 시간 관리에 특별히 신경을 쓰지 않는다는 입장이었는데, 삼촌의 말을 들은 후에는 "정말 그럴 수 있겠네요."라고 말하면서 자신의 생각이 짧았음을 인식하고 있다. 이는 공감적 듣기의 태도라고 할 수 있다.
④ 일주일 동안 시간을 객관적으로 점검해 보라는 실천 방안을 제시하면서, 철수의 행동을 유도하고 있다.

09 바꿔 쓰기   정답 ②

정답 체크
㉠은 '큰 관심 없이 대강 보아 넘기다.'라는 의미를 가진 '간과(看過: 볼 간, 지날 과)하다'와 바꿔 쓸 수 있다.

오답 분석
① 경시(輕視: 가벼울 경, 볼 시)하다: 대수롭지 않게 보거나 업신여기다.
③ 묵과(默過: 잠잠할 묵, 지날 과)하다: 잘못을 알고도 모르는 체하고 그대로 넘기다.
④ 무시(無視: 없을 무, 볼 시)하다
　「1」 사물의 존재 의의나 가치를 알아주지 아니하다.
　「2」 사람을 깔보거나 업신여기다.

10 공공언어 바로 쓰기   정답 ④

정답 체크
㉣을 기준으로 앞에는 나무가 자라는 데 오랜 시간이 걸린다는 내용이, 뒤에는 나무를 잘 지키는 것도 중요하다는 내용이 제시되어 있다. 따라서 ㉣에는 역접의 '그렇지만'이 아니라 앞의 내용이 뒤의 내용의 이유나 원인, 근거가 될 때 쓰는 접속 부사인 '그러므로'를 사용하는 것이 적절하다.

오답 분석
① '신설(新設: 새 신, 베풀 설)'은 '새로 설치함'이라는 의미이다. 따라서 '신설'이라는 말 속에 '새로'라는 의미가 포함되어 있기 때문에 ㉠은 의미 중복 표현이다. 따라서 '신설하거나'로 고친 것은 적절하다.
② 서술어는 '공급하다'이다. 그런데 주어는 "'나무은행'이란"인데, '나무은행'이 공급한다는 의미가 아니다. ㉡은 '공급은행'의 개념을 서술한 문장이므로, 서술어를 '공급하는 제도이다.'로 수정한 것은 적절하다.
③ '운영되어지다'는 '운영 + 되 + 어지 + 다'로 분석되는데 이때 '되'와 '어지'는 모두 피동을 형성하는 요소이므로 '운영되어지고'는 피동 표현이 불필요하게 중복 사용된 단어이다. 따라서 '운영되고'로 고친 것은 적절하다.

Day 09 하프모의고사 9회 정답·해설

p.58

01	02	03	04	05
①	③	④	③	②
06	07	08	09	10
②	②	④	②	①

01 문맥적 의미(쓰다)   정답 ①

정답 체크
㉠의 '쓰다'는 어휘의 의미를 효과적으로 파악하기 위해 보통 성분 분석이라는 '방법을 사용하는 것'을 의미한다. ①의 '쓰다'도 '어떤 일을 하는 데에 재료나 도구, 수단을 이용하다.'의 뜻이므로 서로 통한다.

오답 분석
② '다른 사람에게 베풀거나 내다.'는 의미로 쓰이고 있다.
③ '합당치 못한 일을 강하게 요구하다.'는 의미로 쓰이고 있다.
④ '어떤 일을 하는 데 시간이나 돈을 들이다.'는 의미로 쓰이고 있다.

어휘

쓰다 동

1 【…에 …을】
「1」 어떤 일을 하는 데에 재료나 도구, 수단을 이용하다.
　예 빨래하는 데에 합성 세제를 많이 쓴다고 빨래가 깨끗하게 되는 것은 아니다.
「2」 【…을 …으로】 사람에게 어떤 일을 하게 하다.
　예 하수도 공사에 인부를 쓴다.

2 【…에/에게 …을】
「1」 ((흔히, '한턱', '턱' 따위와 함께 쓰여)) 다른 사람에게 베풀거나 내다.
　예 그는 취직 기념으로 친구들에게 한턱을 썼다.
「2」 어떤 일에 마음이나 관심을 기울이다.
　예 나 정말 괜찮으니까 그 일에 신경 쓰지 마.
「3」 합당치 못한 일을 강하게 요구하다.
　예 공적인 일을 추진하는 데에는 억지를 쓰면 안 된다.
「4」【…을 …으로】 어떤 일을 하는 데 시간이나 돈을 들이다.
　예 오늘 아이들에게 너무 많은 돈을 썼다.

「5」 【-려고】 (('-려고' 대신에 '-기 위하여'가 쓰이기도 한다)) 힘이나 노력 따위를 들이다.
　예 이상하게도 그는 오늘 상대 선수에게 너무 힘을 쓰지 못했다.

3 【…을】
「1」 몸의 일부분을 제대로 놀리거나 움직이다.
　예 강한 볼을 던지려면 어깨도 강해야 하지만 허리를 잘 써야 한다.
「2」 【…을 …으로】 어떤 건물이나 장소를 일정 기간 사용하거나 임시로 다른 일을 하는 곳으로 이용하다.
　예 아랫방을 쓰는 사람이 방세를 내지 않는다.
「3」 【…에/에게 …을】【…을 …으로】 어떤 말이나 언어를 사용하다.
　예 그는 시골에서 온 지 얼마 안 되었는데도 서울말을 유창하게 쓴다.

4 (('-아서/면 쓰-' 구성으로 쓰여))((주로 반어적인 표현에 쓰여)) 도리에 맞는 바른 상태가 되다.
　예 어른에게 대들면 쓰나?

02 문법 추론   정답 ③

정답 체크
'그는 웃고 있는 친구의 손을 살며시 잡았다.'에서 필수적 부사어를 확인할 수 없다. 부사어 '살며시'가 없어도 문장이 성립하기 때문이다. '손으로 움키고 놓지 않다.'라는 의미의 '잡다'는 필수적 부사어를 필요로 하지 않는 서술어이다.

오답 분석
① '이제부터 나는 너를 내 부하로 삼겠다.'에서 필수적 부사어에 해당하는 것은 '내 부하로'이다. '삼다'는 필수적 부사어인 '내 부하로'가 없을 경우 완벽한 문장이 될 수 없다.
② '나의 마음은 언제나 너의 마음과 같다.'에서 필수적 부사어에 해당하는 것은 '(너의) 마음과'이다. '같다'는 필수적 부사어인 '(너의) 마음과'가 없을 경우 완벽한 문장이 될 수 없다.
④ '학교에 가는 길에 우체통에 이 편지를 넣어라.'에서 필수적 부사어에 해당하는 것은 '우체통에'이다. '넣다'는 필수적 부사어인 '우체통에'가 없을 경우 완벽한 문장이 될 수 없다.

03 개요   정답 ④

정답 체크

'Ⅱ. 본론'의 '2. 청소년 디지털 중독이 발생하는 원인'은 주제와 관련된 문제의 원인이므로, '3. 청소년 디지털 중독을 해결하기 위한 방안'에는 그에 대응하는 해결 방안을 모두 제시해야 완결성을 갖출 수 있다. 그런데 '청소년의 디지털 기기 사용 시간의 제한'은 '우울증이나 정서 불안 등의 심리 질환 유발'에 대한 해결 방안으로 적절하지 않다.

오답 분석

① 청소년 디지털 중독이 심각하다는 문제를 부각하기 위해 서론에 '청소년 디지털 중독의 심각한 실태'가 들어갈 수 있다.
② '기억 능력을 퇴화시키는 디지털 치매 심화'는 '청소년 디지털 중독으로 인한 폐해' 중 하나이다. 상위 항목과 관련된 하위 항목이므로 적절하다.
③ 완결성을 갖추기 위해서는 'Ⅱ-2-가'는 'Ⅱ-3-가'와 대응해야 한다. 해결 방안이 '디지털 중독의 심각성에 대한 교육 및 홍보 강화'이므로 원인으로 '디지털 중독의 심각성에 대한 인식 부족'이 들어갈 수 있다.

04 화법(말하기 분석)   정답 ③

정답 체크

2문단에서 공기를 쾌적하게 해 주는 식물들의 구체적 예로 '호접란', '관음죽', '스킨답서스' 등을 활용하여 말하기 내용을 효과적으로 전달하고 있다.

05 공공언어 바로 쓰기   정답 ②

정답 체크

<한글맞춤법 규정>의 띄어쓰기 규정에 따라 조사나 접미사, 어미 등은 앞말에 붙여 써야 한다. 그런데 '그것과 관계된 입장' 또는 '그것에 따름'을 뜻하는 '-상(上)'은 접미사이다. 따라서 수정하기 전 '영수증상의'가 띄어쓰기에 맞다.

오답 분석

① '~를 ~ 중에 있다'는 번역 투 표현이므로 '~를 ~하고 있다'로 바꾼 것은 적절하다.
③ '익일(翌日: 다음날 익, 날 일)'은 '다음 날'의 한자어이다. 따라서 '다음 날'의 뜻을 가진 '이튿날'로 고친 것은 적절하다.
④ 여러 문장이 한 문장으로 구성되어 지나치게 길다. 서술어 여러 개가 연결어미로 연결되어 있는데 적절히 문장을 나누어 쓴 것은 적절하다.

보충 어려운 한자어 바꾸기

전	후
상이한 ※ 相異: 서로 상, 다를 이	(서로) 다른
가급적 ※ 可及的: 오를 가, 미칠 급, 과녁 적	될 수 있으면
미연에 방지하다 ※ 未然: 아닐 미, 그럴 연 防止: 막을 방, 그칠 지	미리 막다
상정하다 ※ 上程: 위 상, 단위 정	회의에 {부치다/올리다}
소기의 ※ 所期: 바 소, 기약할 기	기대{한/했던/하는} 바
시정하다 ※ 是正: 옳을 시, 바를 정	(잘못을) 바로잡다
유보하다 ※ 留保: 머무를 유(류), 지킬 보	미루어두다

06 수정 방안   정답 ②

정답 체크

ⓒ을 다음 문장과 순서를 바꾸어도 흐름상 어색하다. 즉 ⓒ은 최근 기업들이 능력 위주로 채용 기준을 바꾸고 있다는 내용으로, 해당 문단의 흐름상 통일성을 위배하고 있으므로 삭제해야 한다.

오답 분석

① ㉠은 '이유는'이라는 주어와 호응하기 위해 '기대되기 때문이다.'로 고치는 것이 적절하다.
③ ⓒ은 뒤에 이어지는 내용이 블라인드 채용의 긍정적 효과이므로 역접을 나타내는 '그러나'로 바꾸는 것이 적절하다.
④ ㉣은 이중 피동 표현이므로 '될'로 수정하는 것이 적절하다.

07 동일한 지시 대상   정답 ②

정답 체크

ⓒ의 '그'는 '파슨스(ⓒ)'를 의미하고, ㉣의 '그'는 '머튼(㉠)'을 의미한다.

08 작문   정답 ④

정답 체크

지침 1	유해한 게임과 좋은 책을 대조하고 있다.
지침 2	'영혼'을 갉아먹는다고 하여 무생물을 생물처럼 표현한 활유법이 사용하였다.
지침 3	"좋은 책은 영혼을 살찌웁니다."라고 하여 독서를 권유하고 있다.

오답 분석

① '약'과 '독'이라는 대조적 표현만 확인할 수 있다. 독서를 권유하지도, 활유법도 쓰이지 않았다.

② '책'이 나를 맞아 준다고 하여 무생물인 '책'을 생물처럼 표현하였다. 이를 통해 도서관에 방문하여 독서할 것을 우회적으로 권유하고 있다. 그러나 대조적 표현은 사용되지 않았다.

③ 운동은 '몸'을, 독서는 '마음'을 건강하게 한다고 하여 독서를 권유하고 있다. 그러나 활유법은 사용되지 않았다.

09 바꿔 쓰기   정답 ②

정답 체크

'함유(含有: 머금을 함, 있을 유)하다'는 '물질이 어떤 성분을 포함하고 있다.'는 의미를 갖고 있다. 이를 앞의 '수분을'과 연관 지어 의미를 파악하면 '빗물이나 이슬 같은 물기를 지니다.'는 의미의 '머금다'로 바꿀 수 있지, '물건을 밖으로 옮기거나 꺼내 놓다.'는 의미의 '내놓다'로 바꿀 수는 없다.

오답 분석

① '살포(撒布: 뿌릴 살, 베 포)하여'는 뜻이 '액체, 가루 따위를 흩어 뿌려'이므로 '뿌려'로 바꿔 쓸 수 있다.

③ '증가(增加: 더할 증, 더할 가)시키고'는 뜻이 '양이나 수치가 늚. 또는 양이나 수치를 늘리고'이므로 '늘리고'로 바꿔 쓸 수 있다.

④ '투입(投入: 던질 투, 들 입)한'은 뜻이 '사람이나 물자, 자본 따위를 필요한 곳에 넣은'이므로 '들어간'으로 바꿔 쓸 수 있다.

10 어색한 문장 수정   정답 ①

정답 체크

㉠ 바로 뒤에 나오는 "물건을 구매하는 것을 상품을 소유하거나 생활을 윤택하게 하는 수단으로 여기지 않고, 올바른 선택을 해야 하는 일종의 투표로 인식한다."를 볼 때, '윤리적 소비자'는 이전의 소비자, 즉 '합리적 소비자'와는 다른 소비를 한다는 것을 알 수 있다. 따라서 ㉠을 '윤리적 소비자는 이전 소비자와는 다른 관점에서 돈을 쓴다.'로 수정한 것은 옳다.

Day 10 하프모의고사 10회 정답·해설

p.64

01	02	03	04	05
④	④	③	①	①
06	07	08	09	10
③	④	③	②	④

01 공공언어 바로 쓰기   정답 ④

정답 체크
<공공언어 바로 쓰기 원칙>에서 외래어는 우리말로 바꾸라고 하였다. 따라서 '홈페이지'는 순화어 '누리집'으로 고쳐야 한다. 또한 '앞으로'의 일이므로 서술어에 '공개하였다'가 아닌 '공개할 예정이다.'가 와야 한다. 그런데 ④는 '홈페이지'를 '누리집'으로 순화하지 않았기 때문에 적절하지 않은 수정이다.

오답 분석
① '혁신'의 대상은 '정부'가 아닌 '정책' 또는 '제도'이다. 따라서 ㉠은 '정책 혁신' 또는 '제도 혁신'으로 바꾼 것은 옳다.
② 서술어에 호응하는 목적어가 없으므로 무엇을 시행하고 있는지를 추가하고, 어려운 한자어는 쉬운 말로 쓴 것은 옳다.
③ '국민 신청 실명제'를 시행하는 목적과 효과를 앞과 뒤의 문장에 밝히었으므로 같은 내용이 반복되지 않도록 적절하게 줄인 것은 옳다.

02 어색한 문장 수정   정답 ④

정답 체크
바로 앞 문장에서 '울타리의 장점'을 제시하고 있다. '울타리'는 '법'을 의미한다는 점에서 글의 결론 역시 '법'이 반드시 필요하다는 내용이어야 한다. 따라서 법이 필요악이라는 ㉣을 '법은 이런 울타리처럼 달갑지 않은 면이 있으면서도 우리 사회에 없어서는 안 되는 필요성을 지닌 것이다.'로 수정한 것은 적절하다.

03 문맥적 의미(주다)   정답 ③

정답 체크
㉠의 목적어가 '피해를'인 것을 볼 때 ㉠의 '주다'는 고통이나 기쁨, 피해처럼 '어떤 일이나 감정을 겪게 한다'는 의미이다.

오답 분석
① '물건 따위를 남에게 건네어 가지거나 누리게 하다.'의 의미를 가진 예문으로는 '아이에게 용돈을 주다.'가 있다. 따라서 밑줄 친 '주다'의 의미와는 거리가 있다.
② '시간 따위를 남에게 허락하여 가지거나 누리게 하다.'의 의미를 가진 예문으로는 '나는 나 자신에게 여유를 주려고 노력한다.'가 있다. 따라서 밑줄 친 '주다'의 의미와는 거리가 있다.
④ '남에게 어떤 자격이나 권리, 점수 따위를 가지게 하다.'의 의미를 가진 예문으로는 '학생에게 혜택을 주다.'가 있다. 따라서 밑줄 친 '주다'의 의미와는 거리가 있다.

어휘

주다 동

【…에/에게 …을】

「1」 물건 따위를 남에게 건네어 가지거나 누리게 하다.
  예 개에게 먹이를 <u>주다</u>.
「2」 시간이나 공간 따위를 남에게 허용하다.
  예 너에게 3일의 시간을 <u>주겠다</u>.
「3」 남에게 어떤 자격이나 권리, 점수 따위를 가지게 하다.
  예 혜택을 <u>주다</u>.
「4」 남에게 어떤 역할 따위를 가지게 하다.
  예 너에게 중요한 임무를 <u>주겠다</u>.
「5」 남에게 어떤 일이나 감정을 겪게 하거나 느끼게 하다.
  예 고통을 <u>주다</u>.
「6」 실이나 줄 따위를 풀리는 쪽으로 더 풀어 내다.
  예 연줄을 더 많이 <u>줘라</u>.
「7」 남에게 경고, 암시 따위를 하여 어떤 내용을 알 수 있게 하다.
  예 수업 시간에 친구 한 녀석이 계속 떠들자 선생님께서 그에게 주의를 <u>주셨다</u>.
「8」 시선이나 관심 따위를 어떤 곳으로 향하다.
  예 눈길을 <u>주다</u>.
「9」 주사나 침 따위를 놓다.
  예 엉덩이에 주사를 <u>주다</u>.
「10」 속력이나 힘 따위를 내다.
  예 손에 힘을 더 <u>줘라</u>.
「11」 다른 사람에게 정이나 마음을 베풀거나 터놓다.
  예 그는 친구에게도 좀처럼 정을 <u>주지</u> 않는다.

04 개요 작성   정답 ①

정답 체크

주제는 "우리나라 청년 실업 문제 해결을 위한 대안 모색"이다. 따라서 '선진국의 청년 실업 실태'는 '우리나라 청년 실업 문제 해결을 위한 대안 모색'이라는 주제와 직접적인 관련성이 적다. 흐름상 서론에서는 '우리나라 청년 실업의 실태'를 제시하여 문제를 제기하는 것이 자연스럽다. 따라서 ㉠에는 '선진국의 청년 실업 실태'가 아닌 '우리나라 청년 실업의 실태'가 들어가야 한다.

※ '선진국의 청년 실업 실태'는 '우리나라 청년 실업의 실태'의 하위 항목에서 비교의 내용으로 제시하는 것이 바람직하다.

오답 분석

② 상위 항목이 '청년 실업의 부작용'이다. 따라서 하위 항목에 '청년 실업의 장기화로 인한 사회 불안 증대'를 넣는 것은 자연스럽다.

③ 하위 항목의 내용은 모두 '청년 실업의 원인'을 다루고 있다. 따라서 상위 항목으로 '청년 실업의 원인'을 제시하는 것은 적절하다.

④ 'Ⅱ-2'와 'Ⅱ-3'은 하위 항목끼리 대응되도록 작성하라고 하였다. 'Ⅱ-2-나'가 '기업의 자유로운 고용 정책에 대한 정부의 규제'이므로, 이에 대한 해결 방안으로 '기업의 자유로운 고용 정책을 통한 일자리 창출 유도'를 제시하는 것은 적절하다.

05 화법(내용 이해)   정답 ①

정답 체크

'갑'의 첫 번째 발화 "재능 기부란 말은 ~ 비교적 오랜 시간동안 이루어져 왔어."를 볼 때, 재능 기부가 최근에 생겨난 운동이라는 분석은 적절하지 않다.

오답 분석

② '갑'의 첫 번째 발화를 통해 기업의 행위에서 개인의 차원으로 그 의미가 확대되어 왔음을 확인할 수 있다.

③ '갑'의 세 번째 발화 "다시 말해 재능 기부는 관심만 있다면 누구에게나 열려 있는 것이라 봐야 해."를 통해 확인할 수 있다.

④ '갑'의 세 번째 발화를 통해 직업적 재능을 활용한 것이 아닌 자신이 가진 장점이나 소질을 활용한 재능 기부의 형태도 있음을 확인할 수 있다.

06 작문   정답 ③

정답 체크

③에서 책을 읽는 것을 풍성한 수확을 위해 봄에 씨를 뿌리고 거름을 주는 것에 유추하여 독서가 미래에 토대가 된다는 것을 강조하고 있다. 그러므로 이는 자연스럽게 독서를 해야 한다는 내용으로 이어지고 있다.

오답 분석

① 어휘가 지나치게 추상적이고 어려우며 유추가 적용되지 않았다.

② 왜 책을 읽어야 하는지가 제시되어 있지 않아 설득력이 없다.

④ 책을 읽는 것을 마음의 양식을 쌓는 것에 비유하고 있다.

07 바꿔 쓰기   정답 ④

정답 체크

글쓴이는 '공짜라면 양잿물도 마신다.'라는 말에 대해 익살 섞어 과장되게 표현한 말이라고 하였다. 이러한 문맥을 통해 볼 때, (가)의 '말'은 남을 웃기려고 하는 말을 의미하는 ㉣의 '우스갯소리'에 가장 가깝다.

오답 분석

① 잔소리: 쓸데없이 자질구레한 말을 늘어놓는 말

② 흰소리: 터무니없이 자랑으로 떠벌리는 말

③ 볼멘소리: 성이 나거나 서운해서 퉁명스럽게 하는 말투의 말

08 문법 추론   정답 ③

정답 체크

"첫소리 'ㅇ'은 음가가 없기 때문이다."라고 한 부분을 통해 추론할 때, '송아지'의 '아'의 음운은 'ㅏ'뿐이다. 즉 '송아지'는 'ㅅ, ㅗ, ㅇ / ㅏ / ㅈ, ㅣ'의 음운으로 이루어져 있다. 즉 '송아지'의 음운의 개수는 7개가 아니라 6개이다.

오답 분석

① '설명'은 'ㅅ, ㅓ, ㄹ / ㅁ, ㅕ, ㅇ'의 6개 음운으로 이루어져 있다.

② '아저씨'는 'ㅏ / ㅈ, ㅓ / ㅆ, ㅣ'의 5개 음운으로 이루어져 있다.

④ '아기'는 'ㅏ / ㄱ, ㅣ'의 3개 음운으로 이루어져 있다.

09 의미적 관계 파악

정답 ②

정답 체크

2문단의 "실록의 편찬 작업에서 '사초(史草)'라 부르는 사관(史官)들의 기록이 가장 기본 자료로 쓰였고"와 3문단의 "다시 한번 수정하고 문체를 다듬어 '정초(正草)'라 불리는 완성된 원고를 만들었다." 부분을 볼 때, ⓒ은 ㉠을 중심 재료로 하여 여러 번 수정하고 보완하여 최종적으로 만들어낸 결과물이다. 이 둘의 관계는 '원석'을 중심 재료로 하여 그것을 갈고 닦아 '다이아몬드'를 만드는 것과 유사하다.

※ 史草: 역사 사, 풀 초
　史官: 역사 사, 관리 관
　正草: 바를 정, 풀 초

오답 분석

① '언어'는 '문학'의 표현 수단이다.
③ '일교차'는 '감기 환자'의 원인이다.
④ '자유'와 '평등'은 대등한 관계이다.

10 문맥적 의미(쓰다)

정답 ④

정답 체크

목적어가 '신경을'이다. 신경을 쓴다고 할 때의 '쓰다'는 '마음을 쏟다'는 의미이다. 따라서 <보기>에 제시된 '쓰다'의 의미 중 (가)에 해당하는 것은 ㉣이다.

어휘

쓰다³ 동

① 【…에 …을】

「1」 어떤 일을 하는 데에 재료나 도구, 수단을 이용하다.
　예 마음의 병에는 쓸 약도 없다.

「2」 【…을 …으로】 사람에게 어떤 일을 하게 하다.
　예 하수도 공사에 인부를 쓴다.

② 【…에/에게 …을】

「1」 ((흔히, '한턱', '턱' 따위와 함께 쓰여)) 다른 사람에게 베풀거나 내다.
　예 그는 취직 기념으로 친구들에게 한턱을 썼다.

「2」 어떤 일에 마음이나 관심을 기울이다.
　예 선생님, 일부러 제게 마음을 쓰지 않으셔도 됩니다.

「3」 합당치 못한 일을 강하게 요구하다.
　예 공적인 일을 추진하는 데에는 억지를 쓰면 안 된다.

Day 11 하프모의고사 11회 정답·해설

p.70

01	02	03	04	05
③	③	③	②	③
06	07	08	09	10
③	②	③	③	③

01 문법 추론   정답 ③

정답 체크

(가)와 (나)는 표준어가 변화하는 경우 두 가지를 제시하고 있다. (가)와 (나)만으로는 어느 것이 '효율성'이 더 뛰어난지는 알 수가 없다. 따라서 효율성이 뛰어나서 선택받았다는 추론은 적절하지 않다.

오답 분석

① (가)의 "어원에 가까운 형태인 '적이'가 아직도 쓰이고 있으므로 '적이'를 표준어로 삼는다." 부분을 통해 추론할 수 있다.

② (나)의 "많은 사람들이 '사글세'를 사용하여 이 단어가 굳어져서 쓰이므로 '사글세'를 표준어로 삼았다." 부분을 통해 추론할 수 있다.

④ '강낭콩'의 어원은 '강남콩'이다. 그런데 많은 사람들이 '강낭콩'을 쓰게 되면서 '강낭콩'을 표준어로 삼은 경우이므로 (나)의 '사글세'의 경우와 유사하다고 추론할 수 있다.

02 문맥적 의미(받다)   정답 ③

정답 체크

㉠의 '받다'는 '다른 사람이 주거나 보내오는 물건 따위를 가지다.'의 의미로 사용되고 있는데, 이와 유사한 의미로 쓰인 것은 ③이다.

오답 분석

① '공중에서 밑으로 떨어지거나 자기 쪽으로 향해 오는 것을 잡다.'의 의미로 사용되었다.

② '다른 사람이나 대상이 가하는 행동, 심리적인 작용 따위를 당하거나 입다.'의 의미로 사용되었다.

④ '점수나 학위 따위를 따다.'의 의미로 사용되었다.

어휘

받다 「동」

① 【…에서/에게서 …을】 (('…에서/에게서' 대신에 '…으로부터'가 쓰이기도 한다))

「1」 다른 사람이 주거나 보내오는 물건 따위를 가지다.
   ¶ 남자 친구에게서 생일 선물을 받다.

「2」 다른 사람이 바치거나 내는 돈이나 물건을 책임 아래 맡아 두다.
   ¶ 정부는 국민들로부터 세금을 받아 국가를 운영한다.

「3」 다른 사람이나 대상이 가하는 행동, 심리적인 작용 따위를 당하거나 입다.
   ¶ 막내로 집에서 귀염을 받다.

「4」 점수나 학위 따위를 따다.
   ¶ 수학 시험에서 100점을 받다.

「5」 여러 사람에게 팔거나 대어 주기 위해 한꺼번에 많은 양의 물품을 사다.
   ¶ 의뭉스러운 그 늙은 아주머니에게서 물건을 받을 때는 물건을 꼼꼼히 살펴야 한다.

② 【…을】

「1」 공중에서 밑으로 떨어지거나 자기 쪽으로 향해 오는 것을 잡다.
   ¶ 날아오는 공을 한 손으로 받다.

「2」 어떤 상황이 자기에게 미치다.
   ¶ 죄를 받다.

「3」 빛, 볕, 열이나 바람 따위의 기운이 닿다.
   ¶ 햇빛을 받다.

「4」 요구, 신청, 질문, 공격, 도전, 신호 따위의 작용을 당하거나 거기에 응하다.
   ¶ 도전자의 도전을 받다.

「5」 (('-어 주다'와 함께 쓰여)) 다른 사람의 어리광, 주정 따위에 무조건 응하다.
   ¶ 아이의 어리광을 받아 주다.

「6」 사람을 맞아들이다.
   ¶ 손님을 받다.

「7」 총이나 칼 따위를 맞다.
   ¶ 범인은 "받아라!" 하는 소리와 함께 총을 난사하였다.

「8」 남의 노래, 말 따위에 응하여 뒤를 잇다.
   ¶ 선창을 받다.

「9」 태어나는 아이를 거두다.
   ¶ 그 산파는 한꺼번에 세쌍둥이까지 받아 본 경험이 있다.

「10」 동식물의 씨나 알 따위를 거두어 내다.
   예 꽃씨를 받다.
「11」 술 따위를 사다.
   예 쌀을 팔아서 술을 받아 오다.
「12」 떨어진 버선이나 신 따위를 덧대어 깁다.
   예 아버님의 벗은 버선볼을 받으려고, 바늘에 실을 꿰어 손에 들었다.

③ 【…을 …에】
흐르거나 쏟아지거나 하는 것을 그릇 따위에 담기게 하다.
예 따끈한 목욕물을 욕조에 받다.

④ 【…에/에게】
「1」 색깔이나 모양이 어떤 것에 어울리다.
   예 그런 몸매에는 어떤 옷도 잘 받는다.
「2」 【…에서】 음식물 따위가 비위에 맞다.
   예 고기가 몸에 받는다.
「3」 화장품 따위가 곱게 잘 발린다.
   예 그렇게 거친 피부에는 화장이 잘 받지 않는다.
「4」 사진이 더 잘 나오는 특성이 있다.
   예 갸름한 얼굴에는 사진이 잘 받는다.

03 개요 작성 정답 ③

정답 체크

'안전 의식'과 '안전사고'는 다른 것이다. 'Ⅱ-1'의 하위 항목인 '가~다'에서 다루고 있는 내용은 '안전사고'에 관한 것이다. 따라서 ㉢에는 '안전 의식이 부족한 원인'이 아니라 하위 항목을 포괄하는 '안전사고가 자주 발생하는 원인'이 들어가야 자연스럽다.

오답 분석

① 본론에서 '안전사고'의 발생 원인과 예방 방안을 다루고 있다. 따라서 주제는 '안전사고를 예방하자.'이다.
② '안전사고 발생 통계 자료'를 제시한 이유는 발생 현황을 보여주기 위함이다. 따라서 ㉡에 '최근의 안전사고 발생 현황'이 들어가는 것은 적절하다.
④ 'Ⅱ-1-가'의 '안전 교육의 부재'를 고려하여 'Ⅱ-2-가'에 '안전 교육 실시'가 들어가는 것은 적절하다.

04 바꿔 쓰기 정답 ②

정답 체크

'보청기 착용을 꺼리는'은 '보청기 착용을 피하거나 싫어하다.'라는 의미이다. 따라서 '꺼리거나 싫어하여 피하다.'라는 의미를 가진 '기피(忌避: 꺼릴 기, 피할 피)하다'와 바꿔 쓰는 것이 가장 적절하다.

오답 분석

① 회피(回避: 돌아올 회, 피할 피)하다
   「1」 몸을 숨기고 만나지 아니하다.
   「2」 꾀를 부려 마땅히 져야 할 책임을 지지 아니하다.
   「3」 일하기를 꺼리어 선뜻 나서지 않다.
③ 면피(免避: 면할 면, 피할 피)하다: 면하여 피하다.
④ 도피(逃避: 달아날 도, 피할 피)하다
   「1」 【…으로】 도망하여 몸을 피하다.
   「2」 【…에서】【…을】 적극적으로 나서야 할 일에서 몸을 사려 빠져나가다.

05 작문 정답 ③

정답 체크

<지침>으로 제시된 조건은 두 가지이다. ③에서는 야생 동물 먹이 주기가 야생 동물의 자생력을 약화시키는 부작용을 초래할 수 있다는 점을 언급하고 있으며, 그에 대한 해결 방향으로 자생력을 키워주는 방향의 정책이 필요함을 밝히고 있다. 그리고 사람들이 주는 먹이에 길들여진 독수리들이 굶어 죽는 일이 발생한 사례를 제시하여 구체적인 사건을 언급하고 있다.

오답 분석

① 야생 동물 먹이 주기의 부작용과 해결 방향은 제시하고 있으나 구체적인 사건은 언급하고 있지 않다.
② 구체적인 사건을 통해 야생 동물 먹이 주기의 긍정적인 효과만 언급하고 있을 뿐, 야생 동물 먹이 주기의 부작용과 해결 방향은 제시하고 있지 않다.
④ 구체적인 사건을 통해 야생 동물 먹이 주기의 부작용에 대해 언급하고 있지만, 그러한 문제를 해결하기 위한 방향은 제시하고 있지 않다.

06 문법 추론   정답 ③

정답 체크

동물을 '조류, 포유류, 파충류'로 구분한 것은 생물학적 특성에 따라 분류한 것으로, 연속적인 대상을 불연속적인 것으로 분절하여 표현한 것이 아니다.

오답 분석

① 연속되어 있는 방향의 개념을 '동, 서, 남, 북'으로 구분해 놓은 것은 ㉠의 사례로 적절하다.
② 연속되어 있는 시간의 개념을 '과거, 현재, 미래'로 구분해 놓은 것은 ㉠의 사례로 적절하다.
④ 연속되어 있는 계절(시간)의 개념을 '봄, 여름, 가을, 겨울'로 구분해 놓은 것은 ㉠의 사례로 적절하다.

07 사전적 의미   정답 ②

정답 체크

'타력(惰力: 게으를 타, 힘 력)'은 '버릇이나 습관에서 비롯된 힘'을 뜻한다. '남의 힘'을 의미하는 '타력(他力)'과 동음이의어이다.

오답 분석

① 도저(到底: 다다를 도, 밑 저)하다
　「1」 학식이나 생각, 기술 따위가 아주 깊다.
　「2」 행동이나 몸가짐이 빗나가지 않고 곧아서 훌륭하다.
③ 항다반(恒茶飯: 항상 항, 차 다, 밥 반): 항상 있는 차와 밥이라는 뜻으로, 항상 있어 이상하거나 신통할 것이 없음을 이르는 말.
④ 언어도단(言語道斷: 말씀 언, 말씀 어, 길 도, 끊을 단): 말할 길이 끊어졌다는 뜻으로, 어이가 없어서 말하려 해도 말할 수 없음을 이르는 말.

08 어색한 문장   정답 ③

정답 체크

'알파벳'은 '소리 문자'의 대표적인 사례이다. 따라서 쌍점없이 '알파벳과 달리'를 '알파벳과 같이'로 수정한 것은 적절하다.

09 공공언어 바로 쓰기   정답 ③

정답 체크

<공공언어 바로 쓰기 원칙>에서 첨부물이 있으면 붙임 표시문 다음에 쌍점(:) 없이 한 글자(2타) 띄우고 표시하라고 하였다. 따라서 쌍점 없이 '붙임 1.'로 수정해야 한다.

오답 분석

① 한 문장에 너무 많은 내용을 포함하지 않아야 한다. 따라서 문장을 적절히 나누어 쓰고, 정보 전달을 위주로 간결하게 쓴 ㉠의 수정 사항은 적절하다.
② '결박'은 몸이나 손 따위를 움직이지 못하게 묶는 것이므로 쓰레기통에 쓰기에는 부적절하다. 따라서 적절한 단어로 바꾼 ㉡의 수정 사항은 적절하다.
④ '체크리스트'는 외국어이므로, 적절한 우리말 '점검표'로 수정한 것은 옳다.

10 화법(내용 이해)   정답 ③

정답 체크

ㄱ. '을'의 두 번째 발화 "아토피 환자의 피부는 외부 환경에 매우 민감하므로 피부가 건조해지지 않도록 세심한 주의를 기울여야 해. 목욕을 자주 하는 것을 피하고"를 통해 알 수 있다.
ㄷ. '을'의 두 번째 발화 "실내에서 화초를 길러 실내 공기가 건조해지지 않도록 하는 것도 좋아."를 통해 알 수 있다.

오답 분석

ㄴ. '을'의 세 번째 발화를 볼 때, 피해야 할 음식은 등 푸른 생선이고, 흰 살 생선은 아토피 완화에 도움이 된다고 하였다. 따라서 ㄴ은 제시된 대화를 반대로 이해한 것이다.

Day 12 하프모의고사 12회 정답·해설

p.76

01	02	03	04	05
②	②	②	③	④
06	07	08	09	10
④	③	④	③	②

01 공공언어 바로 쓰기   정답 ②

정답 체크

(가)	원래 문장의 주어 '공부에서 무엇보다 중요한 것은'과 서술어 '성실해야 한다.'가 호응을 이루지 못한 문제를 해결한 것이므로 ㉠을 고려한 것이다.
(나)	원래 문장이 '그가 나와 게임 중에서 게임을 더 좋아한다는 뜻'과 '그는 내가 게임을 좋아하는 것보다 더 게임을 좋아한다는 뜻' 모두로 해석 가능한 중의성의 문제를 해결한 것이므로 ㉣을 고려한 것이다.

02 어색한 문장   정답 ②

정답 체크

앞의 두 문장은 전제이고, '그러므로'가 포함된 마지막 문장은 결론이다. '인간'을 A, '자유를 원한다.'를 B, '우리'를 C라고 할 때, 해당 문장을 간단히 하면 다음과 같다.

전제 1	모든 인간은 자유를 원한다.	A는 B이다.
전제 2	㉡ 우리는 인간이 아니다.	C는 A가 아니다.
결론	그러므로 우리는 자유를 원한다.	그러므로 C는 B이다.

전제 2가 'C는 A가 아니다.'가 되면, '그러므로 C는 B이다.'라는 결론을 이끌어낼 수 없다. 결론 '그러므로 C는 B이다.'가 되기 위해서는 전제 2가 'C는 A이다.'가 되어야 한다. 전제 2를 'C는 A이다.'로 수정하면, 'C는 A이다. + A는 B이다. = 그러므로 C는 B이다.'가 성립된다. 따라서 ㉡을 'C는 A이다.', 즉 '우리는 인간이다.'로 수정한 것은 적절하다.

03 개요 작성   정답 ②

정답 체크

<지침>에서 각 항목은 의미가 분명하도록 구체화하라고 하였다. 그런데 'Ⅱ-가'의 '시설 부족'은 의미가 너무 포괄적이다. <지침>을 고려할 때 '고객 편의 시설 부족'으로 구체화하는 것이 적절하다.

오답 분석

① <지침>에서 서론은 중심 소재의 의의 및 필요성과 실태를 2개의 장으로 작성하라고 하였다. '가'에 '전통 시장의 의의와 필요성'이 제시되어 있기 때문에 '나'에는 '전통 시장이 침체되고 있는 실태'가 들어가는 것이 적절하다.
③ 'Ⅱ-다'와의 관련성을 고려하여 '소비자의 관심을 고려한 지역 특화 상권 개발'을 추가한 것은 적절하다.
④ <지침>에서 결론은 주제가 드러나도록 작성하라고 하였다. 주제가 '전통 시장 활성화 방안'이므로 결론에 '전통 시장의 활성화를 위한 대책 마련 촉구'가 들어가는 것은 적절하다.

04 바꿔 쓰기   정답 ③

정답 체크

조종하는 → 조정하는: '조종(操縱: 잡을 조, 늘어질 종)하다'는 '비행기나 선박, 자동차 따위의 기계를 다루어 부리다.', '다른 사람을 자기 마음대로 다루어 부리다.'라는 의미이다. 문맥상 '재전송 시간을 상황에 맞게 바꾼다.'는 의미이다. 따라서 '어떤 기준이나 실정에 맞게 정돈하다.'라는 의미를 가진 '조정(調整: 고를 조, 가지런할 정)하다'와 바꿔 쓰는 것이 적절하다.

오답 분석

① 점검(點檢: 점찍을 점, 검사할 검)하다: 낱낱이 검사하다.
② 복원(復元: 돌아올 복, 으뜸 원/復原: 돌아올 복, 근원 원)하다: 원래대로 회복하다.
④ 방지(防止: 막을 방, 그칠 지)하다: 어떤 일이나 현상이 일어나지 못하게 막다.

05 화법(내용 이해)　　　　　정답 ④

정답 체크

'을'은 "동물의 휴식에는 다 이유가 있는 거지."라고 하였다. 이러한 맥락을 고려할 때, 빈칸에는 나무늘보가 게을러 보이는 것은 그 나름의 이유가 있다는 내용이 이어져야 한다. 또 '을'은 "동물들은 대개 생존에 유리한 방향으로 움직이거든. 나무늘보도 생존 본능을 가진 동물이기 때문에 그럴 수 있지."라고 하였다. 따라서 빈칸에 들어갈 내용으로 가장 적절한 것은 ④이다.

06 문맥적 의미(돌리다)　　　　정답 ④

정답 체크

'팬을 돌려'에서 '돌리다'는 '회전하게 하다'의 뜻이다. 이와 문맥적 의미가 같은 것은 '지구본을 돌리다.'이다.

오답 분석

① '다른 사람에게 책임이나 공도를 넘기다'의 뜻이다.
② '어떤 물건을 나누어 주거나 배달하다'의 뜻이다.
③ '돌다'의 사동으로, '작동시키다'의 뜻이다.

어휘

돌리다⁴ 동

①
「1」물체를 일정 축을 중심으로 원을 그리면서 움직이게 하다.
　예 바퀴를 돌리다.
「2」기능이나 체제를 작동시키다.
　예 영사기를 돌리다.
「3」돈이나 물자 따위를 유통시키다.
　예 제조업에서는 자금을 원활하게 돌려 필요한 시기에 상품을 생산하는 것이 중요하다.
「4」완곡하게 말하다.
　예 제발 말을 돌리지 말고 요건만 간단하게 말해라.

②
「1」무엇의 주위를 원을 그리면서 움직이게 하다.
　예 주지 스님은 불제자들을 몇 시간씩 큰스님의 사리탑 주위를 돌리곤 하셨다.
「2」어떤 장소의 가장자리를 따라 움직이게 하다.
　예 선생님은 지각한 학생들을 운동장을 돌리는 벌을 주었다.

③
「1」일정한 범위 안에서 차례로 거쳐 가며 전전하게 하다.
　예 술잔을 후배들에게 차례로 돌리다.

「2」어떤 물건을 나누어 주거나 배달하다.
　예 이웃에게 떡을 돌리다.
「3」다른 사람에게 책임이나 공로를 넘기다.
　예 자신의 실수를 동료에게 돌리다.
「4」방향을 바꾸다.
　예 몸을 옆 사람에게 돌리다.
「5」생각이나 노선을 바꾸게 하다.
　예 주위에서 발생하는 사소한 일에 관심을 돌리다.

④
「1」근무지나 직책 따위를 옮겨 다니게 하다.
　예 능력 있는 신입 사원을 한동안 현장으로만 돌리는 것은 다 이유가 있다.
「2」뒤로 미루다.
　예 결재를 내일로 돌리다.
「3」어떤 것으로 여기거나 대하다.
　예 아내는 아침에 싸운 것을 없었던 일로 돌리고 잘 지내자며 화해를 청했다.
「4」화제를 다른 내용으로 바꾸다.
　예 그는 자기에게 불리한 얘기가 나오자 화제를 다른 것으로 돌리려고 애를 썼다.

07 작문　　　　　　　　　　　정답 ③

정답 체크

개나리꽃이 핀 모습을 인간의 춤(군무)과 운동(단체 경기)에 비유하고 있다. 또한 '나를 내세우지 않고 전체를 빛낸다.'라는 표현에서, 가치의 요소를 여운 있게 드러내고 있다.

08 동일한 지시 대상　　　　　　정답 ④

정답 체크

'ⓒ, ⓔ, ⓗ'은 모두 자연스러운 비대칭의 성격을 갖고 있다. 따라서 성격이 같은 것끼리 짝 지은 것은 'ⓒ, ⓗ'를 묶은 ④이다.

오답 분석

'ⓒ'은 바로 뒤에 이어지는 문장 "그러나 비대칭에는 좌우 모습이 거울에 비쳐지듯 똑같지는 않지만 전체적으로 보았을 때 큰 균형감이 느껴지는 경우도 있다. 이것은 산만한 혼란으로 나타나는 무질서한 비대칭과 달리"의 내용을 고려할 때, 'ⓒ, ⓔ, ⓗ'의 자연스러운 비대칭이 아닌 말 그대로 무질서한 비대칭을 의미한다.

09 화법(내용 이해)   정답 ③

정답 체크

찬성 측 토론자는 입론에서 대형 애완견을 키우면 심리적 안정감을 얻을 수 있다고 했다. 또 반대 측 토론자도 반론을 할 때 대형 애완견이 키우는 사람에게 심리적 안정감을 준다는 점을 인정하고 있다. 이처럼 양측의 토론자는 애완견을 키우면 심리적 안정감을 얻을 수 있다는 공통된 생각을 지니고 있다.

10 공공언어 바로 쓰기   정답 ②

정답 체크

'일절(一切: 하나 일, 끊을 절)'은 '아주, 전혀, 절대로'의 뜻으로, 흔히 행위를 그치게 하거나 어떤 일을 하지 않을 때에 쓰는 말이다. 한편 '일체(一切: 하나 일, 모두 체)'는 '모든 것'의 뜻이다. 문맥상 '전혀'라는 의미이므로 수정하기 전 '일절'의 쓰임이 적절하다. 따라서 '일체'로 수정한 것은 적절하지 않다.

오답 분석

① 지나치게 긴 문장은 짧은 문장으로 끊어 주는 것이 좋다.

③ 내용상 시험만이 아니라 서류 접수 등의 내용이 규정과 다를 경우를 말하는 것이므로 응시를 무효로 한다는 것이 적절하다.

④ 부정행위자의 합격을 취소할 수 있다는 말은 취소하지 않을 수도 있다는 뜻으로 해석될 수 있다. 따라서 특별한 사정이 없다면 '취소합니다'로 써야 부정행위자에 대한 처벌 방법을 분명하게 나타낼 수 있다.

Day 13 하프모의고사 13회 정답·해설

p.82

01	02	03	04	05
④	④	④	④	④
06	07	08	09	10
①	③	②	③	②

01 문맥적 의미(남다) 정답 ④

정답 체크

㉠의 '남아'는 '정해진 수준에 이르지 않아 나머지가 있게 되다.'는 뜻이다. 이와 같은 의미로 사용된 것은 ④이다.

오답 분석

①, ③ '잊히지 않거나 뒤에까지 전하다.'라는 의미로 쓰였다.

② '다 쓰지 않거나 정해진 수준에 이르지 않아 나머지가 있게 되다.'라는 의미로 쓰였다.

어휘

남다 동

①

「1」 다 쓰지 않거나 정해진 수준에 이르지 않아 나머지가 있게 되다.
   예 시험 문제가 쉬워서 시험 시간이 남는다.

「2」 들인 밑천이나 제 값어치보다 더 얻다. 또는 이익을 보다.
   예 장사는 이익이 남아야 한다.

「3」 나눗셈에서, 나누어떨어지지 않고 나머지가 얼마 있게 되다.
   예 5를 2로 나누면 1이 남는다.

②【…에】
다른 사람과 함께 떠나지 않고 있던 그대로 있다.
   예 회의장에 끝까지 남아 있는 사람.

③【…에/에게】
「1」 잊히지 않거나 뒤에까지 전하다.
   예 그의 첫인상이 나에게 오래도록 남았다.

「2」【…에/에게 …으로】 어떤 상황의 결과로 생긴 사물이나 상태 따위가 다른 사람이나 장소에 있다.
   예 사업에 실패한 형에게는 이제 빚만 남았다.

02 공공언어 바로 쓰기 정답 ④

정답 체크

<공공언어 바로 쓰기>의 내용은 외국어를 직역한 표현, 불필요한 피동이나 이중 피동 표현 등의 외국 어법과 관련된 표현은 우리말다운 표현으로 바꾸어야 한다는 것이다. 그런데 ④의 문장은 이와 관련이 없다. '알려지다'는 이중 피동 표현이 아니다. '알려지다'는 '알다'의 사동사 '알리다'에 '-어지다'가 붙은 것으로, 피동의 뜻이 이중으로 나타나지 않는다. 오히려 '알려진'을 '알린'으로 수정한 문장은 잘못된 문장이다.

오답 분석

① '열려지지'의 기본형인 '열려지다'는, '열다'의 피동사 '열리다'에 '-어지다'가 또 붙은 이중 피동이다. 따라서 <공공언어 바로 쓰기>의 "불필요한 피동이나 이중 피동 표현을 사용하는 경우"에 근거하여 수정한 것은 적절하다.

② '유익한 시간을 가지다'는 영어의 구문 'have a good time'을 직역한 표현이다. 따라서 <공공언어 바로 쓰기>의 "외국어를 직역한 표현을 사용하는 경우"에 근거하여 수정한 것은 적절하다.

③ '~에 있어'는 일본어의 조사를 직역한 표현이다. 따라서 <공공언어 바로 쓰기>의 "외국어를 직역한 표현을 사용하는 경우"에 근거하여 수정한 것은 적절하다.

03 작문 정답 ④

정답 체크

<지침>에 따라 문구를 작성한 것은 ④이다.

'빛 좋은 개살구'는 겉보기에는 먹음직스러운 빛깔을 띠고 있지만 맛은 없는 개살구라는 뜻으로, 겉만 그럴듯하고 실속이 없는 경우를 비유적으로 이르는 말인 속담(관용적 표현)이다. 이를 활용하여 <보기>에 나타난 문제점, 즉 공공 자전거를 운용하고 있지만, 불편함 때문에 실질적인 이용률이 극히 저조한 ○○시의 상황을 드러내고 있다. 이러한 문제점에 대한 해결 방안과 관련된 내용으로, 이용의 편의를 고려하여 실속 있는 운용 시스템을 갖추어야 한다고 촉구하고 있다.

오답 분석

① <보기>에 나타난 문제점은 몇 년 전부터 공공 자전거를 운용해 왔지만, 불편한 요소들 때문에 실질적인 이용률이 저조하다는 것이다. 따라서 눈이 빠지게 기다린 공공 자전거가 우리 곁에 왔다는 표현은 <보기>의 문제 상황과 어울리지 않는다.

② '폐물처럼'은 관용적 표현이 아니라 비유적인 표현이다.

③ 관용적 표현을 사용하고 있지 않다.

04 화법(빈칸 추론)　　　　　　　　　　정답 ④

정답 체크
저가의 운동화를 보지 않은 상황에서 고가의 운동화를 본 경우와 저가의 운동화를 본 후에 고가의 운동화를 본 경우는 인식의 차이가 분명하다. 즉 저가의 운동화를 본 후 고가의 운동화를 보면 고가의 운동화가 훨씬 비싸게 느껴지는데, 이는 처음부터 5kg짜리 아령을 든 경우와 달리 1kg짜리 아령을 들다가 5kg짜리 아령을 든 경우가 더 무겁게 느껴지는 것과 같다. 따라서 ④가 빈칸에 들어가는 것이 가장 적절하다.

05 개요 작성　　　　　　　　　　정답 ④

정답 체크
<지침>에서 제목, 서론, 본론을 모두 충족하는 결론을 제시하라고 하였고, 본론의 긍정적인 측면을 결론에서 강조하라고 하였다. <개요>에서 소비 현상에 나타난 현대인의 긍정적인 모습으로 '자아를 확립하여 소비하는 모습'을 들고 있다. 또 '소비를 다스리는 인격'으로 '생산성 향상을 위해 소비를 능동적으로 추구하는 사람'과 '절약을 위해 소비를 적극적으로 억제하는 사람'을 들고 있다. 이를 근거로 할 때, 결론에는 ④가 들어가는 것이 가장 적절하다.

06 문법 추론　　　　　　　　　　정답 ①

정답 체크
'닮다'는 주어 외에도 '엄마와'와 같은 부사어를 필요로 하는 두 자리 서술어이다. 따라서 한 자리 서술어라는 추론은 적절하지 않다.

오답 분석
② '되다'는 주어 이외에 보어를 필요로 하는 두 자리 서술어이다.
　※ '되다'와 '아니다'는 보어를 필요로 하는 두 자리 서술어이다.
③ '먹다'는 주어 이외에 목적어를 필요로 하는 두 자리 서술어이다.
④ '삼다'는 주어와 목적어 그리고 부사어를 필요로 하는 세 자리 서술어이다.

07 화법(격률)　　　　　　　　　　정답 ③

정답 체크
ⓒ은 자신을 추켜세우는 직장 상사의 칭찬을 부정하고 자신을 낮추고 있다. 따라서 <지침>에서 제시하고 있는 '겸양의 격률'을 따르고 있는 발화이다.

오답 분석
① ㉠은 부하 직원에게 직접적으로 요구하는 것이 아니라, 청자의 입장을 충분히 배려하면서 도움을 청하고 있다. 이는 '요령의 격률'에 해당한다. 질문의 형식을 취함으로써 상대방에게 거절할 수 있는 선택의 여지를 허용해 줌으로써 상대방의 부담을 최대한 줄여 주고 있다. 이와 같이 상대방을 배려하여 상대방의 부담을 줄여 줌과 동시에 혜택을 주는 것이 '요령의 격률'이다.
② ㉡은 못 들은 책임을 자신의 나쁜 청력 탓으로 돌려서 자신의 부담을 최대화하는 대신 상대방의 부담을 최소화하고 있는 정중한 표현이다. 이는 '관용의 격률'에 해당한다.
④ ㉣은 부장의 깔끔한 성격과 디자인에 대한 높은 안목에 대한 칭찬을 최대화하고 있다. 이는 '찬동의 격률'에 해당한다.

08 바꿔 쓰기　　　　　　　　　　정답 ②

정답 체크
'엄연(儼然: 공경할 엄, 그럴 연)히'는 사람의 겉모양이나 언행이 의젓하고 점잖은 것을 가리키거나, 어떠한 사실이나 현상이 부인할 수 없을 만큼 뚜렷한 경우를 나타내기 위해 사용하는 말이다. 그러므로 이를 '태연히'로 바꾸어 쓰는 것은 적절하지 않다. '태연(泰然: 클 태, 그럴 연)히'는 마땅히 머뭇거리거나 두려워할 상황에서 태도나 기색이 아무렇지 않은 듯 예사로울 때 사용하는 표현이다.
※ 엄연, 태연

오답 분석
① 고가(高價: 높을 고, 값 가): 비싼 가격. 또는 값이 비싼 것.
③ 촉발(觸發: 닿을 촉, 필 발)하다
　「1」 어떤 일을 당하여 감정, 충동 따위가 일어나다. 또는 그렇게 되게 하다.
　「2」 닿거나 부딪쳐 폭발하다. 또는 그렇게 폭발시키다.
④ 양산(量産: 헤아릴 양, 낳을 산): 많이 만들어 내다.

09 어색한 문장 수정　　　　　　　　　　정답 ③

정답 체크
ⓒ 바로 다음 문장 "따라서 다양한 유전 형질을 확보하는 길만이 재앙의 확산을 막고 피해를 줄이는 길이다."를 볼 때, 단 한 마리 닭이 걸려도 그렇게 많은 닭들을 죽여야 하는 이유는 '같은 유전자'를 가졌기 때문이다. 따라서 ⓒ을 '모두가 똑같은 유전자를 가졌기 때문이다.'로 수정한 것은 적절하다.

10 화법(대화 분석)   정답 ②

정답 체크

'을'은 이순신대교의 규모는 얼마인지, 현수교가 어떤 다리인지, 이순신대교를 왜 현수교로 지었는지 등에 대해 설명하고 있다. 그러나 '갑'과 '을' 중 그 누구도 이순신대교가 어떻게 변화했는지 그 과정을 단계적으로 설명하고 있지는 않다.

오답 분석

① '갑'은 자신이 인천대교를 다녀온 경험을 바탕으로 질문을 하고 있다.

③ '갑'은 '을'이 이순신대교가 현수교라고 하자, 현수교가 어떤 다리인지에 대한 설명을 남자에게 추가로 요구하고 있다.

④ '을'은 이순신대교의 두 주탑 사이의 거리, 주탑의 높이, 해수면으로부터 상판까지의 거리 등을 구체적 수치로 제시하고 있다.

Day 14 하프모의고사 14회 정답·해설

p.88

01	02	03	04	05
④	④	①	④	④
06	07	08	09	10
①	①	④	④	④

01 공공언어 바로 쓰기   정답 ④

정답 체크

<공공언어 바로 쓰기 원칙>에서 어려운 한자어는 될 수 있으면 쉬운 말로 바꿔 쓰라고 하였다. 이때 어려운 한자어는 '조치(措置: 둘 조, 둘 치)'가 아니라 '적의(適宜: 갈 적, 마땅할 의)'이다. 따라서 ㉣은 '필요한 조치를 취한 뒤' 또는 '적절한 조치를 취한 뒤' 정도로 수정해야 한다.

※ 적의하다: 무엇이라 하기에 마땅하다.

오답 분석

① <공공언어 바로 쓰기 원칙>에서 연월일을 나타내는 숫자 뒤에 찍는 마침표는 각각 '연, 월, 일'이라는 말을 대신한다고 하였다. 따라서 '일'을 나타내는 숫자 뒤에도 마침표를 찍도록 수정한 것은 옳다.

② '보여지다(보이어지다)'는 피동의 뜻을 나타내는 '-이-'와 '-어지다'를 이중으로 썼기 때문에 '보임'으로 수정한 것은 옳다.

③ 어렵고 상투적인 한문 투 표현을 피하고 되도록 쉽고 자연스럽게 써야 하므로, '감염이 확산되지 않도록 철저히 방지해 주시기 바라며'로 수정한 것은 옳다.

02 개요 작성   정답 ④

정답 체크

<지침>에서 'Ⅳ'에 결론을 제시하라고 하였다. 결론은 글 전체의 내용을 요약하고 정리하는 부분이다. 그런데 ㉣을 '수학여행 장소 선정'에 관한 사항으로 제한하면 글 전체의 내용을 포괄하기 어렵다. 따라서 ㉣에 들어갈 말로 '학생들의 의견을 반영한 수학여행 장소의 선정'은 적절하지 않다.

오답 분석

① 하위 항목의 내용을 고려할 때, ㉠에는 '수학여행 활동의 문제점'이 들어가는 것은 적절하다.

② <지침>에서 Ⅱ와 Ⅲ의 하위 항목끼리 대응되도록 작성하라고 하였다. 'Ⅲ-1'을 고려할 때, ㉡에는 '학생들의 의견이 거의 반영되지 않은 상태'가 들어가는 것이 적절하다.

③ <지침>에서 Ⅱ와 Ⅲ의 하위 항목끼리 대응되도록 작성하라고 하였다. 'Ⅱ-3'을 고려할 때, ㉢에는 '직접 체험해 볼 수 있는 프로그램을 마련함.'이 들어가는 것이 적절하다.

03 화법(대화 분석)   정답 ①

정답 체크

'갑'은 '눈엣가시', '울며 겨자 먹기'와 같은 비유법을 사용하여 전달 효과를 높이고 있다.

오답 분석

② '갑'이 블랙컨슈머의 숫자가 늘어나고 수법 또한 교묘해지고 있다는 현상을 지적했으나, 이를 구체적인 수치를 들어 제시하지는 않았다.

③ '을'이 정부 차원의 해결책으로 사법 처리 강화를 언급했으나 법조문을 인용하지는 않았다.

④ '을'은 기업 차원과 정부 차원의 대책을 나누어 말하고 있을 뿐, 기업과 정부의 역할을 비교하며 정부의 문제 해결을 강조하고 있지 않다.

04 문법 추론   정답 ④

정답 체크

'무릎이'의 '이'는 주격 조사로, 형식 형태소이다. 따라서 제 음가대로 뒤 음절의 첫소리로 옮겨 [무르피]로 발음한다. 한편, '무릎 아래'의 '아래'는 실질 형태소이다. 따라서 받침 'ㅍ'이 대표음 'ㅂ'으로 바뀌어서 뒤 음절의 첫소리로 옮겨 [무르바래]로 발음한다.

오답 분석

① '꽃이'의 '이'는 주격 조사이다. 따라서 '꽃이'만 'ㅊ'이 제 음가대로 뒤 음절의 첫소리로 옮겨 [꼬치]로 발음한다.

② '새벽녘에'의 '에'와 '새벽녘이다'의 '이다'는 모두 조사로, 형식 형태소이다. 따라서 둘은 'ㅋ'이 제 음가대로 뒤 음절의 첫소리로 옮겨 발음한다.

③ '숲 안'의 '안'은 실질 형태소이고, '숲에서'의 '에서'는 형식 형태소이다. 따라서 제 음가대로 뒤 음절의 첫소리로 옮겨 발음하는 것은 '숲에서[수페서]'이고, 그 받침을 대표음으로 바꾸어서 뒤 음절의 첫소리로 옮겨 발음하는 것은 '숲 안[수반]'이다.

05 문맥적 의미(사다) 정답 ④

정답 체크

문맥상 ㉠의 '사다'는 '원한'이라는 감정을 가지게 하다는 의미로, '다른 사람에게 어떤 감정을 가지게 하다.'는 의미로 쓰였다. ④번도 '호감'이라는 감정을 가지게 한다는 의미로 쓰였으므로 정답은 ④이다.

오답 분석

① '다른 사람의 태도나 어떤 일의 가치를 인정하다.'라는 의미이다.
② '값을 치르고 어떤 물건이나 권리를 자기 것으로 만들다.'라는 의미이다.
③ '안 해도 좋을 일을 일부러 하다.'라는 의미이다.

어휘

사다 동

① 【…에서/에게서 …을】
값을 치르고 어떤 물건이나 권리를 자기 것으로 만들다.
예 중고 시장에서 자가용을 <u>사다</u>.

② 【…을】
「1」 가진 것을 팔아 돈을 장만하다.
「2」 안 해도 좋을 일을 일부러 하다.
　　예 모두들 쉬쉬하고 있는데 회의 시간에 이야기를 꺼내 <u>사서</u> 분란을 일으키네요.
「3」 다른 사람의 태도나 어떤 일의 가치를 인정하다.
　　예 나는 그 친구의 성실함을 높이 <u>산다</u>.
「4」 대가를 치르고 사람을 부리다.
　　예 짐꾼을 <u>사서</u> 이삿짐을 날랐다.

③ 【…에게서 …을】
다른 사람에게 어떤 감정을 가지게 하다.
예 남한테서 의심을 <u>살</u> 만한 일은 하지 마라.

④ 【…에게 …을】
음식 따위를 함께 먹기 위하여 값을 치르다.
예 친구에게 저녁을 <u>사다</u>.

---

06 문법 추론 정답 ①

정답 체크

㉠은 높임의 대상을 직접 높이는 어휘라는 유형을 제시하고 있는데 ①에서는 '댁'을 높이고 있다는 점을 알 수 있다. '댁'은 높임의 대상과 관련된 사물을 높이는 어휘에 해당하므로 ㉠과는 직접적으로 연관되지 않는다.

오답 분석

② '약주'는 높이는 대상이 마시는 술을 높이는 말이므로 ㉡에 해당된다.
③ '편찮다'는 말은 할머니가 아프신 처지와 관련된 말이므로 ㉢에 해당된다.
④ '저희'는 화자 자신을 낮추어 하는 말이므로 ㉣에 해당된다.

07 화법(빈칸 추론) 정답 ①

정답 체크

<보기>에서는 갈등 해결을 위한 표현 방식으로, 상대방에 대한 비방을 최소화하고, 자신에 대한 비방을 극대화하라고 하였다. 이러한 원리가 가장 적절하게 반영된 내용은 ①이다.

우선, "네가 내 말을 듣고 화를 내는 것은 당연한 일이야."라고 말하면서 상대방의 행동이 이치에 어긋나지 않음을 밝혀 상대방에 대한 비방을 최소화하고 있다. 그런 다음 "내가 표현을 제대로 하지 못해서 네가 오해를 하게 만들었으니"라고 말하면서 상대방이 화를 낸 이유가 자신의 잘못 때문임을 밝혀 자신에 대한 비방을 극대화하고 있다.

오답 분석

② "너도 지나치게 자기 방어적인 태도로 내 말을 받아들인 것은 문제야."라는 표현은 상대방에 대한 비방에 해당한다.
③ "나도 좋은 의도에서 말한 것이라는 사실을 알아주었으면 해."라는 표현은 자신에 대한 비방을 최소화하려는 의도에서 한 말이다.
④ "나는 단지 너의 다이어트를 돕기 위해서 그 말을 한 거야."는 자신에 대한 비방을 극대화한 표현이라기보다는 최소화한 표현에 해당한다.

08 바꿔 쓰기 정답 ④

정답 체크

(가)의 '드러내다'는 '알려지지 않은 사실을 널리 밝히다.'의 의미이다. 따라서 '마음에 숨기는 것이 없이 드러내다.'는 뜻을 지닌 '터놓다(㉠)', '마음속에 생각하고 있는 것이나 감추어 둔 것을 사실대로 숨김없이 말하다.'의 뜻을 지닌 '고백하다(㉡)', '저의를 말하다'의 '말하다(㉢)'와 그 의미가 유사하다. 그런데 ㉣의 '조명하다'는 '어떤 대상을 일정한 관점으로 바라보다.'의 의미이다. 따라서 그 의미가 (가)와 유사하지 않다.

※ ㉡ 고백(告白: 알릴 고, 흰 백), ㉣ 조명(照明: 비출 조, 밝을 명)

09 어색한 문장 수정 정답 ④

정답 체크

3문단의 맨 첫 문장은 "지방의 누명을 어떻게 벗겨줄 것인가?"이다. 따라서 3문단에는 지방의 누명, 즉 지방의 긍정적인 측면이 드러나야 한다. 그런데 ㉣은 지방의 긍정적인 측면으로 보기 어렵다. 더구나 ㉣ 바로 다음 문장에서 "그렇다고 해서 불포화지방을 무턱대고 많이 섭취하라는 것은 아니다."라고 하였다. 이를 볼 때, 바로 앞 문장에는 불포화지방의 섭취가 도움이 된다는 내용이 들어가는 것이 자연스럽다. 따라서 ㉣을 '각종 질병의 위험을 감소시키며, 체내의 지방 세포는 장수에 도움을 주기도 한다.'로 수정한 것은 적절하다.

10 동일한 지시 대상 정답 ④

정답 체크

(가)는 기존의 관념, 즉 '관습'을 의미한다. 이에 해당하는 것은 ㉣이다. ㉣은 인습적 사고에 의해 굳어진 관습을 의미한다.

오답 분석

㉠~㉢은 관습적인 것에 도전하는 것을 의미한다. 따라서 ㉣과는 상반된 의미이다.

Day 15 하프모의고사 15회 정답·해설

p.94

01	02	03	04	05
③	④	④	①	①
06	07	08	09	10
④	④	④	④	④

01 공공언어 바로 쓰기   정답 ③

정답 체크

외래어 표기법상 '슬러지'가 바른 표기이기는 하다. 그런데 <공공언어 바로 쓰기 원칙>에서 외국어는 될 수 있으면 우리말로 바꾸라고 하였다. 따라서 '슬러지'보다는 우리말 '침전물'로 바꿔야 한다.

오답 분석

① '지렁이 먹이'에 해당하는 서술어가 없다. 서술어 '사용되다'를 넣어 자연스럽게 수정하였다.
② 명사를 나열하여 의미가 불분명한 문장이다. 따라서 적절한 조사와 어미를 활용하여 자연스럽게 수정하였다.
④ <공공언어 바로 쓰기 원칙>에서 어려운 한자어는 쉬운 말로 다듬으라고 하였다. 따라서 '부재(不在: 아니 부, 있을 재)'를 '없음'으로 수정한 것은 옳다.

02 문법 추론   정답 ④

정답 체크

④의 '우리는 인내하면서 어려운 시기를 이겨냈다.'는 잉여적 표현이 쓰이지 않은 문장이다.

오답 분석

① '양분(兩分: 두 양, 나눌 분)'이라는 말 속에 '둘'이라는 의미가 포함되어 있다. 따라서 '둘로 양분'은 잉여적 표현으로 '둘로 나눌 수' 또는 '양분할 수'으로 고칠 수 있다.
② '낭설(浪說: 물결 낭, 말씀 설)'이라는 말 속에 '근거 없다'는 의미가 포함되어 있다. 따라서 '근거 없는 낭설'은 '근거 없는 이야기' 또는 '낭설'로 고칠 수 있다.
③ '삭제(削除: 깎을 삭, 덜 제)'라는 말 속에 '빼다'라는 의미가 포함되어 있다. 따라서 '삭제하여 빼도록'은 '삭제하도록' 또는 '빼도록'으로 고칠 수 있다.

03 작문   정답 ④

정답 체크

세 가지 <지침>을 모두 반영하고 있는 것은 ④이다.

지침 1	'버려진 쓰레기로 지구가 몸살을 앓고 있어요. / 오염된 물로 지구가 신음을 하고 있어요.'에서 대구의 형식을 사용하였다. 또 환경 파괴의 심각성도 반영하였다.
지침 2	
지침 3	'지구가 쓰레기와 오염된 물로 뒤덮이면 / 우리는 지구를 떠나 다른 별로 이사를 가야 해요.'에서 환경 파괴가 인간에게 미치는 영향을 우회적으로 표현하고 있다.

오답 분석

① 대구의 형식으로 표현하지 않고 있다.
② 대구의 형식으로 표현하지 않고 있다. 또 환경 파괴가 인간에게 미치는 영향을 우회적으로 표현하지 않았다.
③ 환경 파괴의 심각성을 반영하지 않았으며, 환경 파괴가 인간에게 미치는 영향을 우회적으로 표현하지도 않았다.

04 문맥적 의미(갈리다)   정답 ①

정답 체크

두 파, 세 파로 '갈리다'라는 맥락을 고려할 때, ㉠의 '갈리다'는 '쪼개지다'의 의미이다. 이와 의미가 가장 유사한 것은 ①이다.

오답 분석

② '쟁기나 트랙터 따위의 농기구나 농기계에 땅이 파여 뒤집히다.'라는 의미이다.
③ '이미 있는 사물이 다른 것으로 바뀌다.'라는 의미이다.
④ '어떤 직책에 있는 사람이 다른 사람으로 바뀌다.'라는 의미이다.

어휘

갈리다¹ 동

거칠고 쉰 소리가 나다.
예 가수가 무대에 오르자 팬들이 목이 <u>갈리도록</u> 환호성을 질렀다.

갈리다² 동

「1」 쪼개지거나 나뉘어져 따로따로 되다.
예 남과 북으로 <u>갈린</u> 한반도.

「2」 승부나 등수 따위가 서로 겨루어져 정해지다.
　　예 7회에 선두 타자가 친 안타로 오늘 경기의 승패가 갈렸다.
　　※ '가르다'의 피동사

갈리다³ 동
「1」 이미 있는 사물이 다른 것으로 바뀌다.
　　예 그는 영화가 새 영화로 갈릴 때마다 놓치지 않고 극장에 가는 영화광이었다.
「2」 어떤 직책에 있는 사람이 다른 사람으로 바뀌다.
　　예 주인이 새 사람으로 갈리다.
　　※ '갈다'의 피동사

갈리다⁴ 동
「1」 다른 물건에 문질러져 날카롭게 날이 서거나 표면이 매끄러워지다.
　　예 칼이 잘 갈렸다.
「2」 단단한 물건에 문질러져 잘게 부숴지거나 단단한 물건 사이에 넣어져 으깨지다.
　　예 고기가 너무 잘게 갈렸다.
「3」 벼루에 문질러져 먹이 풀어지다.
　　예 벼루가 좋아서인지 먹이 잘 갈린다.
「4」 윗니와 아랫니가 맞대어 문질러지다.
「5」 갈이칼에 깎이다.
　　예 이 목기는 잘 갈렸다.
　　※ '갈다'의 피동사

갈리다⁵ 동
쟁기나 트랙터 따위의 농기구나 농기계에 땅이 파여 뒤집히다.
예 논이 깊이 갈리다.
※ '갈다'의 피동사

갈리다⁶ 동
이미 있는 사물을 다른 것으로 바꾸게 하다.
예 키가 큰 동생에게 전구를 갈리다.
※ '갈다'의 사동사.

갈리다⁷ 동
「1」 날카롭게 날을 세우거나 표면을 매끄럽게 하기 위하여 다른 물건에 대고 문지르게 하다.
　　예 칼 장수에게 칼을 갈리다.
「2」 먹을 풀기 위하여 먹을 벼루에 대고 문지르게 하다.
　　예 시동에게 먹을 갈리다.
　　※ '갈다'의 사동사.

갈리다⁸ 동
기나 트랙터 따위의 농기구나 농기계로 땅을 파서 뒤집게 하다.
예 그는 일꾼에게 밭을 갈렸다.
※ '갈다'의 사동사.

05 문법 추론　　　　　　　　　정답 ①

정답 체크
'쉽다-어렵다'는 정도에 있어서 대립하는 정도 반의어이고, '참-거짓'은 의미 영역을 배타적으로 두 구역으로 나누는 상보 반의어이다. '오른쪽-왼쪽'은 방향을 전제로 하여 대립하는 방향 반의어이다.

오답 분석
② '길다-짧다'는 정도 반의어이고, '사다-팔다'는 방향 반의어이다. '승리-패배'는 상보 반의어이다.
③ '위-아래'는 방향 반의어이고, '남편-아내'와 '삶-죽음'은 상보 반의어이다.
④ '굵다-가늘다'와 '밝다-어둡다'는 정도 반의어이고, '출석-결석'은 상보 반의어이다.

06 개요 작성　　　　　　　　　정답 ④

정답 체크
'낙후된 교실 환경'에 대해 사회적 관심을 촉구한다는 내용은 제시된 개요의 주제에 어울리지 않는다. 개요의 주제는 '학교 휴식 공간'에 관한 것인데, ⓔ은 '낙후된 교실 환경'에 관한 것이므로 개요의 흐름을 벗어나게 된다. 따라서 글의 일관성에 어긋난 내용이므로 ⓔ에 들어갈 내용으로 적절하지 않다.

오답 분석
① 결론인 '정서적·환경적 가치가 높은 학교 옥외 쉼터의 조성 제안'을 볼 때, 글의 목적은 학교에 옥외 쉼터를 조성하자는 것이다. 따라서 주제문으로 '학교에 옥외 쉼터를 조성하자.'가 들어가는 것은 적절하다.
② '휴식 및 친교 기능의 공간 요구'는 상위 항목 '조성의 필요성'에 해당하므로 ⓛ에 들어갈 수 있다.
③ 하위 항목들의 내용을 고려할 때, ⓒ에 '장애 요인'이 들어갈 수 있다.

07 의미적 관계 파악 정답 ④

정답 체크
㉠은 공인받지 못한 미확정 상태의 이론이고 ㉡은 공인을 거쳐 확정된 이론이다. 따라서 ㉠과 ㉡의 관계는 ㉠ 가운데 선택된 내용이 ㉡을 구성하는 '가능성의 실현 관계'이다. 이와 관계가 유사한 것은 ④이다. '후보자' 가운데 '당선자'가 나오기 때문이다.

오답 분석
① '참'과 '거짓'은 반의 관계(모순 관계)이다.
② '장미'는 '꽃'의 종류 중 하나이다. 따라서 상하 관계이다.
③ '악어새'와 '악어'는 서로에게 도움을 준다는 점에서, 공생 관계이다.

08 어색한 문장 수정 정답 ④

정답 체크
㉣의 바로 앞 문장인 "생각이 형님이요, 말이 동생이라고 할지라도 생각은 동생의 신세를 지지 않을 수가 없게 되어 있다." 부분을 볼 때, ㉣을 '그러니 말을 통하지 않고는 생각을 전달할 수가 없는 것이다.'로 수정한 것은 적절하다.

09 바꿔 쓰기 정답 ④

정답 체크
'해명(解明: 풀 해, 밝을 명)되다'는 '까닭이나 내용이 풀려서 밝혀지다.'라는 의미이다. 따라서 '해명되기'를 '드러나기'로 바꿔 쓴 것은 적절하지 않다.

오답 분석
① 표출(表出: 겉 표, 날 출)하다: 겉으로 나타내다.
② 방치(放置: 놓을 방, 둘 치)하다: 돌보거나 간섭하지 않고 그대로 두다.
③ 부합(符合: 부신 부, 합할 합)하다: 부신(符信)이 꼭 들어맞듯 사물이나 현상이 서로 꼭 들어맞다.

10 화법(대화 분석) 정답 ④

정답 체크
ㄴ. 어떤 기사를 쓰고 싶은지에 대한 면접관의 질문에 '갑'은 "지금 당장 쓰고 싶은 기사는 없습니다만, 저는 어떤 사건이든 열심히 취재할 생각입니다."라고 말하고 있다. 한편, '을'은 "저는 현재 우리 사회의 다양한 분야에서 활동하고 있는 전문가들을 만나 그들이 현재의 위치에 오기까지의 과정을 취재한 기사를 쓰고 싶습니다."라고 밝히고 있다. 이를 볼 때, 신문사에 들어와 하고 싶은 일을 구체적으로 밝힌 사람은 둘 중 상대적으로 '을'이다.

ㄷ. 지원 동기를 묻는 '면접관'의 질문에 '갑'은 "예, 저는 대학에서부터 대학 신문을 만드는 작업을 하면서 미래의 신문 기자를 꿈꿔 왔습니다."라고, '을'은 "저는 잠깐이지만 타 신문사에서 시민 기자로 실제 기사 취재와 작성을 체험하며 기자의 꿈을 키워 왔습니다."라고 말하고 있다. 이를 통해 두 사람 모두 신문사에 입사하고 싶은 의사를 가지고 있음을 알 수 있다.

오답 분석
ㄱ. "어떤 사건과 관련된 경찰이나 범죄자를 찾아간다는 거죠?"라는 면접관의 질문에 대해 '갑'은 "음……, 그냥 요즘 사회적으로 문제가 되는 범죄와 관련된 사람들을 찾아간다는 겁니다."라고 답변하고 있다. 이를 볼 때, '갑'이 의욕적이기는 하지만, 체계적이지는 않음을 알 수 있다.

Day 16 하프모의고사 16회 정답·해설

p.100

01	02	03	04	05
②	③	②	①	④
06	07	08	09	10
④	②	②	②	①

01 공공언어 바로 쓰기   정답 ②

정답 체크
ⓒ의 '끼우다'는 '좁은 사이에 빠지지 않게 밀어 넣다.'는 의미이고, '연결하다'는 '잇다, 붙이다'는 의미이다. 따라서 ⓒ은 의미가 중복된 표현이 아니므로, (나)에 따라 '끼워서'를 삭제하는 것은 적절하지 않다.

오답 분석
① ㉠의 앞문장이 나발의 길이와 관련된 내용이고 뒷문장의 첫 부분이 '이처럼 긴 관은 ~'이므로, ㉠을 앞으로 옮겨 두 문장을 이어지게 하는 것이 자연스럽다.
③ ⓒ의 앞에서 나발이 손가락으로 연주할 수 없다 했고 다음 문장에서 입으로만 연주해야 한다고 했으므로 앞문장이 뒷문장의 원인이므로 '그래서'로 교체한 것은 적절하다.
④ 부사 '비록'은 '-ㄹ지라도', '-지마는'과 같은 어미가 붙는 용언과 함께 쓰인다. 그런데 ⓔ은 '비록~없다면'의 구성이다. 따라서 '없다면'을 '없지만'으로 고친 것은 적절하다.

02 개요 작성   정답 ③

정답 체크
'Ⅱ-3-가'는 기부 문화 활성화의 걸림돌 중에서도 'Ⅱ-2-가'인 '기부 단체의 기부금 관리에 대한 신뢰 부족'을 해결하기 위한 방안이어야 한다. 즉 '기부 단체에 대한 정보 공개로 투명성 제고' 정도의 내용이어야 한다. 그런데 '기부 단체 간 유기적 교류 체계 마련'은 이에 대한 해결 방안이 되지 못하므로 수정해야 한다. 하지만 수정한 ⓒ도 이에 대한 해결 방안이 되지 못하고 있다.

03 문법 추론   정답 ②

정답 체크
㉠의 다음 문장을 보면, 파생적 사동문은 그 뜻이 중의적인 경우가 있기 때문에 ㉠과 같은 경우가 있다고 했다. ②의 앞 문장은 어머니의 직접 행동에 의한 것과 동생의 행동을 통해 밥을 먹는 것을 시킨 간접 행동으로 이해할 수 있다. 그러나 통사적 사동인 다음 문장은 밥을 먹는 주체는 동생일 수밖에 없다. 즉 어머니가 밥을 떠서 먹이는 것으로 해석할 수는 없는 것이다. 그러므로 적절한 사례로 볼 수 있다.

04 어색한 문장 수정   정답 ①

정답 체크
㉠ 바로 다음 문장의 "동일한 문장이라도 억양을 상승 조로 하느냐 하강 조로 하느냐에 따라"를 볼 때, '억양'은 '소리의 길이'가 아니라 '소리의 높낮이'와 관련된 것임을 확인할 수 있다. 따라서 ㉠을 '소리의 높낮이'로 수정한 것은 옳다.

05 바꿔 쓰기   정답 ④

정답 체크
문맥상 ⓔ의 '가지다'는 '생각, 태도, 사상 따위를 마음에 품다.'의 의미이다. 하지만 '소유(所有: 바 소, 있을 유)'는 '가지고 있음. 또는 그 물건.'의 의미이므로 바꿔 쓰기에 적절하지 않다.

오답 분석
① '편중(偏重: 치우칠 편, 무거울 중)'은 '한쪽으로 치우침.'의 의미이므로 적절하다.
② '촉발(觸發: 닿을 촉, 필 발)'은 '어떤 일을 당하여 감정, 충동 따위가 일어남. 또는 그렇게 되게 함.'의 의미이므로 적절하다.
③ '퇴치(退治: 물러날 퇴, 다스릴 치)'는 '물리쳐서 아주 없애 버림.'의 의미이므로 적절하다.

06 작문(빈칸 추론)   정답 ④

정답 체크

아버지는 자립심, 개척 정신을 자식 교육의 원칙으로 여겼다는 점, 젊은 날 실패를 딛고 자신감을 통해 위기를 극복했다는 점 등이 전체적인 줄거리이고, 이러한 내용이 ㉠에 반영되어야 한다. 또 주인공 '나'의 깨달음을 언급하고, 비유적 표현이 드러나야 한다. 이를 모두 만족한 것은 ④이다.

07 어색한 문장 수정   정답 ②

정답 체크

'본격적인 공사가 언제 시작되고, 언제 개통될지 모른다.'라는 문장이 잘못된 이유는, 서술어 '개통될지'와 호응하는 주어가 빠졌기 때문이다. 앞에 나온 '공사가'는 '시작되고'와만 호응하므로, '개통될지'의 주어가 있어야 한다. 따라서 주어를 보충하여 '본격적인 공사가 언제 시작되고, 도로가 언제 개통될지 모른다.'와 같이 수정해야 한다.

오답 분석

① '주다'는 세 자리 서술어로 주어 이외에 목적어와 부사어를 반드시 필요로 하므로, 부사어를 보충하여 '~ 인간에게 시련의 고통을 주기도 한다.'로 수정해야 한다.

③ '이유는'이 주어로 올 경우 서술어 '때문이다'와 어울리는 것이 자연스러우므로, 서술어 '것이다' 대신 '… 이유는 ~ 없었기 때문이다'로 수정해야 한다.

④ '문제는'이라는 주어와 '수행하지 못했다'라는 서술어가 서로 어울리지 않으므로, 주어에 맞춰 '문제는 ~ 수행하지 못했다는 점이다'로 수정해야 한다.

08 문맥적 의미(동음이의어)   정답 ②

정답 체크

㉡의 '요인(要因: 중요할 요, 인할 인)'은 '사물이나 사건이 성립되는 까닭. 또는 조건이 되는 요소'라는 의미이다. 그런데 ②의 '요인(要人: 중요할 요, 사람 인)'은 '중요한 자리에 있는 사람 또는 윗자리에 있는 사람'을 뜻한다. 따라서 ㉡과 의미가 다르기 때문에, 활용하여 만든 문장으로 적절하지 않다.

오답 분석

① '이런 상식적 정의의 이면에는'과 '왜소함 이면에'의 '이면(裏面: 속 이(리), 낯 면)'은 모두 '겉으로 나타나거나 눈에 보이지 않는 부분.'을 뜻한다.

③ '성리학 내지는 유학을'과 '산 내지 들에서만'의 '내지(乃至: 이에 내, 이를 지)'는 모두 '또는(그렇지 않으면).'을 뜻한다.

④ '이론적 공박을 펼치느라'와 '호된 공박이었다.'의 '공박(攻駁: 칠 공, 논박할 박)'은 모두 '남의 잘못을 몹시 따지고 공격함.'을 뜻한다.

09 동일한 지시 대상   정답 ②

정답 체크

㉢의 '그'는 '연만희 고문(㉡)'이고, ㉣의 '선생'은 '유일한 선생(㉠)'이다. 따라서 지시 대상이 같은 것은 '㉠과 ㉣', '㉡과 ㉢'이다.

10 화법(대화 분석)   정답 ①

정답 체크

'을'은 발표 준비에 어려움을 겪고 있음을 '갑'에게 말하고 있고, '갑'은 '을'이 겪고 있는 어려움을 해결해 주려 한다. '갑'은 '을'의 발표 준비 과정에 문제가 있음을 지적하면서 이를 해결할 수 있는 방법을 제시하고 있는데, 이때 '을'은 '갑'이 제시한 방법을 적극적으로 수용하고 있다. '을'은 '갑'이 한 말의 타당성을 평가하고 있지도 않으며, 자신에게 맞는 조언만 받아들이고 있지도 않다.

오답 분석

② '갑'은 '을'이 겪고 있는 어려움, 즉 '말하기 불안' 문제를 해결하기 위해 주도적으로 대화를 이끌어 나가고 있다.

③ '갑'을 '을'의 말에 관심을 표명하면서, 질문을 던지는 방식을 통하여 '을'이 이야기를 이어 갈 수 있도록 유도하고 있다.

④ '을'은 "응. 이렇게 둘이서 대화할 때는 문제가 없는데, 여러 사람들 앞에만 서면 가슴이 콩닥거리고 말이 제대로 안 나와."라고 말하고 있다. 이를 볼 때, '을'은 일대일 대화가 아닌 일대다 관계의 대중 화법을 구사하는 경우에 어려움을 겪고 있다.